Jule Pieper

# Das Weihnachtswunder deines Lebens 1

# Das Weihnachtswunder deines Lebens 1

Jule Pieper

Bestellung und Vertrieb: Nova MD GmbH, Vachendorf.
ISBN: 9783985959167
Das Weihnachtswunder deines Lebens
1. Auflage
Sandy Mercier, c/o autorenglück.de, Franz-Mehring-Str. 15, 01237 Dresden

Dieses Buch gibt es auch als Hörbuch und eBook.

# *Widmung*

Für Oma Ilse,
mit der ich lachen kann, bis ihr Gebiss rausfällt.

Für Oma Käthe,
die ich manchmal immer noch riechen kann.

Und natürlich für Mama.

Danke, dass ich ein Teil von euch bin.

# Kapitel 1

## 1. Advent
## 27. November 2022 – Sonntag

*Ich krieg gleich ne Krise!*

Die Worte tippe ich in mein Handy, das ich unter dem Tisch versteckt halte. Hoffentlich bekommt niemand mit, dass ich gegen die Essensregeln verstoße.

„Hmmm, die Haut ist so lecker“, schwärmt meine Oma. Ich versuche, ruhig zu bleiben, schicke die Nachricht an meinen Bruder Dani und klemme das Handy zwischen meine Beine.

„Die ist einfach das Beste“, stimmt ihr mein Vater zu. „Nur doof, dass mein Magen das nicht mehr so gut verträgt.“ Seinen Magen ignorierend, schaufelt er sich Nachschlag auf den Teller. Seine Wangen sind rot wie die vom Weihnachtsmann. Genauso wie sein Bauch Ähnlichkeiten mit dem des Graubärtigen hat. „Willst du auch noch?“ Ohne eine Antwort abzuwarten, häuft er Klöße, Soße und Rotkohl auf den Teller meiner Oma.

Ich weiß genau, welche Frage jetzt kommt.

„Welches Stück willst du?“, fragt er Oma. „Das hier?“

„Na den Hals. Du weißt doch, dass ich den am liebsten mag."

Würgereiz vertreibt den Geschmack des Rotkohls in meinem Mund. Hören die sich eigentlich zu?

„Und was haste mir jetzt noch raufgepackt?" Oma stochert in ihrem Essen rum.

„Das ist die Leber. Die liebst du doch auch."

Wehleidig schaue ich zu Mama, die das Wort erhebt. „Mensch, es reicht. Ihr wisst doch, dass Claudi vegetarisch isst."

„Sie muss den Vogel doch nicht essen." Oma tut so, als verstehe sie nicht, was das Problem ist.

„Ihr versaut ihr noch das ganze Essen", schimpft Mama. „Das macht ihr jedes Mal. Sonst redet ihr beiden nie so viel über die Körperteile unseres Mittagessens. Immer nur, wenn sie da ist. Das ist doch nicht normal."

Meine geliebte Mama. Sie weiß genauso gut wie ich, dass diese Diskussion sinnlos ist, doch irgendwann platzt immer einer von uns der Kragen. Mama hat sich so viel Mühe mit dem Essen gegeben. Ich denke, sie wollte mich aufmuntern. Schon vor Monaten habe ich ihr erzählt, dass ich unser Weihnachtsessen vermisse. Rotkohl und Klöße wohlgemerkt. Das ganze Drama drumherum hatte ich nicht gemeint und ein Jahr lang erfolgreich verdrängt.

Die Erinnerung an den Moment, als ich im Laden stand, auf Kundschaft hoffte und ihr davon erzählte, kommt wieder hoch und ich spüle sie schnell mit einem Glas Kirschsaft weg. Bloß nicht dran denken. Sonst heule ich nur erneut los und das kann jetzt wirklich keiner gebrauchen.

Wir haben Ende November und ich sitze mit meinen dreißig Jahren wieder bei meinen Eltern fest. Mein Leben wurde in die Tonne getreten, liegt in irgendeiner Mülldeponie. Zusammen mit meinen Möbeln, meinem Selbstbewusstsein und meinem Glauben an mich selbst.

Die Küchentür geht auf und mein Bruder begrüßt uns. „Hey, ihr habt ja schon angefangen."

„Meinst du, wir belohnen dich mit den besten Stücken, wenn du zu spät kommst?“, fragt ihn Papa.

O nein. Bitte sag es nicht, Bruderherz.

„Wie? Ihr habt den Arsch gegessen?“

Und dann reißt mir die Hutschnur. „Kaut doch eure scheiß Leichen ohne mich.“ Ich springe auf, reiße versehentlich das Kirschsaftglas um und schaue zu, wie sich die rote Flüssigkeit über die weiße Tischdecke und den Rest Ente verteilt. Es sieht aus wie ein Schlachtfeld. Mein Handy poltert auf den Boden. Bevor ich überfordert aus der Küche renne, sehe ich Mamas Blick, der ich das Essen mit meinem Spruch wohl versaut habe. Und jetzt habe ich auch noch Schuldgefühle, weil sie für mich stundenlang in der Küche stand und das Essen vielleicht selbst nicht mal mehr essen kann. Ich habe so was von keinen Bock auf Weihnachten …

Seit Stunden stampfe ich durch den Schnee und hoffe, mit jedem Schritt, mein altes Leben hinter mir zu lassen, nur um am Ende wieder vor dem Haus meiner Eltern zu landen. Als wäre es eine Metapher dafür, dass sich meine vergangenen Jahre im Kreis gedreht haben. Mein Verlobter stellte sich als der größte Lügner aller Zeiten heraus, meine Selbstständigkeit habe ich gegen die Wand gefahren. Die Belohnung dafür, dass ich versucht habe, meinen Traum zu leben, ist ein Haufen Schulden, den ich in diesem Jahrhundert nicht mehr abbezahlen kann, und nun lebe ich wieder in meinem Kinderzimmer. Wie viel beschissener kann es noch werden?

Ich wünschte, meine geliebte Uroma würde noch unter uns weilen. Doch leider hat sie uns schon vor Jahren verlassen. Direkt nach meinem Auszug in meine erste eigene Wohnung mit Heiko starb sie friedlich in der Nacht, so wie man es sich für seine Liebsten nur wünschen konnte. Erst rückblickend betrachtet habe ich verstanden, dass sie meinetwegen so lange gelebt hat. Um auf mich aufzupassen. Seit sie von uns ging, ging es stetig bergab.

Wo bist du Oma? Ich brauche dich doch jetzt.

Ich öffne die Tür und der Gedanke an Oma Traudel sorgt dafür, dass ich das Haus so betrete, wie ich es verlassen habe. Mit tränenüberflutetem Gesicht, Nase schnaubend und völlig am Ende. Nur meine Finger, die ich kaum noch bewegen kann, beweisen, dass ich draußen gewesen bin. Und meine schmerzenden Zehen. Ich habe nicht mal mehr Kohle, um mir vernünftige Winterschuhe zu kaufen. Die habe ich in meinem alten Leben ja auch nicht gebraucht, verdammt. Auf Mallorca gibt's keinen Schnee.

Bevor mich einer ansprechen kann, knalle ich die Tür zu meinem Zimmer zu, als wäre ich wieder vierzehn Jahre alt. Fünf Sekunden befreiende Genugtuung, nur um mich sofort danach zu schämen, weil ich mich wie eine Pubertierende aufführe. Ich weiß einfach nicht wohin mit meinen Gefühlen. Bald ist der erste Dezember und ich will weder hier noch woanders sein. Als ich vor fünf Jahren ausgewandert bin, wollte ich alles und nun ist davon nichts mehr da. Das Leben hat mich wieder ausgespuckt, konnte mit mir nichts anfangen, und jetzt sitze ich hier und die Welt verlangt von mir, Hoffnung zu schöpfen und neu zu beginnen. Was zur Hölle soll ich anfangen? Ich will nichts. Nicht liegen, nicht stehen, nicht fernsehen, nicht reden, nicht schweigen. Alles, was ich will, ist, dass mein Kopf endlich aufhört, mich so verrückt zu machen. Ich will Ruhe. Endlich Ruhe …

Es klopft an die Tür. „Hey, mein Schatz. Darf ich reinkommen?" Es ist Mama.

Meine Antwort ist ein lautes Schluchzen. Ich will nicht, dass sie mich so sieht, aber ich habe nicht die Kraft, so zu tun, als wäre alles gut. Ich habe es lange genug allen und vor allem mir selbst vorgetäuscht. Ich kann nicht mehr. Eingerollt liege ich auf meinem Bett und starre heulend aus dem Fenster, beobachte den Schnee.

Mama betritt mein Zimmer, setzt sich zu mir und streicht mir übers Haar, so wie sie es früher immer getan hat. Schon als ich ein Baby war und mit Gelbsucht im Krankenhaus lag, stand sie stundenlang bei mir und streichelte über meinen

Kopf. Die Geschichte hat sie mir so oft erzählt. Vermutlich ist das der Grund, dass es heute noch eine beruhigende Wirkung auf mich hat. Ich hatte ganz vergessen, wie sehr mir das hilft, mein Kopfkino auszustellen. Es ist, als würden sich meine Gedanken jedes Mal, wenn sich ihre Hand bewegt, erschrecken und somit schafft sie es, sie zu verscheuchen, und ich finde endlich Ruhe und schlafe ein.

# Kapitel 2

## 28. November 2022 – Montag

Als ich erwache, ist es dunkel. Ich brauche einen Moment, um mich zu orientieren. Das sind wohl die schönsten Sekunden, die mir der Tag schenken wird, denn als ich mich erinnere, dass Weihnachten vor der Tür steht und ich bei meinen Eltern bin, und zwar nicht nur zu Besuch, da stürzt der Trauerturm wieder ein und es kommen erneut Tränen. Ich hasse mich selbst dafür, dass ich meinem alten Leben hinterhertrauere. Einem Mann, der mich von der ersten Sekunde an betrogen hat. Einem Mann, der eine weitere Freundin und mehrere Affären hatte. Einem Mann, der mir all die Jahre weisgemacht hat, dass ich zu dumm wäre, zu wirtschaften, nur um rauszufinden, dass er, der die scheiß Buchhaltung unseres Ladens gemacht hat, das ganze Geld versoffen und für andere Weiber ausgegeben hat.

Habe ich in der einen Sekunde noch seine starken Arme vermisst, die mir Halt gaben, kommen im nächsten Moment die Wut und die Verzweiflung. Alles, woran ich in den letzten Jahren geglaubt habe, war gelogen. Alles …

Handyklingeln reißt mich aus meinen Gedanken. Es blinkt auf dem Nachttisch, und mein Körper legt los wie immer: Hoffnung, dass er es ist. Trauer, dass ich das nicht mehr hoffen darf. Wut, weil er ein Arschloch ist und ich jahrelang so dumm war. Ich schaue aufs Display und sehe tatsächlich seinen Namen. Innerlich explodiere ich an zu vielen Gefühlen. Ich greife nach dem Handy, halte es zitternd in der Hand, schließe die Augen und schleudere es „Fick dich, Heiko" schreiend gegen die Wand.

Dani öffnet die Tür zu meinem Zimmer: „Alter, was geht denn hier ab?"

„Nichts", grummle ich und ziehe die Decke wieder über meinen Kopf. Zu peinlich ist mir mein Ausraster.

„Das sehe ich. Mann, Claudi, wie bist du denn drauf, ey?"

Ich weiß nicht, ob ich aus seinen Worten Sorge oder Vorwurf heraushöre. Alles, was ich weiß, ist, dass mich seine Frage wütend macht. Ich setze mich hin und schreie ihn an: „Was mit mir los ist? Ich bin die größte Versagerin aller Zeiten. Das ist los!" Meine Stimme ist tosend laut wie der Orkan meiner Gedanken.

„Und was kann dein Handy dafür?"

Auf diese Frage habe ich keine Antwort.

„Oder willst du beweisen, dass du immer noch meine Claudi-Raudi bist?"

Ich kann es selbst kaum glauben, aber der Kosename lässt kurz die Wut verpuffen und bringt mich ernsthaft zum Schmunzeln. Erst jetzt erkenne ich sein Outfit. „Du hast nicht wirklich einen Weihnachtspyjama an?"

„Und ob. Wir hatten schließlich gestern den ersten Advent. Wo ist deiner?", fragt er und hält inne. Vermutlich wurde ihm klar, wie dumm diese Frage war. Ich habe kaum noch Klamotten. „Sorry", setzt er versöhnlich hinterher. „Ich mache uns Frühstück. Will die Dame des Hauses das im Bett zu sich nehmen oder kommst du runter an den Tisch?"

Ich will mich Mama und Papa so nicht zeigen, deshalb …

„Wir haben das Haus für uns. Sie sind schon auf der Arbeit“, unterbricht er meine Gedanken. „Brauchst also deine Grübelkiste gar nicht erst anzuschalten. Mach dich frisch und komm runter.“

Er hat entschieden und es ist gut, selbst keine Entscheidung treffen zu müssen. Zu viele liegen hinter mir. Wenn ich nur an den Umzug denke. Über Nacht musste ich entscheiden, was alles in meine Koffer passt. Möbel zu verschiffen, wäre viel zu teuer gewesen. Geld, das ich nicht mehr habe. Meine gesamte Existenz verteilt auf zwei Koffer.

Lautstark ertönt ein Weihnachtssong, der seit Jahren die Radios beglückt. Ich höre Dani unten laut mitsingen und das hilft mir, die Erinnerungen vorübergehend loszulassen. Dann also duschen.

„Warum bist du eigentlich noch hier?“, frage ich Dani, als ich in meinen French Toast beiße. Der Geschmack von in Butter gebratenem Eier-Milch-Toast mit Zimt und Puderzucker lässt mich an meine Jugend denken. French Toast gab es zur Teenagerzeit immer, wenn einer von uns Liebeskummer hatte. Dani ist nur ein Jahr jünger als ich, sodass wir oft gemeinsam gelitten haben. Süß, dass er sich daran erinnert.

„Ich habe einen Termin mit meinem Versicherungsheini diese Woche und konnte fünf Shootings vereinbaren. Jetzt wollen alle Kalender für ihre Liebsten erstellen und ich bin der Retter in der Not.“ Dani gießt mir Kaffee ein und der Geruch stimmt mich ein wenig fröhlicher. Es riecht nach zu Hause.

„Du siehst glücklich aus“, stelle ich emotionslos fest.

„Das bin ich.“ Er nimmt einen großen Schluck von seinem Kaffee und grinst mich an. „Außer, wenn meine große Schwester sich aufführt wie ne Krawallerna und mich zu so unchristlicher Zeit aus dem Bett jagt.“

Ich pruste los und verschlucke mich am Puderzucker. „Sorry.“

Nach kurzem Schweigen frage ich weiter: „Es läuft also mit der Fotografie?"

Jetzt strahlt Dani richtig. „Ja, ich hätte echt nicht gedacht, dass es so einfach sein würde …" Er stoppt. Vermutlich will er nicht rücksichtslos sein.

„Freut mich für dich", würge ich hervor. Ein Teil von mir meint das so, doch in meinem Herzen kann ich es nicht fühlen, was mich wieder zu einer Lawine von Schuldgefühlen führt.

„O nein, ich seh die Grübelfalten schon wieder. Fang gar nicht erst damit an. Heute wird nicht nachgedacht. Du kommst mit in die Stadt und hilfst mir."

„Eh, und das entscheidest du, weil …?"

„… ich dein liebster Bruder bin und du mir keine Wünsche abschlagen kannst?" Er zwinkert mir zu und vertilgt den dritten Toast. Wo isst der das bloß hin? Irgendwie muss er andere Gene abbekommen haben als ich.

„Und was machen wir dann?"

„Ich muss, wie gesagt, zur Versicherung und danach habe ich ein Rodel Shooting. Eine Familie mit zwei Kindern möchte Fotos auf dem Schlitten. Sie wollen das perfekte Bild für ihre Weihnachtskarte. Ich fotografiere für sie schon seit drei Weihnachten."

„Dein Ernst?" Ich wärme meine Hände am heißen Kaffee. „Ich soll mir anschauen, wie weit es andere gebracht haben? Glückliche Familie ist jetzt nicht gerade das, was ich brauche."

„Ich bin dein herzallerliebster Bruder. Ich weiß genau, was du brauchst. Und glückliche Familie ist nicht das, was du erleben wirst. Vertrau mir einfach."

Warum, weiß ich nicht, aber ich habe mich geschlagen gegeben. Wahrscheinlich, weil allein im Bett zu heulen die Alternative gewesen wäre. Mein Handy scheint auch keine Wiederbelebung mehr zu retten und bevor ich anfange, auch noch darüber nachzudenken, verlasse ich lieber das

Haus. Ich hoffe nur, dass mich niemand erkennt. Smalltalk mit alten Klassenkameraden wäre die Hölle, weshalb ich bei der Versicherung sitze und warte, bis Dani fertig ist. Immerhin gibt es hier Tee und Plätzchen.

„Frau Hagedorn?"

Ich schrecke hoch, verschütte meinen Tee und verschlucke mich am Gebäck. Als ich fertig bin mit husten und nach Luft japsen, ist mein Gesicht tomatenrot, wie ich in dem riesigen Eingangsspiegel sehen kann.

Erst dann schaffe ich es, mich um den Mann zu kümmern, der mich begrüßt hat. Woher kennt er meinen Namen? Müsste ich den kennen?

„Wie schön, dass Sie wieder in der Stadt sind. Sind Sie auf Weihnachtsbesuch?"

„Kann man so sagen", antworte ich und mir wird noch heißer. Meinen Pullover kann ich nur leider nicht ausziehen, weil ich ein altes Shirt von früher darunter trage. Ein Geist, der Buh sagt, passt nicht in den Warteraum einer Versicherung.

„Dann kommen Sie doch gern bei uns in der Filiale vorbei. Wir müssten dringend mal sprechen. Und persönlich ist doch immer schöner als am Telefon." Seine Stimme senkt sich, als hätte er etwas Unangenehmes mit mir zu bereden.

Filiale? Wer ist der Mann? Warte …

„Könnten Sie vielleicht diese Woche mit meiner Sekretärin einen Termin ausmachen?" Er drückt mir seine Visitenkarte in die Hand. „Hier. Falls Sie die Nummer gerade nicht parat haben. So müssen Sie sie nicht suchen."

Jetzt nicht drauf starren und dich outen, mahne ich mich innerlich. „Danke. Das mache ich sehr gern", lüge ich.

„Na dann." Er zieht seinen Mantel aus und die Empfangsdame fragt ihn, ob er lieber Tee oder Kaffee will. Dann sieht sie meine Sauerei und bringt mir einen Lappen, damit ich meinen Dreck selbst wegmachen kann. Ob ich je wieder aus dieser Hitzewelle rauskomme?

Ich wische die Pfütze auf und entschuldige mich, verschwinde auf dem Klo, um dann endlich zu gucken, mit wem ich gerade geredet habe. Die Erkenntnis, wen ich da vor mir hatte, treibt die Schamesröte im Nu aus meinem Gesicht und lässt mich erblassen. Mein Bankberater, der mir damals den Kredit eingeräumt hat. Er war genauso dumm wie ich und hat an mich und meinen Traum geglaubt und nun wartet er vermutlich verzweifelt auf seine Raten. Was kann passieren, wenn ich sie nicht mehr zahlen kann? Bisher reichte das Geld gerade dafür. Doch jetzt habe ich nicht mal mehr meinen Laden. Tränen fluten mein Gesicht, als wäre es das Normalste der Welt geworden. So wie atmen und zwinkern. Es passiert einfach so. Nur wie lange kann ich hier im Bad bleiben? Nicht, dass er denkt, ich verstecke mich. Nicht, dass sie denken, ich habe Durchfall. O Mann … Hilfe …

Kaltes Wasser läuft über meine Hände. Ich wasche mein Gesicht und trockne es mit ein paar Papiertüchern. Atmen. Reingehen. Aushalten. Widerwillig verlasse ich das Bad und atme erleichtert auf, denn Herr Schmidt ist nicht mehr da. Ein Glück.

Ich setze mich wieder zu den Plätzchen, die ich mir tröstend reinschiebe, und greife nach einer Zeitung. Ich muss mich ablenken, damit mich nicht die nächste Attacke überfällt. Lieblos blättere ich durch die Seiten, lese von Scheidungen, Bankrotts und von Menschen, die sich ihren Traum erfüllt haben. Super. Zeit heilt alle Wunden, sagt man, doch stimmt das wirklich? Und wenn ja, wie verdammt noch mal lange dauert es, bis meine so weit heilen, dass ich nicht bei allem an Heiko und meinen Laden denken muss?

Gott sei Dank, Dani ist fertig und ich kann endlich hier weg. Ich versuche, mir nichts anmerken zu lassen, auch wenn ich weiß, dass es zwecklos ist. „Na, wie lief es?“, frage ich draußen.

„Super. Ich habe den Versicherungsschutz anpassen lassen und es ist gar nicht so viel teurer, wie ich befürchtet habe.

Aber komm, lass uns jetzt nicht über so langweilige Themen sprechen. Wir müssen in Weihnachtsstimmung kommen."

Ich schaue ihn fragend an und erkenne zu spät, dass er damit meint, mein Gesicht mit Schnee einzuseifen. „Dein Ernst?", schimpfe ich, als ich zu Atem komme.

„Na los, Claudi-Raudi. Zeig mal, was du draufhast", fordert er mich auf und geht überhaupt nicht darauf ein, dass ich das absolut nicht lustig finde.

Er rennt davon und wirft mit einem Schneeball nach mir, trifft mich am Hals.

„Du spinnst wohl?" Ich glaub, es hackt. Der hat sie ja nicht mehr alle.

„Willst du reden oder dich rächen?"

Der nächste Schneeball trifft mich an der Schulter. „Arschloch", rufe ich und die Wut will aus mir rausplatzen.

Ein Ball trifft mich an der Stirn und ich kann mich nicht mehr zusammenreißen. Ich bücke mich und forme eine Schneekugel. Mit all meiner Kraft werfe ich nach ihm. Ein gequälter Schrei verlässt meine Lippen. Dani ist natürlich schnell genug, um sich nicht treffen zu lassen, was mich noch wütender macht. Wieder werfe ich eine Kugel nach ihm und treffe ihn am Bein.

Während ich mit meiner Wut kämpfe, lacht er nur.

„Mami, Mami, kann ich mitmachen?", höre ich ein kleines Mädchen.

„Na komm, wir helfen dir", ruft mir die Mutter zu und die beiden kommen auf meine Seite.

„Du bist umzingelt", kreischt das Mädchen.

Ich habe keine Zeit, darüber nachzudenken, was gerade passiert, und genieße jeden Wurf, denn jedes Mal, wenn ich meine Kraft darauf konzentriere, lasse ich ein Stück meiner angestauten Wut los. Umso weniger Kraft ich habe, desto glücklicher fühle ich mich. Macht keinen Sinn, ist aber so, und am Ende umzingeln wir Dani tatsächlich. Das Mädchen und die Mama halten ihn fest, während ich ihn endlich einseife. Ich weiß nicht, wann es passiert ist, doch irgendwann begreife ich, dass alle lachen. Und noch einen Augenblick länger dauert es, bis ich realisiere, dass ich selbst lache. Aus tiefstem Herzen, völlig in dem Moment. Mann, das habe ich schon Jahre nicht mehr erlebt. Einen ganz kleinen Moment bin ich einfach nur ich, was auch immer das bedeutet.

„Bist du bereit?“, fragt Dani.

Ich zucke mit den Schultern, um die ich einen roten Weihnachtsschal mit weißen Schneemännern gelegt habe. Requisite für den Schlitten, meinte Dani.

Keuchend erreichen wir die höchste Stelle des Rodelbergs. Kinder rennen aufgeregt hin und her, feuern sich an, sodass ich unwillkürlich lächeln und an meine Kindheit denken muss. Eine Frau ruft, schimpft, lobt, vermutlich ist es die Kindergartenerzieherin. Das waren noch Zeiten. So unbeschwert und mutig. Heutzutage würde ich mich nicht mal mehr trauen, so ein Ding den Berg runterzufahren. Schon bei dem Gedanken daran bekomme ich Angst, mir die Knochen zu brechen. Na Hilfe …

Dani geht auf ein Paar zu, das in unserem Alter zu sein scheint. Die Frau trägt ein schreiendes Baby auf dem Arm, ihr Blick wirkt leer, als wäre sie genauso am Ende wie ich. Der Vater hält einen etwa Dreijährigen an der Hand und meckert mit ihm. Er sieht auch nicht sonderlich glücklich aus, aber wer bin ich, dass ich das bewerte?

Als ich näher komme, höre ich die Frau. „Wie soll ich ein entspanntes Gesicht machen, wenn die Kleine ununterbrochen schreit? Ich werde verrückt. Es ist einfach viel zu kalt, aber du musst ja wieder unbedingt deinen Eltern und Kollegen die perfekte Familie vorspielen.“

„Ist es denn so schwer, mal fünf Minuten so auszusehen, als wären wir nicht der größte Fehler deines Lebens?“, fährt er sie barsch an.

Stille.

Wir erreichen die beiden und Dani begrüßt sie fröhlich, als hätte er das Gespräch nicht mit angehört. „Hey, ich hab heute eine Assistentin mitgebracht. Das ist Claudi", stellt er mich vor und ich bin froh, dass er ihnen nicht meinen Spitznamen genannt hat. War wohl auch ihm zu unprofessionell.

Sie nicken mir zu, ohne mich wirklich wahrzunehmen.

„Können wir gleich loslegen? Die Kleine muss dringend aus der Kälte", bittet sie ihn.

Dani instruiert uns, sodass jeder weiß, was er zu tun hat. Papa hinten auf dem Schlitten, Mama davor mit dem Baby auf dem Arm und der Kleine sitzt vorn. Der Schal verbindet sie. Es könnte eine schöne Kulisse sein, wenn man sich nicht die Gesichter der Beteiligten anschaut.

„Und jetzt sagt mir alle mal, was heute der schönste Moment des Tages war", fordert Dani sie auf. Schon im nächsten Moment beginnt er zu knipsen, und ich sehe, wie sich die Gesichter der Familie verändern. Diese Frage bewirkt was, so überraschend wie sie auch kam.

„Dass meine Kacka aussah wie Kaa, die Schlange", ruft der kleine Junge und alle beginnen lauthals zu lachen.

Dani fotografiert ununterbrochen und zeigt den anderen die Ergebnisse. Das ging nicht nur superschnell, sondern alle wirken glücklich und zufrieden.

Ich verstehe, warum er so gut ist. Auch in mir hat die Frage etwas bewirkt. Denn mein Moment heute war, als Dani mich Claudi-Raudi genannt hat. Hätte er diese Frage nicht gestellt, bin ich sicher, hätte ich gesagt, der Tag war durch und durch beschissen.

„Claudi, setz dich mal auf den Schlitten. Ich will ein Foto machen", bittet mich Dani.

„Aber nur, wenn man mein Gesicht nicht sieht."

„Wie du meinst", antwortet er und stellt sich hinter mich. „Aber du musst ein Stück näher an den Hang, damit ich eine bessere Kulisse habe."

„So?", frage ich, während ich näher an den Abgrund rutsche.

„Perfekt", sagt er und gibt dem Schlitten einen Schubs, sodass dieser den verdammten Berg runterrodelt.

Ahhhhhhh …

# Kapitel 3

## 29. November 2022 – Dienstag

Bist du sicher, dass wir hier was finden werden?" Dani und ich sitzen auf dem Dachboden und durchwühlen alte Kisten.

„Keine Ahnung. Aber einen Versuch ist es wert. Du kannst doch nicht ewig ohne Winterschuhe rumlaufen. Und da du dir von uns keine kaufen lässt, musst du halt die von Oma Traudel nehmen."

„Schon komisch, dass sie Schuhe von Oma aufgehoben haben."

„Papa halt. Unser Jäger und Sammler." Dani kramt in einem Karton.

„Ich verstehe es irgendwie. Man will die Erinnerung an sie behalten und wenn man nichts mehr von ihr hier hat, gibt es keinen Beweis, dass sie mal bei uns gewohnt hat."

„Das ist doch Bullshit. Es gibt Bilder." So schnell, dass ich gar nicht reagieren und mich wegdrehen kann, schießt er ein Foto von mir im Kistenchaos. Der macht mich wahnsinnig.

„Ja, aber du sammelst ein Leben lang Dinge, nur damit am Ende jemand all dein Zeug in die Tonne kloppt? Das fühlt sich nicht richtig an“, gebe ich zu bedenken.

„Man muss ja nicht alles wegwerfen, aber Schuhe? Man soll eigentlich nie andere Schuhe als die eigenen tragen. Ist ein orthopädisches Verbrechen.“

„Man soll auch mit dreißig nicht wieder zu seinen Eltern ziehen und man sollte mit dreißig genug Geld haben, um sich seine eigenen Schuhe kaufen zu können … Soll ich weitermachen?“, frage ich gereizt.

„Schon gut. Ich gebe mich geschlagen. Mach du weiter, ich komm gleich wieder. Es ist einfach zu kalt hier. Ich mach uns heiße Schokolade.“ Er steht auf, streckt sich und lässt mich mit Omas alten Sachen allein.

Mich beschleicht das Gefühl, dass meine verstorbene Oma Traudel mehr Besitz hatte als ich. Ich schließe die Augen und rieche an einer Schürze, die sie immer getragen hat. Blauweiß gemustert. Für einen kurzen Moment ist es so, als wäre sie bei mir. Ich spüre, wie sich ihre faltige weiche Hand angefühlt hat, wenn ich sie gestreichelt habe. Ich sehe sie ganz klar vor mir. Als wäre sie noch immer hier. Ein Windhauch weht um meine Nase. Überrascht öffne ich die Augen. Komisch. Ich hatte echt das Gefühl, sie wäre hier. Was Gerüche ausmachen. Erneut zieht es und ein Stofftaschentuch weht von einer Kiste auf die nächste. Ich nehme Omas Mantel und wickle ihn um mich. Es ist noch kälter geworden.

Ich stehe auf und gehe zu der Kiste mit dem Taschentuch. Darauf steht: Weihnachten.

Haben sie ernsthaft Omas Weihnachtsdeko aufgehoben?

Ich öffne den zugeklebten Karton und finde eine alte Spieluhr, eingewickelt in Zeitungspapier. Wow. Sie ist unfassbar schwer. Ein rotes Karussell mit gold-roten Pferden. Als ich am Mechanismus drehe, ertönt *Jingle Bells*. Wieso heben wir so was in einer Kiste auf und stellen es nicht ins Wohnzimmer? Ich sitze vor den sich drehenden Pferden und lasse das Lied auf mich wirken. Irgendwie hat es etwas Beruhigendes. Der Geruch von Omas Mantel, der mich wärmt, tut sein Übriges, und ich fühle mich seltsam geborgen. „Hallo, Oma", hauche ich, obwohl ich weiß, wie bescheuert das ist. „Danke für diesen Moment."

Was Oma mir wohl sagen würde, wenn sie noch am Leben wäre? Würde sie überhaupt etwas sagen oder mich einfach nur im Arm wiegen? Schon der Gedanke an sie und ihr Geruch haben eine tröstende Wirkung auf mich und mein Herz fühlt sich an, als würde es einen schmerzlindernden Tee trinken.

„Meditierst du zu *Jingle Bells*?", zieht mich Dani auf, der mit zwei Tassen zurückkehrt.

„Schau doch mal, was hier in verstaubten Kisten liegt! Das Teil ist der Wahnsinn."

„Krass. Ich erinnere mich an das Karussell. Es stand in ihrem Zimmer. Weißt du nicht mehr? Sie hat so oft davorgesessen, wenn ich reingekommen bin, um sie zu nerven." Er stellt die Tassen ab, holt Sprühsahne aus seiner Jackentasche und sprüht sie auf unsere Getränke.

„Jaaaa, stimmt", dämmert es mir. Deshalb hat es diese Wirkung auf mich. „Und dann hat sie uns vorgelesen."

„Vielleicht finden wir noch das Buch dazu." Motiviert greift er in den Karton vor mir und packt einen weiteren Gegenstand aus. „Ein Kerzenhalter."

Ich erkenne einen Engel, der eine Kerze in der Hand hält. Es sieht aus, als bete der Engel und würde uns gleichzeitig dankbar diese Kerze reichen. Die Figur hat was Magisches. Auch sie könnte ich stundenlang anschauen.

„Sie stand auf ihrem Nachttisch", erinnert sich Dani. „Ich habe ein Foto von ihr zu Hause, auf dem sie mit dem Engel zu sehen ist. Wir haben uns beide vor dem Schlafen zu ihr ins Bett geschlichen und Mama hat uns erwischt und ein Foto gemacht. Weißt du noch?"

Mir kommen Tränen vor Freude, als ich mich an dieses Bild erinnere. An eine Zeit, zu der alles gut war. Ich vergrabe meine Hände in Omas Mantel und finde Schokolade. „Oh, wie cool. Die habe ich früher geliebt“, rufe ich entzückt und stecke mir das ganze Schokobonbon in den Mund. Nur, um es im nächsten Moment in ein Taschentuch zu spucken. „Kann Schokolade etwa schlecht werden?“, frage ich entsetzt.

Dani lacht sich derweil kaputt. „Selbst schuld, wenn du so gierig bist und anderen nicht mal was abgeben willst.“

Wir packen weiter aus und mit jeder Figur, die wir aus der Kiste zaubern, kommen mehr Erinnerungen an früher. Dani und ich sitzen stundenlang auf dem Dachboden und tauschen alte Geschichten aus. Erst jetzt begreife ich, wie sehr ich ihn vermisst habe. Meine ganze Familie eigentlich.

„Na komm, den letzten Karton noch.“

Ich will nicht, dass es vorbei ist, auch wenn ich tierischen Hunger habe.

Dani öffnet den Karton und greift nach dem Inhalt. „Was ist das denn?“

Der ganze Karton ist ausgefüllt mit dieser einen Sache. Ein Kasten aus Holz.

„Was macht ihr denn hier?“

Wir schrecken hoch. „Mama!“

Wie spät ist es denn bitte, wenn sie schon von der Arbeit zurück ist?

Ihr Blick geht zu dem Holzkasten und ein Lächeln schleicht sich in ihr Gesicht. „Der Adventskalender …“

# Kapitel 4

## 30. November 2022 – Mittwoch

Seit Ewigkeiten starre ich auf den fetten Holzkasten. Mama wollte uns erst heute Abend verraten, was es damit auf sich hat. Es soll ein Adventskalender der besonderen Art sein. Dani und ich haben uns vor seinem Shooting die Köpfe darüber zerbrochen. Keiner von uns kann sich an ihn erinnern. Und Dani hat ein fotografisches Gedächtnis. Er würde es wissen, wenn er bei Oma gestanden hätte.

Er hat es gut, denn er war wenigstens den Tag über abgelenkt. Ich hingegen hatte die Wahl zwischen meinen Dramagedanken über die Vergangenheit und dem Grübeln über diesen Kasten. Zum hundertsten Mal springe ich aus dem Bett und gehe zu dem Kalender. Er riecht nach modrigem Holz. So wie in alten Häusern. Vierundzwanzig Zahlen sind mit weißer Schrift auf verschiedene Türchen geschrieben. Ob ich es wagen soll und in eines hineinlunsche? Nur mal kurz gucken?

Das kann ich nicht bringen. Einen Adventskalender macht man nicht vor dem ersten Dezember auf. Und wie all die anderen Male an diesem Tag werfe ich mich zurück aufs Bett und kuschle mit meinem Kuschelkissen. Das Einzige, das mich an mein altes Zuhause erinnert. Ich habe es extra mit nach Deutschland zurückgenommen und dafür auf zwei Hosen verzichtet.

Also heißt es ablenken.

Draußen ist es mittlerweile dunkel geworden, obwohl es gerade mal vier Uhr ist. Verrückt. So was gab es auf Mallorca nicht. Genauso wenig wie Schnee. Ich habe ihn all die Jahre vermisst, sogar die Dunkelheit und die Kälte. Es ist tröstlich und deprimierend zugleich. Früher habe ich mich bei dem Wetter eingekuschelt und gelesen oder Serien geschaut, aber ich habe auf all das keine Lust, weil überall diese beknackte Liebe vorkommt. Mein Herz ist noch lange nicht so weit.

Ob er weiterhin versucht, mich zu erreichen?

Für immer, hat er gesagt. Er liebt mich, hat er gesagt. Er hat noch nie jemanden so geliebt wie mich, hat er gesagt. Und wieder spüre ich die Wut in mir aufsteigen. Meine Gefühle schleudern wie nasse Hosen durch eine Waschmaschine. Wut, Trauer, Verzweiflung, Machtlosigkeit, Hass, Ekel, Eifersucht und am Ende Neid auf den ganzen Rest der Welt, dem es besser geht als mir. Ich bin so eine Versagerin.

Es klopft. „Na, Claudi-Raudi“, begrüßt mich Dani.

Gott, bin ich froh, dass er da ist. Ich war kurz vor der nächsten Heulattacke.

„Und, wissen wir schon mehr?“

„Nope.“ Ich setze mich, die Knie zu mir heranziehend, an das Kopfende meines Bettes.

„Hat deine Methode mit dem Anstarren nicht geklappt?“

„Weißt du eine bessere?“

„Ich habe den ganzen Tag drüber nachgedacht. Ich mach jetzt ein verdammtes Türchen auf, sonst dreh ich durch vor Neugierde.“

„Nein“, schreie ich laut auf. „Das kannst du nicht machen.“ Mit einem Ruck stehe ich auf, um ihn abzuhalten, doch er ist schneller und rüttelt an einem Türchen.

„Wie macht man das denn auf?“, rätselt er.

Ich stoße ihn weg. „Lass das.“

„Wieso? Hast du Angst, dass Oma von den Toten aufersteht und mit uns schimpft?“

Mich gruselt es bei dem Gedanken. Auch wenn ich nicht an so etwas glaube, denke ich sofort an gestern auf dem Dachboden, als es so war, als wäre sie bei mir.

„Vielleicht hilft das deinem Gehirn, wieder in die Realität zu kommen“, ruft er und haut mir ein Kissen gegen den Kopf.

„Ey, geht's noch?“, maule ich und bekomme das Kissen erneut ab. Ich schnappe mir mein Kuschelkissen und verteidige mich.

Ich brauch dringend ein größeres Kissen, also renne ich über den Flur in Danis Zimmer und hole mir Nachschub. Wir rennen lachend von Raum zu Raum, bis ich ein letztes Mal aushole und mein geliebtes Kuschelkissen reißt. Millionen von Federn verteilen sich auf dem Flur. Es sieht aus wie Schnee und wir sitzen lachend mittendrin auf dem Boden. Ich merke gar nicht, dass ich vom Lachen irgendwann in ein verzweifeltes Weinen übergehe, weil nun auch noch meine letzte Konstante zerstört ist.

Abends sitzen Mama, Papa und ich zusammen am Kamin. Wir warten auf Dani, der uns heiße Schokolade mit Sahne zaubert, Papa hat sogar den Fernseher ausgeschaltet und Mama strahlt übers ganze Gesicht. Als würde sie uns gleich verkünden, dass wir über Nacht Millionäre geworden sind.

So sehr ich mich auf diesen Moment gefreut habe, ich bin froh, wenn ich ins Bett kann. Das ganze Heulen macht mich noch fertiger, als ich eh schon bin. Ich wechsle von schlaflosen Nächten zu stundenlangem Schlafen. Als könnte mein Körper sich nicht entscheiden, was er will. Aktuell will er nur schlafen und deshalb lege ich mich auf den kuschligen Teppich und hoffe, dass Mama bald mit der Sprache rausrückt.

Das Knistern des Feuers beruhigt und lässt mich einmal tief durchatmen.

Dani kommt ins Wohnzimmer und serviert uns unsere Getränke. Gerade rechtzeitig, bevor ich weggenickt wäre. Er setzt sich neben mich und auch Mama kommt zu uns auf den Boden. Nur Papa bleibt auf seinem Massagesessel, den er aber ausstellt. Auch er grinst debil.

„Mama, nun sag uns endlich, was es mit dem Ding auf sich hat“, fordert Dani sie auf.

„Das *Ding* ist ein magischer Adventskalender“, fällt Mama mit der Tür ins Haus. Aufgeregt wie ein kleines Mädchen, das endlich seinen lange vorbereiteten Vortrag halten darf.

Verwirrt schauen Dani und ich erst uns an und dann zu Papa. Doch in seinem Gesicht ist kein bisschen Spott zu sehen.

„Ich habe ihn von Oma Lieschen, sie hat ihn von Oma Traudel. Und sie hat ihn von ihrer Mama und so weiter. Ich weiß nicht, wie lange es ihn schon gibt.“

„Also ist er für mich?“, frage ich nachdenklich.

„Blitzmerker.“ Dani bewirft mich mit einem Marshmallow.

Mama ignoriert ihn und fährt fort: „Die Tradition besagt, dass jede Hagedorn mit dreißig Jahren diesen Adventskalender zur Weihnachtszeit bekommt.“

„Und was bekommen die Männer?“, fragt Dani.

Sie wirft ihm einen Blick zu, der ihn freundlich vertröstet.

„Wow. Das Leben meint es endlich mal gut mit mir“, kommentiere ich. „Da ist jetzt aber keine alte Schokolade drin, oder?“

Dani lacht.

„Was meinst du damit, dass er magisch ist?“, frage ich Mama.

„Der Kalender erfüllt dir an Weihnachten einen Wunsch. Sozusagen ein Weihnachtswunder.“

„Is' klar." Ich verdrehe die Augen. An Wunder glaube ich schon lange nicht mehr. Als Nächstes sagt sie mir, dass es den Weihnachtsmann wirklich gibt. „Mal ehrlich, Mama, was ist denn da drin?" Vielleicht machen ja wenigstens die kleinen Geschenke Spaß. Die letzten Jahre habe ich Heiko immer einen Kalender zu Weihnachten gebastelt. Ein Schwert bohrt sich schmerzhaft in mein Herz.

Dani nimmt meine Hand, als könne er sehen, was mir durch den Kopf geht.

„Hinter jedem Türchen befinden sich kleine Aufgaben. Das neue Türchen öffnet sich immer erst, wenn du die Aufgabe des alten Türchens gelöst hast."

Ich starre sie mit offenem Mund an. „Dein Ernst? Meine Überraschung sind Aufgaben?"

„Ja, sie werden dir helfen, herauszufinden, was dein Weihnachtswunsch ist."

Ich werd bekloppt. Ich bin froh, wenn ich es schaffe, aufzustehen, und nun soll mein Geschenk sein, dass ich Aufgaben erfülle? „Wieso ausgerechnet jetzt, wo es mir so beschissen geht?"

„Weil du dreißig bist. Die Tradition besagt, dass jede Hagedorn in dem Alter an einem Wendepunkt steht, und genau dafür ist der Kalender wichtig. Um dich aus der Kr…"

„Helena", unterbricht mein Vater sie. „Ich denke, du hast genug erzählt."

„Du hast recht." Sie steht auf und setzt sich zu ihm auf die Sessellehne.

„Und du glaubst diesen Quatsch?", frage ich entrüstet.

„Ich habe mit eigenen Augen erlebt, wie das Teil funktioniert, auch wenn ich meinen Arsch darauf verwettet hätte, dass das alles Unfug ist. Gelacht habe ich über Oma Lieschens Gerede über Traditionen und Magie. Aber sie hatte recht." Er verschränkt seine Arme über seinem Bauch.

„Ich geh schlafen." Mehr kann ich dazu gerade nicht sagen, weil die altbekannte Wut jeglichen Anflug von Neugierde zunichtemacht.

# Kapitel 5

## 31. November 2022 – Donnerstag

Uh, die Auserwählte frühstückt mit mir", begrüßt mich Dani, als ich in die Küche komme. Mama und Papa sind schon bei der Arbeit. Ich habe extra gewartet, bis sie weg sind, in der Hoffnung, Dani noch zu erwischen, bevor er zu seinem Shooting muss.

„Ich habe mir den Mist nicht ausgedacht", gebe ich zurück und schnappe mir eine Tasse, die ich mit Kaffee aus der Kanne fülle. „Wenn du willst, kannst du ihn gern haben. Ich habe keine Lust auf Aufgaben."

„Hast du Mama denn nicht zugehört? Er wird bei mir nicht funktionieren."

Skeptisch prüfe ich seinen Blick. „Du glaubst das doch nicht, oder?"

„Ich hab keine Ahnung, was ich glauben soll. Fakt ist, dass Papa kein guter Schauspieler ist, und er wirkte sehr überzeugt, was mich ins Grübeln bringt. Dass Mama einen Knall hat, was Magie betrifft, ist nichts Neues, aber Papa …" Er schiebt Toast in den Toaster. „Du auch?"

Ich nicke.

„Mach ihn doch einfach morgen auf und dann sehen wir weiter“, schlägt Dani vor. „Ich bin jetzt auf jeden Fall noch gespannter auf das erste Türchen als vor der gestrigen Offenbarung. Und eine Auserwählte zu sein, ist ziemlich cool, oder?“

„Ich weiß nicht. Haben sie denn gestern noch was gesagt?“

„Nee. Papa hat die Glotze angemacht, Mama hat gestrickt und ich habe meine Fotos bearbeitet. Hast also nichts verpasst, Schlafmütze.“

Dani reicht mir meinen Toast und ich schmiere Avocado drauf. Während ich mir eine Tomate aufschneide, kommt die Erinnerung an Heiko wie aus dem Nichts. Das war unser Ding. Wir haben Avocado-Stulle zum Frühstück, Mittag, als Zwischendurch-Snack und auch zum Abendbrot gegessen, waren völlig versessen darauf. Mir vergeht der Appetit, doch ich will mir nicht noch meine geliebten Avocado-Brote von ihm versauen lassen. Seinetwegen kann ich eh schon nichts mehr tun, was mich nicht an ihn erinnert. Verdammter Mist.

Ich sehe, wie Dani in seinen Marmeladen-Toast beißen will, und schnappe ihn ihm in letzter Sekunde weg. „Hier, du bekommst das.“

Er fragt nicht weiter nach, wofür ich ihm sehr dankbar bin.

„Also, Claudi-Raudi.“

Ich liebe es, wenn er mich so nennt. Jedes Mal, wenn ich den Kosenamen höre, muss ich schmunzeln.

„Was treibst du heute?“

Diese Frage hingegen hasse ich, weil ich keine Antwort darauf habe. So lange habe ich mir gewünscht, mehr Zeit zu haben, und nun habe ich sie und fülle sie mit Heulen und Schlafen. Großartig. Doch das kann ich ja schlecht antworten, also sollte ich irgendeine Antwort finden, die ihn sich weniger Sorgen um mich machen lässt. „Ich … eh … also … ich …“, versuche ich mein Glück in der Hoffnung, dass mir was Cleveres einfällt.

„Dacht ich's mir doch. Lass uns auf den Weihnachtsmarkt gehen. So wie früher."

„Ich habe kein Geld für so was." Richtiger wäre, ich habe kein Geld für gar nichts mehr, und zwar bis zum Ende meiner Tage, aber das klingt noch deprimierender.

„Lass mich dich bitte einladen. Sieh es als Dankeschön für deine Hilfe neulich beim Shooting. Meine anderen Assistenten bezahle ich schließlich auch."

„Also Geld hätte ich lieber genommen." Ich will ernst gucken, beginne aber zu grinsen, als ich sein bettelndes Welpengesicht sehe.

„Biiiiitteeeeeeeee."

„Na gut. Aber nur einen Glühwein. Von Alkohol habe ich die Schnauze gestrichen voll. Der macht bloß Ärger."

„Von mir aus können wir auch Kinderpunsch trinken. Ich will einfach nur auf den Weihnachtsmarkt."

„Aber nicht auf den hier in der Stadt, oder?" Mein Herz setzt aus bei dem Gedanken.

„Nee, nee. Ich weiß schon, wo wir hingehen. Mach dir keine Sorgen, da treffen wir niemanden, den du kennst. Vertrau mir einfach. So, ich muss los." Er schiebt den letzten Happen Toast in den Mund, springt auf und winkt mir zu.

Ich hänge noch beim „Vertrau mir einfach". Dieser Satz. Wie sehr ich ihn hasse. Ich habe vertraut, weil ich dachte, bei Liebe geht es genau darum. Aber entweder habe ich mich damit geirrt oder ich habe mich in der Liebe geirrt. Vielleicht war Heiko nie verliebt und ich war nur eine bequeme Partie? Wenn ich das nur wüsste. Es macht mich krank, die Wahrheit nicht zu kennen, auch wenn ein Teil von mir sie lieber nie erfahren möchte. Ich wüsste nicht mal, welche Antwort für mich schlimmer wäre. Er hat mich geliebt, aber eben auch alle anderen, oder er hat mich nie geliebt, so wie ich ihn. Meinen halb aufgefutterten Toast lasse ich liegen und verlasse die Küche. Für Aufräumen habe ich keine Kraft mehr.

Ich will gerade die Treppe hoch in mein Zimmer gehen, als es an der Tür klingelt. Durchs Fenster sehe ich, dass es die Post ist. Ich haste zur Tür und öffne dem Paketmann. „Marvin?“

„Claudi?“, antwortet er genauso verwirrt. „Du bist wieder hier? Ach ja, ist ja Weihnachten“, erklärt er sich selbst und ich belasse es dabei.

„Ich habe ein Paket für deinen Vater.“ Marvin überreicht es mir.

„Danke“, stammle ich. Ich sollte ihn irgendetwas fragen, doch ich kann nicht fassen, dass mein Ex gerade vor mir steht und auch nicht, dass er jetzt bei der Post ist. Schlagartig wird mir bewusst, dass ich mir heute noch nicht mal die Zähne geputzt habe, sodass ich trotz der Kälte Hitze in mir aufsteigen spüre.

„Dann schöne Zeit dir“, sagt er und wendet sich ab.

Mehr als ein „Danke“ bekomme ich nicht raus.

Zurück an seinem Wagen dreht er sich noch einmal um. „Wenn du Lust hast, dass wir uns mal treffen, meld dich gern. Findest mich auf *Facebook*“, ruft er mir zu, bevor er ins Auto steigt und verschwindet.

Marvin Lehmann. Ich glaub’s ja nicht. Gut sah er aus. Ihm scheint es besser zu gehen als mir. Na ja, ist ja jetzt auch kein Kunststück. Ich stelle das Paket im Flur ab und sehe erst dann in den riesigen Spiegel. Zur Hölle, wie sehe ich aus?

Marmelade über meiner Lippe, Krümel auf dem grauen weiten ausgebeulten alten Pullover und die Haare stehen mir zu Berge. Fuck.

Ich kann mich tatsächlich aufraffen und spazieren gehen. Mir tut die Kälte genauso gut wie die Bewegung, auch wenn ich jetzt schon weiß, dass ich danach sicher erst mal drei Stunden Schlaf brauchen werde. Omas Winterschuhe sind zu groß, aber mit zwei paar dicken Socken läuft es sich ganz okay. Besser als frieren.

Als ich zurückkomme, fische ich die Briefe aus dem Briefkasten. Entsetzt sehe ich, dass sie für mich sind. Mein Nachsendeantrag funktioniert. Absender sind diverse Banken und Geschäftspartner, die auf ihr Geld warten und sich vermutlich wundern, wieso der Laden von heute auf morgen geschlossen wurde und niemand mehr Klamotten kaufen kann. Mir wird schwindelig, als ich das Ausmaß meiner Krise realisiere. Das ist zu viel für mich. Mit weichen Knien entledige ich mich Omas Mantel sowie ihrer Schuhe und schleiche die Treppe hinauf in mein Zimmer.

In mir fühlt es sich an, als würden giftige, beißende Käfer krabbeln. Sie surren in meinen Ohren, wuseln in meinen Armen, nehmen mir den Atem. Ich bin voller Panik und fühle mich so hilflos, als würde mich jemand von einer Klippe stoßen wollen. Gleichzeitig fühlt es sich so an, als würde ich schon seit Tagen fallen und gegen jede Kante stoßen, die aus dem Berg herausragt. Ich weiß nicht, wie ich das aushalten soll.

# Kapitel 6

## 1. Dezember 2022 – Freitag

Tut mir leid, dass ich gestern nicht mit dir mitgekommen bin", entschuldige ich mich bei Dani, der mit Kaffee und Toast zu mir ins Zimmer kommt.

„Tut mir leid, dass ich dir nicht helfen kann." Er stellt das Tablett auf meinen Nachttisch und setzt sich zu mir. „Ich wünschte, ich könnte etwas tun, dass es dir besser geht."

Ich wechsle von meiner Liegestellung zur Sitzposition und spüre, dass mich das schon unfassbar viel Kraft kostet. Wird das jetzt immer so sein?

„Hast du echt die ganze Zeit geschlafen?", fragt er unbeholfen.

„Zwischen zwei und fünf war ich ne Weile wach. Ansonsten ja. Ich kann schlafen, so viel ich will, aber es hilft nichts. Ich bin einfach so unendlich erschöpft."

„Wahrscheinlich brauchst du die Zeit, um zu verarbeiten, was auch immer passiert ist." Er reicht mir einen Teller mit Toast.

„Was ist das denn?“ Ich fange an zu lachen, als ich erkenne, was er da gezaubert hat. Toast mit Butter und Schokostreuseln. Herrlich. „Das hat Oma Traudel immer für uns gemacht, wenn Mama und Papa nicht da waren.“

„Sag bloß, was meinst du, warum ich dir das mache?“ Er grinst. „Heute ist ein wichtiger Tag und Oma Traudel ist bestimmt bei dir. Sie soll sehen, was für ein Streberbruder ich geworden bin.“

„Ein großer Tag? Habe ich so viel geschlafen, dass schon Weihnachten ist?“ Herzhaft beiße ich in meinen Toast, die Schokostreusel krümeln auf den Teller.

„Heute ist der erste Dezember. Zeit, dass du das erste Türchen aufmachst.“

„Ach jaaa.“ Ich rolle mit den Augen, merke aber, dass ich jetzt doch ein bisschen neugierig bin. Das einzig Spannende, das momentan in meinem Leben passiert. Seit ich nicht mal mehr mein Handy nutzen kann, ist die einzige ablenkende Zeit am Tag das Frühstück mit Dani. Nicht mal Mama habe ich gesehen, auch wenn sie ab und an bei mir sitzt und mir den Kopf streichelt. Ich bekomme es nur am Rande mit, während ich schlafe, vielleicht träume ich das aber auch nur. Ich werde sie bei Gelegenheit fragen.

„Deswegen bist du also hier. Nicht, weil du Rumstrebern willst, sondern weil du so neugierig bist“, necke ich ihn.

„Erwischt.“ Er tut so, als würde er mit einer Pistole seinen Kopf wegpusten und lässt sich ins Bett fallen.

Lachend stehe ich auf. „Na gut, dann bin ich jetzt auch mal eine Streberschwester und öffne das Türchen. Mehr ist von mir leider nicht zu erwarten.“ Ich gehe zu dem Kalender, suche die Zahl eins und starre sie an. Ein Windzug lässt meine Tür zuknallen und wir schrecken auf.

Entsetzt guckt Dani mich an. „Riechst du das?“

Ich nicke. Wir trauen uns nicht, es auszusprechen, aber ich bin sicher, er riecht ihn auch. Den Geruch von Oma, den ich niemals mit Worten beschreiben könnte. Es riecht nach Liebe und Geborgenheit.

„Das ist gruselig“, flüstere ich und richte meinen Blick wieder auf das erste Kästchen. „Nun gut, dann legen wir mal los“, spreche ich mir selbst Mut zu und drücke einmal mit dem Zeigefinger gegen die Zahl. Mit einem lauten Klick wird das Kästchen aufgestoßen und wir schrecken beide mit einem Schrei zusammen.

„Was ist drin?“, fragt Dani, ohne auch nur einen Schritt näher zu kommen.

Ich sehe einen Zettel und fische ihn heraus. Ganz schön umständlich, weil das Kästchen ziemlich klein ist. Mit dem Papier in der Hand setze ich mich zu ihm und entfalte es.

„Das ist ein Rezept“, stellt Dani fest.

„Ich soll backen?“, frage ich entgeistert.

„Sieht so aus.“

In dem Moment wird mir wieder klar, dass ich mit dem Kalender nichts zu tun haben wollte, weil ich genug Aufgaben zu bewältigen habe, die ich nicht auf die Reihe bekomme. Prompt verschlechtert sich meine Laune. Ich drücke Dani den Zettel in die Hand und kapituliere. „Bitteschön. Kannst du machen.“ Dann lege ich mich unter die Decke und vergrabe mich den Rest des Tages in Selbstmitleid.

„Ich bin wieder daaaaaaaa.“ Dani stößt erneut meine Tür auf. „Und du kommst jetzt miiiiiiiit.“ Er hüpft zu meinem Bett, reißt mir die Decke weg und schubst mich aus dem Bett.

„Spinnst du?“, maule ich verschlafen.

„Du kommst jetzt mit zum Weihnachtsmarkt. Los! Anziehen!“

„Ganz bestimmt nicht“, antworte ich und versuche, mir meine Decke zurückzuholen.

„Anordnung deiner Mutter.“ Mama betritt ebenfalls mein Zimmer. Sie legt mir Sachen aufs Bett. „Haben wir gekauft, gewaschen und das ziehst du jetzt an. Ohne Widerrede. In dreißig Minuten geht es los. Beeil dich.“

Im nächsten Moment sind die beiden wieder weg.

Ich bin hin- und hergerissen, ob ich beleidigt oder gerührt sein soll, entscheide mich aber dafür, nicht groß nachzudenken und zu machen, was sie mir sagen. Ist der leichteste Weg.

„Du siehst super aus.“ Dani schmunzelt.

„Der Weihnachtspulli war deine Idee, oder?“ Ich schaue ihn an, als wäre ich beleidigt, bin aber in Wirklichkeit eher amüsiert.

„Was denkst du denn?“ Er zwinkert mir zu. „Na los, zieh den Mantel an. Wir müssen …“

Mama fährt und unterhält sich mit Papa, während Dani und ich aus dem Fenster schauen. Es ist lustig, weil es sich wie früher anfühlt, als wir noch klein waren und zusammen Ausflüge gemacht haben. Wir waren mindestens einmal zur Weihnachtszeit auf dem Weihnachtsmarkt und haben uns die Bäuche vollgehauen. „Fahren wir da hin, wo ich denke?“

„Denkst du an den historischen Mittelalter-Weihnachtsmarkt, dann ja“, antwortet Dani.

Ein Lächeln schleicht über meine Lippen.

„Ich dachte mir, wir machen lieber einen Ausflug mit den beiden, dann zahlen nämlich sie.“ Dani wollte sicher nur scherzen, aber die bloße Erwähnung von Geld treibt mir Schweißperlen auf die Stirn.

Er scheint es zu merken und gibt gleich seine liebste Ablenkungstaktik. „Mama, Papa, macht mal leise, ich habe neue Witze: Sagt die eine: ‚Ach, was wäre Weihnachten nur ohne Kinder?' Darauf die andere: ‚Auf jeden Fall um einiges günstiger!'"

Echt jetzt? Er macht Witze über Geld?

Dani fährt fort: „Die Oma zur Enkelin: ‚Du darfst dir zu Weihnachten von mir ein schönes Buch wünschen!' ‚Super Omi, dann wünsche ich mir dein Sparbuch.'"

Papa und Mama beginnen laut zu lachen. Und wenn die beiden erst lachen, dann ist das ansteckend. So ansteckend, dass es mir schwerfällt, Dani seine schlechten Versuche böse zu nehmen.

Dani macht weiter: „Ein Mann fragt seine Frau: ‚Schatz, was wünschst du dir denn zu Weihnachten?' Die Frau: ‚Die Scheidung!' Er: ‚Na, so viel wollte ich eigentlich nicht ausgeben!'"

Wieder lachen Papa und Mama so laut und herzhaft, dass ich es nicht schaffe, meine Mundwinkel unten zu lassen.

„Oh, bald haben wir sie. Aber wartet, Claudi-Raudi mag die schlechten Witze. Keine Sorge, ich bin vorbereitet: Ich habe meine Freundin gefragt, ob sie sich eine Goldkette zu Weihnachten wünschen würde. Darauf meinte sie: ‚Über nichts würde ich mich mehr freuen!'. Also gut, habe ihr dann NICHTS geschenkt. War auch wieder nicht richtig."

Und dann kann ich nicht mehr und fange laut an zu lachen. Wie macht der das bloß immer?

Es fühlt sich an, als würde mein Herz vegane Hühnersuppe bekommen und sich nach den letzten schlimmen Tagen endlich aufwärmen. Mittlerweile ist es zwei Wochen her, dass ich in einer Nacht packte, Mama anrief und fragte, ob sie mich vom Flughafen abholen würde. Ich erklärte nichts, fiel ihr weinend in die Arme und alle ließen mir Zeit. Dafür bin ich dankbar. Nicht reden zu müssen und ein Zuhause wie dieses zu haben, nachdem mein eigenes nicht mehr existiert. Jedenfalls für mich. Heiko wird sich dort vermutlich gerade das Hirn aus dem Leib bumsen.

Mama parkt den Wagen und wir steigen aus. Alter Schwede, ist das kalt hier. Zum Glück habe ich Omas Mantel. Wir stapfen durch den Schnee, der bestimmt schon fünf Zentimeter hoch ist. Lichterketten so weit das Auge sieht, Weihnachtslieder so weit das Ohr hört und der Duft von rauchigem Feuer. Was hab ich das vermisst. Für einen kleinen Moment vergesse ich meine Sorgen.

„Womit fangen wir an?“, fragt Papa.

„Kandierte Äpfel“, rufen Dani, Mama und ich zusammen, wie wir es früher getan haben. Hagedorn Tradition und so. Wir sind ein eingespieltes Team und für einen Moment habe ich das Gefühl, Dani und ich sind wieder Kinder.

Papa lacht ebenfalls. „Na, wie gut, dass sich manche Dinge niemals ändern.“ Wir folgen ihm und starten diesen herrlichen Abend mit gesundem Obst. Dani nimmt den rot Kandierten, Mama den mit weißer Schokolade und ich den mit Vollmilch. Nur Papa schüttelt sich vor Ekel, als er uns genießen sieht. Er kauft sich lieber die Schoko-Weintrauben. „Bei den Preisen können wir jetzt eigentlich schon wieder nach Hause fahren“, meckert er.

„Nun sei doch nicht so.“ Mama stupst ihn an. „Früher hatten wir Familienurlaube und heute eben diesen Ausflug. Ist doch schön, dass wir endlich wieder alle zusammen sind.“

„Wenn wir hier ein paar Stunden bleiben, dann wird es sicher so teuer wie ein Familienurlaub.“

Ich lausche den beiden, wie sie sich necken, und mir wird mulmig. Ich sollte mit dreißig in der Lage sein, meinen scheiß Schoko-Apfel allein zu zahlen. Besser noch, ich sollte sie einladen. Und stattdessen …

Dani stupst mich an. „Egal, was du gerade denkst, lass es.“ Er hakt sich bei mir ein und wir schlendern zum Holzstand, während Mama und Papa zu einer Bude mit Mützen laufen.

„Hilf mir mal, ich brauch noch was für Papa. Mama ist eingeweiht und hat ihn extra gleich hier vorbeigeführt. Was meinst du, sollen wir ihm eins von diesen Brotschneidebrettern aus diesem fantastischen Holz holen? Er stand früher immer davor und hat es berührt, aber nie gekauft, weil es ihm zu teuer war."

Verdammt, wieso geht es eigentlich immer nur um Liebe oder Geld? Ich glaube, das ganze Leben ist eine einzige Triggerparty geworden. Ich beiße in meinen Apfel und versuche, mich auf die Schokolade zu konzentrieren.

„Hey, du sollst mir helfen", meckert Dani.

„Wenn es für Papa zu teuer war, wieso ist es dann für dich nicht zu teuer?", frage ich ihn.

„Ich hab doch gesagt, mein Geschäft läuft super."

Ich kann mir zwar nicht vorstellen, wie das gehen soll, aber ich zucke mit den Schultern und resigniere. „So eins hat er sich immer angeschaut."

„Dann nehmen wir das." Er lässt es sich einpacken, steckt es in den Rucksack und zahlt einen Betrag, der mir die Schuhe auszieht, die nicht mal mir gehören, weil ich mir das nicht leisten kann. Wahrscheinlich sind meine Zehen deswegen schon kalt wie Eisklumpen.

„Vielleicht sollte ich bei dir anfangen, wenn es so gut läuft. Wie es aussieht, brauche ich einen Job." Das ist das erste Mal, dass ich es laut ausspreche.

„Was ist mit deinem Laden?"

„Wir sind pleite. Der Gerichtsvollzieher war da und hat alles mitgenommen, was noch Wert hatte."

„Oh, Claudi", sagt Mama und nimmt mich in den Arm.

Ich habe gar nicht mitbekommen, dass sie gerade hinter uns angekommen sind. Ich sehe in Papas Gesicht, der unbeholfen lächelt. Er sieht aus, als versuche er, seinen Schock über das eben Gehörte zu verarbeiten.

Ich kämpfe gegen die Tränen. Hier und jetzt loszuheulen, kommt ganz und gar nicht infrage. Ich habe genug Zeit, im Bett zu flennen. Also stark bleiben, Claudi, stark bleiben.

„Es tut mir so leid.“ Die Art, wie Mama es sagt, ist so herzzerreißend, dass ich doch sofort in einer Tränenflut versinke.

Und dann umarmt Dani uns zwei.

„Ach was soll’s“, höre ich Papa sagen und spüre auch seine Arme um uns.

„Okay, jetzt reißt euch mal zusammen“, schimpfe ich mit ihnen, löse die Familienumarmung auf und schnaube meine Nase. „Tut mir leid, dass ich euch enttäuscht habe.“

Mama schaut mich entsetzt an. „Du würdest mich nie enttäuschen.“

„Mama“, rufe ich vorwurfsvoll. „Ich bin eine Versagerin. Das kannst du nicht mehr leugnen.“

Mama schießen Tränen in die Augen.

„Jetzt reicht es aber“, fährt Papa dazwischen. „Du bist eine Kämpferin und die mutigste Tochter, die man sich wünschen kann. Hätte ich mir gewünscht, du wärst eine stinknormale Angestellte geworden? Ja. Aber das wäre nicht unsere Claudi. Du wolltest immer etwas Eigenes haben. Du hattest Visionen, Leidenschaft und den Mut, dich mehr zu trauen als der Rest der Welt. Das ist die Claudi, die wir bewundern. Auch wenn mich das schon so einige Nächte gekostet hat, bin ich stolz darauf, dass du es versucht hast. Dass ihr beide so mutig unterwegs seid. Viel mutiger als eure Mutter und ich es uns je getraut haben.“

Mama nickt und Papa legt seinen Arm um ihre Taille.

„So, und jetzt trinken wir verdammt noch mal Glühwein, kaufen eurer Mutter überteuerte Weihnachtsdeko und wärmen uns am Feuer auf. Wir können zu Hause in Ruhe über alles reden und ich bin mir sicher, wir bekommen das hin, aber jetzt wird einfach nur gefeiert, dass wir wieder zusammen und gesund sind. Außerdem will ich ne Bratwurst“, beendet er seine Ansage und wir fangen an zu lachen.

Ich bin total perplex von diesem Ausbruch meines Vaters. So habe ich ihn noch nie erlebt und dass er auf mich stolz ist, war mir auch nicht klar. Sagen Väter so was nicht immer erst beim Happy End in Filmen? Wenn das hier ein Film wäre, dann ist das hoffentlich nicht schon das Ende, weil happy bin ich auf jeden Fall noch lange nicht. Auch wenn das gerade unfassbar guttat. Oder soll das am Ende das Happy End sein, weil es ausreicht, wenn mein Vater stolz ist?

Bullshit. Ich muss stolz sein. Was die anderen denken, müsste mir laut allen Ratgebern egal sein. Ist es aber nicht. Ich will niemanden enttäuschen. Nicht mich selbst und erst recht nicht die Menschen, die mich großgezogen haben.

Wir stehen am Bratwurststand und Papa bestellt drei Bratwürste.

„Claudi, was willst du?“

„Irgendwas ohne Fleisch.“

Papa reicht mir einen Teller, auf dem sich nichts befindet. „Ohne Fleisch.“

„Lustig, Papa, dein Humor ist genauso schlecht wie der von Dani.“ Wahrscheinlich lacht er sich deswegen über den immer und immer wiederkehrenden Witz kaputt. Mama versucht, nicht zu lachen, aber ich sehe, dass es ihr schwerfällt. Die Normalität der eingeübten Traditionen beruhigt sogar mich.

„Ich geh mir Langos holen“, sage ich und gehe los. Ruckartig bleibe ich stehen, weil mir einfällt, dass ich ja gar keine Kohle habe. Verdammt.

„Ich will auch“, ruft Dani und geht mir hinterher. „Das hier ist bloß Vorspeise“, erklärt er und beißt in seine Wurst.

Mama und Papa bleiben am Wurstbudenstand. Wie schaffen sie es bloß, nach all den Jahren immer noch verliebt auszusehen?

„Das war krass“, sagt Dani.

„O ja.“ Mehr fällt mir dazu nicht ein. Ich glaube, Papa hat recht, dass wir den Rest lieber zu Hause klären sollten.

Später stehen wir gemeinsam um ein Feuer, das uns Rauch und Wärme ins Gesicht pustet. In der Hand halten wir

*Weihnachtslatte.* Das hat es früher nicht gegeben. Schokostreusel, Sahne und eine Zuckerstange zieren das Getränk, das laut Papa bald genauso teuer ist wie ein neuer Wagen.

„Und, hast du das erste Kästchen schon aufgemacht?", fragt Mama.

„Erinnre mich bloß nicht daran", antworte ich. „Ich soll backen."

Papa und Mama werfen sich verstohlene Blicke zu.

„Da meine Küche heute sauber war, vermute ich, du hast die Aufgabe noch nicht erfüllt?", fragt Mama.

„Nein. Wenn ihr Plätzchen wollt, müsst ihr welche kaufen oder auf Dani hoffen."

„Dann wird sich leider dein zweites Kästchen nicht öffnen", wirft Papa ein.

„Ohhh, wie schade. Dann bekomm ich keine neue Aufgabe, auf die ich keine Lust habe." Ich kann meine Ironie nicht im Zaum halten.

„Aber ich will wissen, wie es weitergeht", mischt sich wieder mein neugieriger Bruder ein. „Kannst du nicht welche mit mir zusammen backen?", versucht er mich von der Aufgabe zu überzeugen.

„Wieso ist dir das so wichtig?", fauche ich ihn an.

„Wegen Oma. Sie hätte das gewollt und ich bin sicher, sie schaut uns zu und will, dass wir das machen." Seine Stimme wird leiser.

Er hat recht. „Na toll, dann ist Oma jetzt also auch enttäuscht von mir."

„Mann, Claudi, so war das nicht gemeint." Für einen Moment herrscht peinliches Schweigen. „Ich brauche für ein Shooting dekorierte Plätzchen. Also tust du es für mich und hilfst mir? Wir wissen doch beide, dass du die beste Bäckerin der Welt bist und ich zwei linke Hände in der Küche habe. Alles, was ich kann, ist heiße Schokolade kochen und Frühstück zubereiten."

# Kapitel 7

## 2. Dezember 2022 – Samstag

Dani und ich stehen in der Küche, haben Schürzen um und suchen alles zusammen, was wir für das Plätzchenrezept brauchen. Natürlich trägt er seinen Weihnachtspulli und hat die Weihnachtsmusik laut aufgedreht. Mama und Papa sind Geschenke kaufen, sodass wir unsere Ruhe haben.

„Also dann“, sage ich mehr zu mir selbst als zu Dani und streue Mehl auf die Arbeitsplatte. „Legen wir los.“

Dani liest die Zutaten vor, und ich gebe sie in die Schüssel. Er hält alles mit der Kamera fest, damit er die Fotos für ein Rezeptbuch seines Kunden verwenden kann. Meinetwegen. Solange niemand mein Gesicht sieht, ist mir das alles egal. Ich bin ja froh, dass ich ihm helfen kann.

„Hast du versucht, das zweite Kästchen aufzumachen?“

Ich nicke. „Keine Chance. Boah, komm mir nicht so nah“, schimpfe ich mit ihm. „Du stinkst so dermaßen nach Rauch.“

„Du riechst auch nicht besser“, gibt er zurück. „Aber ist doch schön. So haben wir eine Erinnerung an die Feuerschalen-Momente gestern.“

„Na toll. Ich hab sogar meine Haare gewaschen und die riechen immer noch danach. Krass, oder?“ Ich knete den Teig zusammen, gebe ab und an etwas Mehl dazu. „Weißt du, wie lange ich nicht mehr gebacken habe?“ Es tut so gut, endlich mal wieder mit den Händen zu arbeiten und etwas zu schaffen. Auch wenn es sauanstrengend ist. Danis Anwesenheit gibt mir zum Glück Energie.

„Wie lange ist es her?“

„Hm?“

„Wie lange ist es her, dass du gebacken hast?“

„Ich hab nicht die leistete Ahnung. In Spanien glaube ich nur einmal. Ein Geburtstagskuchen für …“ Ich stocke. Ich schlich mich damals nachts in die Küche, um den Kuchen zu backen und Heiko zu überraschen. Er hatte mir erzählt, dass er noch nie in seinem Leben einen Geburtstagskuchen bekommen hat. Das hatte mir das Herz zerrissen, daher wollte ich ihn zum Frühstück mit einem Kuchen überraschen. Er aß ein halbes Stück davon, maulte mich voll, dass ich zu spät in den Laden komme und dass er seinen Geburtstag nie feiert, weil das kein schöner Tag sei. Ich machte es mit allem nur schlimmer, weil ich ihn an das erinnerte, was er nie gehabt hatte. Schon komisch, dass ich damals nicht Reißaus genommen habe, doch in mir war nur Verwirrung und Trauer. Ich ging in den Laden, während er den ganzen Tag verschwunden war. Als ich den Laden abends schloss, holte er mich ab, fuhr mit mir in sein Lieblingsrestaurant und entschuldigte sich. Ich hätte es nicht wissen können, dass dies der schwerste Tag im Jahr für ihn sei, und da wäre er nun mal nicht er selbst. Er war charmant, liebevoll, leidenschaftlich und wir hatten so unfassbar tollen Sex am Strand, dass ich den Morgen schnell vergaß.

„Seid ihr jetzt getrennt?“, wagt Dani sich vor.

„Ja.“ Mehr will und kann ich nicht dazu sagen. Ich knete und forme den Teig, stecke all meine Wut und Verzweiflung hinein. Werfe ihn dann immer wieder mit einem fetten Rumms auf die Arbeitsplatte.

„Lass es raus.“ Dani sagt es so, wie Mama es früher immer gesagt hat. Wenn einer von uns wütend war, weil wir Streit mit jemandem hatten, oder sauer auf Mama oder Papa waren, dann gingen wir in die Küche und backten einen Vergebungskuchen. Jeder durfte seine Wut am Teig auslassen und wenn der Kuchen verzehrt wurde, hatten wir uns alle wieder lieb. Wie sie das gemacht hat, weiß ich nicht. Es war so ein wunderschönes Ritual und es hat immer funktioniert. Vermutlich hilft das nicht bei Riesenarschlöchern, sondern nur bei Kinder-Wehwehchen. Aber besser als nichts.

Erneut werfe ich den Teig auf die Arbeitsfläche und dieses Mal entweicht mir sogar ein leichter Schrei. Mehl wirbelt bei jedem Aufprall durch die Küche. Es tut so gut. Ich höre Dani knipsen, was mich noch wütender macht, weil er von meinem Leid profitiert, und haue meine Wut raus, bis ich meine letzte Kraft verbraucht habe.

„Fertig?“, fragt Dani, als ich kraftlos vor dem Teig stehe. Er legt seine Kamera weg, nimmt eine Klarsichtfolie, wickelt den Klumpen ein und legt ihn in den Kühlschrank. „Jetzt heißt es eine halbe Stunde warten. Lass uns Kaffee trinken.“

„Ich wäre ja eher für heiße Schokolade.“

Dani lacht.

„Ich muss nachholen, was ich die letzten fünf Winter verpasst habe.“ Schließlich konnte ich wegen des Ladens nie nach Hause kommen. Und wegen Heiko, weil er mich zu Weihnachten brauchte, weil er traurig war. Und eigentlich wollte ich auch nicht, dass meine Liebsten mich sehen, weil sie mir angesehen hätten, dass ich von Jahr zu Jahr unglücklicher wurde. Ich wasche meine Hände und fühle mich seltsam leicht. Zwar erschöpft wie eh und je, aber auf eine angenehmere Weise.

„Timer ist gestellt. Such du die Formen raus, ich mach Schokolade.“

Ich durchsuche Mamas Schrank, bis ich die Formen, die ich gerne mag, alle beisammenhabe. „Wüsstest du, was du dir für ein Weihnachtswunder wünschen würdest?", frage ich ihn. Die Sache mit dem Weihnachtswunder beschäftigt mich seit dem Abend, an dem Mama uns davon erzählt hat. Ich wüsste nämlich absolut nicht, was ich mir wünschen sollte. Nichts könnte etwas daran ändern, dass es mir so beschissen geht.

„Keine Ahnung. Vielleicht, dass es weiter so gut läuft? Oder dass ich meine Traumfrau finde, mit der ich glücklich bis ans Ende meiner Tage bin? Oder einfach nur, dass es dir besser geht? Mir würde schon was einfallen." Dani holt die Sprühsahne aus dem Kühlschrank und stellt sie neben die Schokostreusel. „Und du? Was wäre dein Weihnachtswunder? Eine Million Euro?"

Ich schaue ihn an. „Selbst wenn der Weihnachtsmann mit einer Million Euro um die Ecke kommen würde, würde sich mein Herz genauso scheiße anfühlen, und das Gefühl, die größte Versagerin aller Zeiten zu sein, wäre immer noch da." Ich hocke mich an die Heizung auf den Boden. „Die Million hätte ich schließlich nicht verdient. Ich habe nichts dafür geleistet. Versteh mich nicht falsch, ich will sie trotzdem, weil das auf jeden Fall einen großen Teil meiner Probleme lösen würde, aber es fühlt sich nicht so an, als würde es mir wirklich helfen, weißt du?"

Ich beobachte Dani, wie er unsere Schokolade fertig macht, sie verziert und fotografiert. Dann setzt er sich zu mir. „Claudi, warum zur Hölle denkst du, dass du eine Versagerin bist?"

Tränen kullern mir übers Gesicht und ich lasse mich von ihm halten, bis die Welle wieder vorbei ist. Ich atme tief und versuche, ihm eine Antwort zu geben. „Weil ich der dümmste Mensch auf der Welt bin. Ich war mit jemandem zusammen, der mich fünf Jahre lang verarscht und ausgenutzt hat. Und ich habe es nicht gemerkt. Weil mein Kontostand weit im Minus ist. Weil ich wieder bei meinen Eltern lebe. Weil ich kein Zuhause mehr habe. Weil alles, woran ich geglaubt habe, ein riesiger Haufen

Bullshit war. Und weil alles, was mich die letzten fünf Jahre ausgemacht hat, nicht mehr existiert, eigentlich sogar nie real war."

Der Timer klingelt und ich springe auf. „Lass uns weitermachen." Ich tu so, als wäre nichts gewesen. Was soll Dani dazu auch sagen? Er kennt nicht die ganze Geschichte, und ich weiß nicht, wie ich sie ihm erzählen soll. Denn ich weiß eigentlich selbst gar nicht, was mir passiert ist. „Welche Formen willst du für die ersten zwei Bleche?" Ich rolle den Teig aus.

Dani reicht mir verschiedene Ausstechformen und fotografiert mich beim Ausstechen der Plätzchen. Ich funktioniere, und das tut erstaunlich gut. Ich weiß nicht, woher die Energie plötzlich kommt. Vielleicht, weil ich einmal laut ausgesprochen habe, wie ich mich fühle, oder weil Dani eingesehen hat, dass man nicht immer alles schönreden kann. Wer schafft es schon, seinen Bruder sprachlos zu machen? Ich bin in meinem Element, schiebe ein Blech nach dem nächsten in den Ofen, hole es wieder heraus, koste Plätzchen und verziere sie mit weißer und dunkler Schokolade, mit Zuckerguss und Smarties, Schoko- und bunten Streuseln, Brezeln und Puderzucker, bis das letzte Plätzchen fertig ist.

Draußen ist es bereits dunkel und Dani hat inzwischen den Lichterkranz im Fenster angemacht. Heintje spielt uns Weihnachtslieder vor, und ich konnte mich nach langer Zeit mal wieder auf eine Sache konzentrieren. Es hat gutgetan, eine Aufgabe zu haben. Auch wenn ich es niemals laut zugeben würde. Ich habe das Gefühl, das ist das erste Mal seit langem, dass ich etwas geschaffen habe, was gut ist. Und nachdem ich die letzten zwei Wochen fast nur geschlafen und geheult habe, ist es die erste Tätigkeit, die ich überhaupt gemeistert habe, abgesehen von meinem Ausflug auf den Weihnachtsmarkt und ein paar Spaziergängen.

„Perfekt", lobt mich Dani und legt die Kamera weg. „Die Bilder sind spitze. Danke." Er gibt mir einen Kuss auf die Wange und umarmt mich. „Meine Kunden werden ausrasten. Vielleicht können wir das Rezept in ihrem Backbuch mit unterbekommen und erhalten dafür Provision oder so?"

„Dani, der Träumer. Manche Dinge ändern sich nie." Ich entledige mich meiner Schürze, gebe ihm ebenfalls einen Kuss und verlasse die Küche. „Viel Spaß beim Aufräumen. Du wolltest mir schließlich helfen." Breit grinsend laufe ich die Treppe hoch und lasse mich ins Bett fallen. Erst mal schlafen.

„Hey, Schlafmütze. Wir wollen zusammen Abendbrot essen. Kommst du runter?" Dani steht mal wieder vor meinem Bett. Es kommt mir vor, als wäre er mein persönlicher Assistent. Er macht mir ständig Frühstück oder heiße Schokolade, weckt mich und schießt Fotos von mir. Irgendwie merkwürdig.

Ich reibe mir den Schlaf aus den Augen und gähne laut. „Okay. Ich komm gleich."

Er bleibt stehen und grinst.

„Was ist?"

„Du hast was vergessen." Er starrt auf den Adventskalender.

„O Mann. Du kannst es kaum erwarten, dass wir wieder irgendwelche Dinge erledigen dürfen, was?" Ich richte mich auf. „Versuch du es noch mal. Vielleicht geht er ja doch bei dir auf. Ich mein, wie soll das gehen? Das Teil ist saualt. Da hatten sie noch keine Fingerabdruck- oder Augenscanner."

Dani lässt sich das nicht zweimal sagen und steht vor dem Adventskalender. Er drückt seinen Finger dagegen, schiebt, rüttelt, flucht. Nichts passiert.

„Na dann muss die Auserwählte wohl doch wieder ran", scherze ich und geselle mich zu Dani. „Pass auf! So macht man das", sage ich siegesmutig. Mit einem Klick geht das zweite Türchen auf. Überrascht schauen wir uns an. Ich fische einen vergilbten Zettel heraus, den ich auffalte. „Bereit?"

Dani nickt aufgeregt und wirkt dabei wie damals, als wir Kinder waren und verrückte Ideen aushecken wollten.

Es ist ansteckend, denn auch ich bin neugierig, was da auf uns wartet. Ich sehe ein Bild eines Adventskranzes. „Häh?" Ich halte ihm den Zettel hin. „Verstehst du das?"

„Essen", ruft Mama und ich höre die Glocke läuten, die sie immer schwingt, wenn alle an den Tisch sollen. Wir sind wie die Hunde darauf konditioniert, und prompt knurrt mein Magen, woraufhin Dani lacht.

„Komm. Wir fragen Mama." Dani nimmt den Zettel an sich, und wir gehen die Treppe hinunter in die Küche, setzen uns an den Tisch.

„Zur Feier des Tages gibt es Raclette." Mamas Augen glänzen. Ihr Lieblingsessen.

„Was gibt es denn zu feiern?"

„Wir haben alle Geschenke beisammen und hatten einen tollen Tag." Sie strahlt über das ganze Gesicht.

Die Küche riecht nach würzigem Käse und Glühwein.

„Und ich habe mich heute schon beschenkt, weil das Weihnachtsgeld ausbezahlt wurde. Wartet."

Nun dreht sich Papa um, in der Hand hält er einen Schokobrunnen. „Ich konnte es ihr einfach nicht ausreden."

Dani applaudiert und jubelt. „Mama hat endlich ihren Schokobrunnen."

Seit Jahren liegt sie uns in den Ohren damit, wie toll so ein Teil wäre, und dennoch hat sie sich den Traum nie erfüllt.

„Absolute Geldverschwendung", meckert Papa.

„Ach, du alter Geizkragen. Du wirst schon sehen. Ich werde das Teil nutzen. Du hast doch bloß Angst, dass deine Wampe noch größer wird." Liebevoll klopft sie ihm auf den Bauch.

Ich zucke innerlich zusammen. So einen Spruch darf man in der Öffentlichkeit nicht mehr laut sagen. Ob Papa das stört? Sein breites Grinsen zeigt jedenfalls keine Spur davon. Aber das muss ja nichts heißen, wie ich mittlerweile selbst weiß.

Papa stellt den Schokobrunnen auf den Tisch und setzt sich. Mama holt Weintrauben aus dem Kühlschrank und nimmt dann ebenfalls Platz. Im Hintergrund dudelt Helene Fischer, die Weihnachten wohl nicht minder liebt.

„Ich fange heute mit dem Nachtisch an." Mama schaufelt Weintrauben, Erdbeeren und Bananen auf ihren Teller und taucht sie dann in den Schokobrunnen.

„Boah, ich auch", sage ich und mache es ihr nach.

Papa schüttelt nur den Kopf und verdreht die Augen, greift dann beherzt beim Raclette zu. „Dann bekomm ich wenigstens das Beste als Erstes."

Wie wir da in dieser Normalität einer Familie sitzen, fühle ich mich für einen kurzen Moment wie ich. So, wie ich mich früher immer gefühlt habe. Es ist schwer zu erklären, aber ich habe das Gefühl, dass es eben noch eine andere Welt gibt als die, in der ich nur die Versagerin bin. Als wäre all das Drama ganz fern und ich wieder ich. Einfach nur ich. Nicht ich, die einen Laden hatte. Nicht ich, die verarscht wurde. Nicht ich, die dumm und pleite ist.

Nur … ich, die Tochter und Schwester, die gern Käse und Schokolade isst.

„Claudi, das tust du nicht", warnt mich Papa. „Das ist pervers. Vergiss alles, was ich gestern gesagt habe. Komm mir mit Schulden nach Hause, aber Gott verdammt, mach auf deine Käsehappen keine Schokolade." Er sagt es so angewidert und entsetzt, dass es den Stich in meinem Herzen, den das Wort Schulden auslöst, sofort verbannt, und wir lachen uns kaputt. Dani droht, ihm Schokolade auf sein Fleisch zu machen. Wir lachen und essen, bis unsere Bäuche wehtun.

Als Mama abräumt, fällt mir wieder der Kalender ein. „Mama, wir haben heute ein Bild von einem Adventskranz aus dem Kalender gefischt. Weißt du, was es damit auf sich hat?"

Sie dreht sich zu mir und schaut mir grinsend in die Augen. „O ja. Ich kann es mir vorstellen. Euer lieber Herr Vater wollte dieses Jahr keinen Adventskranz kaufen, weil er es nicht einsieht, so viel Geld auszugeben. Deshalb hatten wir letzten Sonntag nur vier Kerzen auf dem Tisch stehen, wovon wir nur eine angezündet haben. Er meinte, das merkt eh keiner. Und na ja, habt ihr ja auch nicht. Leider hatte er recht, und deshalb habe ich meine Wette verloren und wir haben dieses Jahr keinen Adventskranz."

„Und was hat das mit mir zu tun?", frage ich sie verwundert. Es ärgert mich, dass Mama verloren hat, nur weil ich nicht aufmerksam genug war. Ich weiß ja, wie wichtig ihr Weihnachten ist. Das ganze Haus ist eine einzige Lichterkette. Ich habe nur an mich und mein Elend gedacht. Die Schuldgefühle überrollen mich wie eine Lawine.

„Ich vermute, jetzt komme ich wieder ins Spiel", mischt sich Dani ein, der den Geschirrspüler einräumt. „Ob du es glaubst oder nicht, aber ich habe gestern noch einen spontanen Auftrag für morgen bekommen. Eine Kundin veranstaltet jedes Jahr Adventskranz-Basteln. Es ist ein gemütliches Beisammensein mit Glühwein und Plätzchen, und jeder bastelt seinen eigenen Kranz."

„Nicht dein Ernst", kommentiere ich. „So was gibt es?"

„Die fünf Jahre Sonne haben dir wohl all deine Weihnachtserinnerungen weggezaubert." Er schüttelt den Kopf.

„Ich wiederhole ... Was hat das mit mir zu tun?"

„Ich vermute mal, du sollst Mama zu ihrem Adventskranz bringen."

Mamas Augen beginnen zu strahlen. „Au ja, das wäre fantastisch."

„Kauf dir doch einfach einen."

„Das geht nicht. Wir haben gewettet und ich habe verloren." Mama hebt abwehrend die Hände. „Oder, Schatz? Ich mein, jetzt ist es ja doch aufgefallen."

Papa schüttelt den Kopf. „Es ist nicht aufgefallen, sondern du hast es erzählt. Das gilt nicht. Wette ist Wette."

„Aber wenn ich einen geschenkt bekommen würde, dann würde ich gegen kein Gesetz verstoßen, oder?"

„Herrgott noch mal. Sie findet immer ein Schlupfloch. Gegen die Wünsche einer Frau kommt man eben nicht an." Er räumt das Brot in den Brotkasten.

„Dann können wir ihr auch einfach einen kaufen."

Papa hebt den Finger und ruft: „Nein. Es wird keiner gekauft dieses Jahr, das war die Vereinbarung."

„Für Mama", flüstert Dani und grinst sie verschwörerisch an.

„Irgendwie kommt mir das alles wie ein abgekartetes Spiel vor. Ich soll also morgen zu der Veranstaltung mitkommen, ja? Aber ist es nicht ein bisschen spät für sie, Werbung dafür zu machen? Morgen ist schon der zweite Advent."

„Stimmt. Und das stellt sie jedes Jahr aufs Neue fest, wenn sie Werbung machen will, deshalb machen wir dieses Jahr die Bilder für das nächste Weihnachten. Und da ihre Kunden sicher keine Fotos von sich wollen, darfst du wieder herhalten."

„Wann bekommst du bloß endlich eine Freundin, die für dich Model spielt?"

„Das heißt, du machst es?“ Dani sieht mich hoffnungsvoll an.

„Was bleibt mir anderes übrig? Ich kann euch dieses Jahr keine Geschenke kaufen und so mach ich euch wenigstens damit eine Freude.“

Dani fällt mir um den Hals. „Danke.“

Ich fühl mich wie eine Samariterin. Ein gutes Gefühl, zur Abwechslung.

„Da habt ihr ja wieder eine super Ausrede gefunden, uns mit Oma allein zu lassen“, bemerkt Papa.

„Oma ist morgen wieder da?“ Mein gutes Gefühl platzt wie eine Seifenblase, wenn jemand einen Finger hineinpiekt.

„Es ist der zweite Advent. Was denkst du? Nur weil du fünf Jahre nicht hier warst, hat sich nichts an unseren Traditionen verändert.“

Na prima. Das kann ja heiter werden.

# Kapitel 8

## 2. Advent
## 3. Dezember 2022 – Sonntag

Da sitzen wir wieder einmal zusammen am Tisch. Papa, Mama, Dani, ich und … Oma. Es gibt natürlich Kohlrouladen. Ich esse Danis Kohl und er meine Rouladen. Manche Dinge ändern sich nie.

„Mensch, wer soll denn das alles essen? Nicht so viel“, schimpft Oma, als Papa ihr ordentlich aufkellt.

Wir alle wissen, dass Oma später Nachschlag und Nachtisch nehmen wird.

„Das kann doch kein Mensch essen“, tottert sie weiter.

„Ach, Oma, du kannst das doch vertragen“, schleimt sich Dani ein. Braucht er eigentlich nicht, er ist nämlich ihr Liebling.

Oma geniert sich und haut ordentlich rein, noch bevor wir uns einen guten Appetit wünschen können. Sie wirkt so ausgehungert wie ein Straßenhund in Rumänien.

Ich schustere Dani meine Roulade auf den Teller, er schiebt mir seinen Kohl rüber. Alles wie immer. Hunger habe ich keinen. In der Nacht verfolgten mich Träume über

Gerichtsvollzieher, die vor der Tür meiner Eltern standen und den Schokobrunnen mitnahmen. Ich habe mir die Briefe von zu Hause angeschaut, konnte sie aber nicht öffnen. Zu groß war meine Angst, was da stehen könnte. Die können doch nicht wirklich an den Besitz meiner Eltern ran, oder?

„Mensch, Claudia, du siehst aber wirklich gesetzt aus." Oma schiebt sich eine weitere Gabel mit Kartoffeln und Roulade in den Mund.

„Ge-was?", frage ich entgeistert.

„Na gesetzt halt."

„Was bedeutet das?", hake ich nach.

„Na gesetzt heißt gesetzt."

Danke für die Erklärung.

Dani holt sein Handy aus der Hose, was eigentlich verboten ist – Tischregeln und so. Er googelt, wir schauen gemeinsam drauf und mir fällt die Kinnlade runter. Gesetzt bedeutet, dass ich inzwischen aussehe wie eine alte, reife Schachtel. Na danke. Ich bin dreißig. Das war vielleicht früher das Ende der Welt, aber nicht mehr heutzutage. Wobei, ich bin gerade ziemlich am Ende. O Mann. Keine Ahnung, wie Oma das gemeint hat, aber nett war das ganz sicher nicht.

„Und, Dani, wie läuft's bei dir?"

Klar, sie fragt Dani und nicht mich, dabei hat sie ihn letzte Woche doch schon alles fragen können, während sie mir das Essen versaut hat.

„Super, Omi. Claudi und ich fahren heute zusammen zu einer Kundin. Adventskranz-Basteln."

„Ach. Das hab ich früher auch gern gemacht. Aber dann kam die Arthrose, und du weißt ja, ich bin froh, dass ich heute die Gabel halten kann. Gestern war es wieder so schlimm …"

Das ist der Moment, an dem ich abschalte. Wenigstens ist sie nun wieder so sehr mit sich beschäftigt, dass ich keine weiteren boshaften Attacken zu erwarten habe.

Nach dem Essen räumen wir alle gemeinsam ab, nur Oma verschwindet ins Badezimmer. Als der Tisch leer ist, wollen Mama und Papa ihn wieder zusammenziehen, damit wir mehr Platz in der Küche haben, doch das ist wie immer etwas schwierig, weil er klemmt. Oma kommt aus dem Bad zurück, und anstatt einen klitzekleinen Moment zu warten, rennt sie die beiden fast um mit den Worten: „Darf ich?“

„Oma“, entfährt es mir. „Kannst du nicht drei Sekunden warten?“ Sie sieht doch, dass es gerade ungünstig ist, jetzt für sie Platz zu machen. Ich verstehe es einfach nicht.

„Nee, kann ich nicht“, faucht sie mich an. „Ich muss meine Tabletten nehmen.“

Ich balle meine Fäuste zusammen und wende mich von ihr ab. Ich ertrage es nicht, sie weiter anzusehen. Mich macht das unfassbar wütend. Wie kann man nur so sehr auf sich selbst bezogen sein? Wird man so im Alter?

Nein, Oma Traudel war nie so.

Zum Glück muss ich mit Oma nicht noch Kaffee trinken und mir ansehen, wie sie tonnenweise Kuchen verschlingt. Als wäre sie eine Abrissbirne.

Da finde ich die Aussicht auf Basteln fast schon wie den Gedanken an einen Hawaii-Urlaub.

Kurz darauf betreten Dani und ich den Laden der Floristin, und ich freue mich über den herrlichen Duft. Es gibt kaum etwas Schöneres, als diese Frische einzuatmen, die ich nur von Blumenläden so intensiv kenne. Ja, okay, vielleicht ganz schön armselig, aber die letzten Jahre habe ich fast ausschließlich in meinem Laden verbracht, anstatt das Leben in der Sonne am Meer zu genießen.

„Antje?“, entfährt es mir.

„Claudi?“, echot die rothaarige Frau mit Bobfrisur.

„Was machst du denn hier?“

„Ich arbeite hier“, antwortet Antje entgeistert.

Ich schaue Dani an. „Du … Warum hast du nichts gesagt?“

Er zuckt mit den Schultern. „Überraschung?“, antwortet er, als wäre es eine Frage.

Das kann man wohl laut sagen. Antje war mal meine Freundin, allerdings kam dann Heiko, und sie hatte es sich zur Lebensaufgabe gemacht, ihn mir auszureden. Wie sich herausstellt, hat sie damit recht gehabt. Ich habe damals ziemlich fiese Sachen zu ihr gesagt, und sie wollte mich wahrscheinlich nur beschützen.

Sie fängt sich als Erste wieder. „Wollt ihr einen Glühwein?"

Dankend nicke ich. Es scheint ein Friedensangebot zu sein. Oder? Vielleicht ist sie auch einfach nur professionell, weil das hier ein Job ist? Ich hätte mich an ihrer Stelle in hohem Bogen rausgeworfen.

„Ich muss noch mal kurz zum Auto", sagt Dani und verschwindet.

„Ich wusste gar nicht, dass du gern bastelst", fährt Antje fort.

„Dani und Mama haben mich gezwungen. Ist ne lange Geschichte." Ich nehme den Glühwein entgegen und wärme meine Hände daran. „Also …" Ich suche nach Worten, war auf diesen Moment nicht vorbereitet. Ich höre immer noch die Sätze, die ich ihr an den Kopf geworfen habe. Habe sie verdächtigt, mir Heiko ausspannen zu wollen, und gedacht, dass sie nur eifersüchtig auf unsere große Liebe war. Gott, ich war so dumm.

Sie sieht mich an, als hoffte sie, dass ich das Richtige sagen würde. Zumindest rede ich mir das ein.

„Du hattest recht", sage ich dann einfach nur, weil ich nicht weiß, wie ich mein vergeigtes Leben besser auf den Punkt bringen könnte.

Und anstatt mir zu sagen, dass sie mir das ja von Anfang an gesagt hat, nimmt sie mich in den Arm und sagt: „Das tut mir leid. Schön, dass du wieder da bist."

Schon wieder so ein Happy End Moment. Mir laufen Tränen übers Gesicht und ich bin froh, dass sie nicht so ein Riesenarschloch ist, wie ich es damals war. Vielleicht bekomme ich endlich wieder eine Freundin. Seit ich mit Heiko zusammen kam, verlor ich gefühlt mein ganzes Leben. Das wird mir leider nur erst jetzt klar. Wie konnte das passieren?

„Ohhh – schon wieder Gruppenkuscheln." Dani kommt in den Laden, rennt auf uns zu und schlingt seine Arme um Antje und mich. „Mann, Claudi, seit du da bist, wird nur noch umarmt, ey. Könnt ich mich dran gewöhnen."

Ich lache und weine gleichzeitig.

„So, Mädels. Und nun wird gearbeitet. Lasst uns mal die Details klären, bevor deine Teilnehmer kommen."

Zwei Stunden später stehe ich vor einem Tisch, auf dem mein erster eigener Adventskranz steht. Es riecht so angenehm nach Tannennadeln. Ich könnte mich in den Geruch reinlegen. Ich hätte nicht gedacht, dass es so viel Spaß machen würde. Drei ältere Damen samt Enkelinnen bestaunen ihre Prachtwerke. Auch eine Frau in meinem Alter ist dabei, allerdings hat sie kaum etwas gesagt, im Gegensatz zu den anderen Plaudertaschen.

Mir hat es gutgetan, weil sie viele lustige Dinge erzählt haben, ich mich hingegen auf mich und den Kranz konzentrieren konnte. Was sollte ich auch erzählen?

Antje hat mir immer wieder verstohlene Blicke zugeworfen. Sie kann es vermutlich genauso wenig glauben, dass wir uns wieder haben, wie ich. Auch wenn mir klar ist, dass ich mich eines Tages richtig entschuldigen und ihr alles erzählen muss, war das heute ein guter Anfang.

„Willst du noch mit zu uns zum Abendbrot kommen?", fragt Dani Antje. Früher hat sie oft bei uns gegessen.

Sie schaut uns beide an, scheint abzuwägen und verneint. „Ich muss hier noch aufräumen. Und morgen geht's wieder früh los. Lass uns das gern ein andermal machen."

„Können wir sie nicht zum nächsten Adventsessen einladen? Dann ertrage ich Oma leichter. Sie konnte doch immer so gut mit ihr", frage ich Dani.

Er stimmt mir zu. „Mama hat sicher nichts dagegen."

Antje sagt zu und ich habe das erste Mal, seit ich hier bin, etwas, auf das ich mich freuen kann. Das ist zwar noch eine ganze Woche hin, aber ich fühle mich dadurch gleich ganz anders.

Im Auto startet Dani Weihnachtsmusik von Heintje und singt laut mit. Wahrscheinlich will er vermeiden, dass ich ihn auf seinen Antje Plan anspreche. Immer wieder schaut er mich auffordernd an, singt dabei von einem Pferd, das er sich so sehr gewünscht hat zu Weihnachten. Ich weiß nicht, wie er das macht, aber seine herzzerreißende Kür ist urkomisch. Als wir an einer roten Ampel stehen, hält er mir eine Wasserflasche hin, damit ich mit einstimme. Ich denke gar nicht mehr groß nach und jaule mit. Den Rest des Weges singen wir im Duett und lachen uns immer wieder kaputt, wenn einer besonders schief singt.

Dani fährt sogar noch ein paar Extrarunden, sodass ich hoffe, dass wir dadurch das Abendbrot verpassen und Oma bereits nach Hause gefahren wird. Komisch. Ich hatte sie echt mal lieb, aber momentan zeigt sie mir nur die garstige Person, die da manchmal in ihr steckt. Vielleicht, weil ich erwachsen geworden bin und nicht mehr einfach jeden liebe. Inzwischen schaue ich mir an, wie die Menschen zu mir sind, die so einen Vertrauensvorschuss bekommen haben, nur weil sie Oma, Mama, Freund oder sonst etwas sind. Hätte ich das bloß schon vor Jahren so gehandhabt, dann wäre ich vielleicht nie mit Heiko nach Mallorca ausgewandert. Oder zumindest wäre ich dann schneller wieder zurückgekommen. Ach, aber was bringen mir diese Gedanken?

Erst jetzt merke ich, dass ich gar nicht mehr mitsinge und Dani vor unserem Haus parkt. Ich hätte einfach weiterträllern sollen. Das hat gutgetan. Auch während des Singens konnte ich nicht nachdenken, und die Grübelmaschine, wie Dani immer so schön sagt, hatte eine Pause. Das Haus ist dunkel, also fahren Mama und Papa wohl gerade Oma nach Hause. Yes.

„So, und nun gehen wir schnurstracks zu deinem Kalender. Ich will wissen, was wir heute für eine Aufgabe haben. Vielleicht können wir sie sogar schon erledigen."

Dani ist top motiviert, während ich am liebsten direkt ins Bett fallen würde. Der Tag war krass. Erst Oma, dann Antje, meine ollen Gedanken, die furchtbare Nacht davor. Wenn mein Leben einen Titel hätte, dann würde er vermutlich gerade „Zwischen verzweifeltem Heulen und Lachen mit Dani“ heißen. „Was hast du nur mit diesem Kalender“, murmle ich, steige aus dem Auto und hole den Adventskranz vorsichtig aus dem Kofferraum.

Dani rennt sofort hoch in mein Zimmer. „Komm jetzt, Claudi-Raudi.“

Panisch fällt mir ein, dass meine ungeöffneten Briefe dort noch auf meinem Bett liegen. So ein Mist. Wenn er sieht, dass ich es nicht mal schaffe, meine Post zu öffnen, wird er mich für eine viel größere Versagerin halten.

Mir wird schlagartig heiß. Hastig renne ich ins Haus, lege den Kranz in den Flur und ziehe meine Schuhe aus. „Warte“, rufe ich und eile ihm hinterher, doch es ist zu spät, er ist bereits oben.

„Du sollst nicht einfach in mein Zimmer. Nur weil wir keine sechzehn mehr sind, hat sich an dieser Regel nichts geändert“, schimpfe ich mit ihm, obwohl ich viel wütender auf mich bin, dass ich sie nicht weggeräumt habe. Doch ich konnte es nicht. Weder öffnen noch wieder in die Tasche tun. Weder hinschauen noch wegschauen.

Er hält einen der Briefe in der Hand. „Schwesterherz. Ich weiß, es geht mich nichts an, aber ich kann dir helfen. Du musst nur mit mir reden, bevor es schlimmer wird.“

Ich reiße ihm den Brief aus der Hand. „Richtig. Es geht dich nichts an. Ich krieg das schon hin.“ Um ihn aus meinem Zimmer zu bekommen, stelle ich mich vor den Adventskalender und suche nach dem dritten Türchen. Ich drücke darauf und es klickt laut. Sofort wird die Stimmung im Raum anders, ich kann es selbst kaum erklären. Ich glaube, ich werde langsam verrückt, aber es fühlt sich so an, als wäre Oma hier und würde uns dazu ermutigen, uns nicht zu streiten. Ich rieche sie. Ach, Oma Traudel.

Skeptisch gucke ich zu Dani. Er nickt mir zu, als würde er genau das Gleiche fühlen.

Ich habe plötzlich jegliche Lust zum Streiten verloren, Kraft hab ich eh keine dafür. Ich will nur noch ins Bett. Für Dani hole ich den Zettel aus dem geöffneten Kästchen und drücke ihm den in die Hand. „Guck du."

Er entfaltet den vergilbten Zettel. „Ich glaube, die Aufgabe haben wir heute schon erfüllt."

„Was denn?"

„Wir sollen singen. Hier sind singende Menschen abgebildet, oder was meinst du?"

Ich gucke auf den Zettel und nicke. „Ja, sieht so aus. Dann sind wir endlich mal im Soll."

„Wenn die Autofahrt zählt", wendet Dani ein.

„Wir werden es morgen merken. Aber bei unserem Einsatz bin ich mir sicher, dass das zählt." Ich werfe ihm ein versöhnendes Grinsen zu. „Ich möchte jetzt gern schlafen. Gibst du Mama den Kranz, wenn sie zurück sind?"

Dani nickt und steht dann noch einen Moment in meiner Tür.

Ich schaue ihm tief in die Augen. Ich würde ihn gern genervt anfahren, dass er sich nicht in mein Leben einmischen soll, aber morgen beginnt wieder eine neue Woche und ich habe es bisher nicht allein geschafft, also sollte ich vielleicht auf sein Hilfsangebot eingehen. Ich sehe ihm an, wie sehr er mir helfen will und leidet, wenn er es nicht kann. Das lässt mich noch mehr wie eine Versagerin fühlen. Er fühlt sich meinetwegen so. Nur weil ich mein scheiß Leben nicht auf die Reihe bekomme. Das macht mich so wütend, doch mit dieser Wut ist niemandem geholfen.

„Ich denke drüber nach. Danke für alles“, ringe ich mir ab und sehe, dass ihm das hilft.

„Wir schaffen alles, was wir wollen. Denn alles ist möglich. Vergiss das nie!“ Wie oft haben wir uns diese zwei Sätze gesagt, wenn eine Herausforderung unmöglich schien. Damals ging es allerdings eher um schwierige Mathe-Klausuren und nervige Chefs beim Zeitungsaustragen.

# Kapitel 9

## 4. Dezember 2022 – Montag

Guten Morgen, Schwesterherz."

Mit diesen Worten erwache ich nach einer ungewohnt guten Nacht. Ich öffne meine verklebten Augen und sehe meinen Bruder vor mir stehen.

„Dani. Wieso quälst du mich?", maule ich ihn voll.

„Ist es wirklich eine Qual, Frühstück ans Bett zu bekommen, Madame?"

Kaffeeduft umweht mich, da Dani eine Tasse in die Nähe meiner Nase hält und den Dampf zu mir wedelt. Ich muss grinsen.

„Du willst wirklich die Beste-Bruder-Olympiade gewinnen, oder? So nett warst du früher nie zu mir." Ich richte mich auf.

„Um ehrlich zu sein, will ich dich nur erpressen, also bekomm bloß kein schlechtes Gewissen, dass du nicht mithalten kannst."

„Womit willst du mich denn erpressen?" Ich greife nach der Tasse Kaffee.

„Nee, nee, nee. Den bekommst du erst, wenn du das Kalendertürchen aufgemacht hast. Ich bin heute den ganzen Tag weg und ertrage diese Neugierde nicht. Wenn heute Abend wieder spannende Aufgaben auf uns warten, will ich das jetzt schon wissen. Ich bin schließlich dein Assistent."

Ich schüttle den Kopf. „Du hast doch ne Vollmeise."

„Das macht nichts. Also, wenn du Kaffee willst, öffne das vierte Türchen, sofern das überhaupt geht." Er sieht mich an, als mache er keinen Spaß.

„Und wenn ich keine Lust habe?". Ich liebe es, ihn zu ärgern.

„Dann werde ich wohl oder übel zu spät kommen und eine wichtige Kundin verlieren. Denn ich gehe erst, wenn ich mehr weiß."

„Na das kann ich nun wirklich nicht verantworten. Dann sollte ich wohl lieber mal das vierte Kästchen öffnen, was?"

Er atmet erleichtert durch.

Ich strecke mich und stehe auf. Nun gut. Auf ein Neues. Vor dem Kalender suche ich nach der vier und drücke auf das Türchen. Es klickt. Wieder schrecken Dani und ich zusammen und ich werde das Gefühl nicht los, dass Oma Traudel hier ist und uns zuguckt. Anscheinend habe ich auch eine Vollmeise. Zaghaft fische ich den heutigen Zettel heraus. „Willst du?", frage ich und halte ihm den hin, weil ich weiß, wie glücklich ihn das macht.

Er nickt wie ein aufgeregtes Kind vor dem ersten Schultag. „Das ist ja wie in einem Weihnachtsfilm bei Netflix", staunt er.

„Was denn?", frage ich nun auch neugierig.

Er zeigt mir den Zettel.

„Schlittschuhe?"

„Wir haben wohl heute Abend ein Date. Das ist super, weil ich das für meine Kunden gut gebrauchen kann", brabbelt er aufgeregt. „Wäre toll, wenn du wieder für mich modeln würdest. Danke, Schwesterherz." Er drückt mir den Zettel in die Hand, gibt mir einen Schmatzer auf die Stirn und verlässt das Zimmer, bevor ich Einwand erheben kann. „Bis heute Abend“, ruft er, und kurz darauf höre ich die Wohnungstür unten zuknallen. Ich bin allein.

Zu keiner Regung fähig, starre ich für eine Weile auf die Schlittschuhe.

Dass ich seit Jahren nicht mehr Schlittschuh fahren war und auch keine mehr besitze, dürfte klar sein. Dani kann ich es eh nicht ausreden, und was Besseres zu tun habe ich auch nicht, also werde ich wohl heute Abend aufs Eis gehen. Das kann ja heiter werden. Ich setze mich wieder ins Bett und schnappe mir meinen Kaffee. Nun bin ich also wieder den ganzen Tag allein in diesem Haus, das mir lautstark meine Vergangenheit um die Ohren haut, bis irgendwer nach Hause kommt. Prima.

Dani hat ganz schön aufgefahren. Er hat mir ein Rühreisandwich gemacht. Davor liegt ein Zettel. Ich öffne ihn und lese:

Jeder Tag ist ein Neuanfang.

O Mann, Dani ist so süß. Wenn er eine Freundin hätte, könnte die sich glücklich schätzen. Solche Männer gibt es also auch noch auf der Welt. Dieser Gedanke ist beruhigend und macht mich wütend zugleich. Und Dani hat recht. Jeder Tag ist ein Neuanfang, überlege ich, während ich meinen Toast verspeise.

Nachdem ich hier zwei Wochen mehr oder weniger vegetiert habe, kann ich diese vier Wände nicht mehr sehen. Es wird Zeit, mich mal wieder um meinen Kram zu kümmern. Ich muss ja nicht gleich bei den großen Sachen anfangen. Es reicht, wenn ich mich um mein Handy kümmere. Vielleicht kann man es ja einschicken und reparieren oder ich finde ein günstiges Handy, in das ich meine SIM-Karte stecken kann. Auf jeden Fall sollte ich irgendwann wieder erreichbar sein. Allein schon, um mich bei Antje oder Marvin zu melden. Oder bei Herrn Schmidt.

Bei dem Gedanken daran wird mir gleich wieder übel. Ich schlucke sie zusammen mit meinem Kaffee runter und springe unter die Dusche. Ich darf meinen Gedanken einfach keine Zeit geben, sich zu entfalten und mir den Tag zu versauen. Ich konzentriere mich einzig und allein darauf, Mission Handy zu organisieren. Es fühlt sich an wie ein Abenteuer, endlich mal wieder allein etwas zu bewerkstelligen. Auch wenn ich aktuell noch gar nicht vorhabe, mein Handy zu starten, möchte ich trotzdem diese Aufgabe erledigen. Ganz allein, ohne Hilfe. Das wird doch wohl zu schaffen sein.

Ich stapfe durch den Schnee in die Altstadt. Dort gab es früher immer einen Laden mit Handys. Ich bin so stolz, dass ich mich überhaupt in die Stadt wage und mir endlich mal etwas vorgenommen habe, dass ich den Laden voller Elan, zumindest für meine aktuellen Verhältnisse, betrete.

„Hallo, wie kann ich Ihnen helfen?“, werde ich freundlich von einem glatzköpfigen Mitarbeiter begrüßt.

„Hey“, antworte ich. „Mein Handy ist kaputt und ich brauche Ersatz. Könnten Sie mir sagen, was man da jetzt macht? Habe ich vielleicht bald Anspruch auf ein Neues oder kann ich mir ein Prepaidhandy kaufen und dort die Karte reinmachen? Ich muss irgendwann wieder erreichbar sein“, fasle ich und werde von Wort zu Wort nervöser. Meine Hände, die eben noch eiskalt waren, sind nun feucht und schwitzig.

„Zeigen Sie mal her.“

Ich gebe ihm das Handy.

„Wow. Was ist denn damit passiert?“

Ich spüre die Hitze in mir aufsteigen. Mein Gesicht ist garantiert puterrot.

„Haben Sie eine Versicherung?“

Ich zucke mit den Schultern. „Keine Ahnung.“

„Das war aber kein Versehen, oder?“

„Nein“, antworte ich kurz und knapp, schaue dabei auf meine Füße.

„Dann würde die Versicherung eh nicht greifen. Ich brauche ein paar Daten, dann schaue ich mal in Ihren Vertrag.“

Ich teile ihm mit, was er wissen will. Zum Glück habe ich es nie geschafft, einen spanischen Handyvertrag für mich privat abzuschließen. Nur unser Geschäftshandy hatte einen spanischen Vertrag. Das bringt mir allerdings gar nichts mehr, denn das liegt beim Gerichtsvollzieher.

„Tja, also …“ Nun ist es der Verkäufer, der verlegen wirkt. „Ihr Handy wurde gesperrt. Sie haben die Rechnungen nicht bezahlt.“

„Ach du Scheiße“, entfährt es mir. An so was habe ich nun gar nicht gedacht. „Was heißt, dass ich gesperrt wurde?“, frage ich hochkonzentriert und hoffe, seine Worte noch aufnehmen zu können, bevor ich zusammenbreche.

„Das heißt, dass Sie weder jemanden anrufen oder anschreiben können noch, dass Sie erreichbar sind. Die Aufhebung kostet 150 Euro. Sie haben einen Schufa Eintrag, das heißt, dass Sie hier keinen neuen Vertrag bekommen. Wenn Sie also unbedingt ein Handy brauchen, dann müssten Sie sich ein Prepaidhandy kaufen.“

„Okay. Wie billig ist das Günstigste hier?“

„Zwanzig Euro. Aber Sie müssten es natürlich noch aufladen, wenn Sie es benutzen wollen. Außer Sie brauchen es nur, um angerufen zu werden."

Ich nicke. „Können wir versuchen, ob ich es bezahlen kann? Ich weiß nicht, ob meine Karte noch geht."

Das ist definitiv der peinlichste Moment in meinem Leben. Wie viel armseliger geht's noch? Aber ich brauche ein Handy, das war schließlich meine Mission, und eine neue Nummer zu haben, ist eigentlich perfekt, weil Heiko mich dann nicht erreichen kann. Das Atmen fällt mir immer schwerer.

Auch der Verkäufer scheint solche Situationen nicht oft zu erleben und wirkt nervös. Er versucht, das Handy von meiner Karte abzuziehen. Entschuldigend zuckt er mit den Schultern. „Es geht nicht."

„Okay, danke." Ich bemühe mich um einen kleinen Rest Höflichkeit, bevor ich mit glühendem Kopf den Laden verlasse und direkt vor der Tür anfange zu heulen. So eine Scheiße.

„Claudi?"

O nein. Jetzt erkennt mich wieder jemand. Kann man nicht mal in Ruhe an seinem Tiefpunkt heulen? Muss es echt noch peinlicher werden? Ich verlasse nie wieder das Haus. Wie konnte ich darauf kommen, dass es eine gute Idee wäre, etwas allein auf die Reihe zu bekommen?

„O nein, was ist denn los?"

Ich blicke in die Augen von Antje. Antworten kann ich nicht, weil ich nun noch lautere Heulgeräusche mache.

Sie nimmt mich, ohne groß zu überlegen, in den Arm. „Komm, wir gehen zu mir. Ich wohne gleich hier. Dann sieht dich nicht jeder."

Zwei Aufgänge weiter schließt sie die Tür auf und schiebt mich in die Wohnung. „Verzeih bitte das Chaos, ich hatte es heute früh eilig."

Keine Ahnung, was sie meint, meine Augen sind zu verquollen, um etwas zu sehen. Ich bin eh zu sehr mit meinem

Leid beschäftigt, und sie ist die Letzte, die sich darum jetzt kümmern sollte.

„Tee?“, fragt sie und stellt den Wasserkocher an.

„Musst du nicht in den Laden?“, frage ich, als ich wieder reden kann.

„Später. Ich habe Mittagspause und als Chefin darf ich die auch mal überziehen. Meine Kollegin vertritt mich schon.“

„Ich hatte nie jemanden, der mich vertreten hat“, murmle ich.

„Hm?“

„Ach, schon gut.“

Antje setzt sich zu mir an den Küchentisch. „Willst du drüber reden?“ Sie legt ihre Hände auf meine.

„Mein Leben ist zurzeit ziemlich beschissen.“ Ich denke, das ist eine gute Zusammenfassung. „Die Kurzfassung: Ich kann nicht mal mehr ein einfaches Prepaidhandy für zwanzig Euro kaufen.“

„O scheiße. Das ist Mist. Ich kann mich noch gut an meine Anfangszeit im Laden erinnern. Ich hatte jeden Tag Panik wegen der Kohle und habe kaum etwas zu essen gehabt.“

„Ja, so in etwa. Nur bin ich über diesen Punkt nie hinausgekommen. Im Gegenteil. Es wurde immer schlimmer. Ich habe mehr gearbeitet, und wir hatten trotzdem weniger Geld. Na ja, hatte ich zumindest gedacht. Ich vergesse immer, dass die vermeintliche Realität gar nicht die echte war. Er hat das ganze Geld verprasst.“ Ich räuspere mich. Das Thema Heiko will ich bei ihr am liebsten gar nicht anreißen.

„Das tut mir leid. Wenn du willst, kann ich dir ein altes Handy von mir geben. Ich habe einen Karton mit alter Technik im Keller. Und bevor du jetzt protestierst, das nutze ich seit Jahren nicht und ich weiß nicht mal, ob es überhaupt noch funktioniert. Ich geb das einfach Dani mit, wenn er heut Nachmittag kommt, und dann schaust du, ob das noch geht. Wenn nicht, dann haust du es in die Tonne und hast mir einen Gefallen getan. Ich wollte nämlich dringend noch ausmisten in diesem Jahr. Das schiebe ich schon seit Jahren vor mir her.“

„Danke“, murmle ich. „Wieso bist du nur so nett zu mir? Ich war so eine beknackte Freundin.“

Sie ignoriert die Frage und geht zum Kühlschrank. „Ich hab noch Gemüseauflauf da. Der sollte für uns beide reichen.“

„Kommst du heute Abend mit zum Schlittschuhlaufen?“, frage ich sie, obwohl mir überhaupt nicht danach ist. Der Tag hat mich schon wieder so viel Kraft gekostet, dass ich weitere zwei Wochen brauche, um meine Niederlage zu verarbeiten. Aber ich weiß, wie wichtig es Dani ist, und ich versuche, mir so viel Mühe zu geben, wie es eben geht. Und wenn ich weiß, dass Antje dabei ist, habe ich noch mehr Motivation, auch wirklich durchzuziehen und mitzukommen.

Antje stimmt freudestrahlend zu. „Dann kann ich die Schlittschuhe gleich aus dem Keller holen. Das passt ja. Hast du denn welche? Ich glaube, ich habe auch noch die von meiner Schwester hier.“

„Das wäre großartig.“

„Perfekt.“

„Wie geht’s denn deiner Schwester?“

„Ach, wie eh und je eine Dramaqueen, wie sie im Buche steht. Sie wohnt gerade in New York. Zum Glück weit genug weg, um nicht mal eben spontan an einem Wochenende vorbeizukommen.“

Ihre Aussage trifft mich. „Vielleicht solltest du lieber nicht so viel Zeit mit mir verbringen. Aktuell bin ich nämlich auch nichts weiter als eine Dramaqueen.“

Antje schiebt den Auflauf in den Ofen und kommt mit zwei Tellern und Besteck zu mir an den Tisch. „Claudi. Wenn ich eines weiß, dann, dass du keine Dramaqueen bist. Du hast eine Krise. Die geht vorbei. Das gehört zum Leben dazu, ob wir wollen oder nicht. Ich bin glücklicherweise gerade nicht in so einer, deshalb habe ich die Kraft, für dich da zu sein und dir zu vergeben. Weil ich weiß, wie es ist, wenn man verliebt und dumm ist, und auch, wie es ist, wenn man manipuliert wird. Hallo? Schon vergessen? Meine Schwester hat mit allen Marionette gespielt, und ich habe ein Leben lang beobachten können, wie es funktioniert. So viele sind darauf reingefallen. Wahrscheinlich ist niemand davor gefeit, der die Techniken nicht kennt. Ich selbst war oft genug ihr Opfer und habe Dinge getan, auf die ich nicht stolz bin." Beschämt sieht sie zu Boden.

Ich erinnere mich, dass unsere Freundschaft nicht schon immer eine war. Anfangs hat sie dafür gesorgt, dass ich schlechte Noten in der Schule bekam. Sie versprach, meine Hausaufgaben abzugeben, tat es nicht und ich erhielt eine Sechs. Und dass alles nur, weil ich ihrer Schwester mal die Meinung gegeigt habe, als sie ein Mädchen auf dem Schulhof runtergemacht hat. Wir waren in der achten Klasse oder so. Schon komisch. Antje hat auch Fehler gemacht, daran habe ich überhaupt nicht mehr gedacht. Okay, sie war noch ein Kind. Trotzdem, ich habe nur mein eigenes Versagen gesehen und alle anderen für perfekt gehalten. Schon krass, dass ich auch mal eine andere Claudi war. Die Erinnerung daran ist auf eine komische Weise heilsam.

„Du hast mich gerettet, als es mir schlecht ging. Du und deine Familie, ihr habt mich aufgefangen, wenn ich es zu Hause nicht ausgehalten habe. Das werde ich nie vergessen. Ohne euch wäre ich durchgedreht."

Wir umarmen uns.

„Schön, dass du wieder da bist", flüstert sie, und ich heule wieder los.

Diesmal aus anderen Gründen. Ich bin tief berührt, und ihre Worte haben ein Chaos in mir ausgelöst. Die letzten fünf Jahre wurde mir permanent gesagt, dass ich übertreibe, zu viel bin, zu wenig mache, mich nicht genug anstrenge und nicht gut genug bin, dumm bin und so weiter. Erst jetzt wird mir klar, dass dies vielleicht auch nicht die echte

Realität ist. Denn Antje hat mich an eine Claudi erinnert, die für andere einsteht, wenn sie Hilfe brauchen, die geliebt wird und die Fehler verzeiht. Es gab sie, die starke Claudi. Ich muss nur rausfinden, ob es sie noch gibt und wie ich sie finde.

Zurück zu Hause geht mir so viel durch den Kopf, dass er sich wie ein Karussell anfühlt. Das erinnert mich an Omas alte Weihnachtsdeko und ich stelle die drehenden Pferde auf das Fensterbrett, um das Karussell vom Bett aus anzustarren. Im Hintergrund fällt Schnee. Ab und an stehe ich auf und drehe daran, damit es Weihnachtsmusik spielt. Es beruhigt mich auf eine seltsame Weise, denn sobald die Pferde sich drehen, erinnere ich mich an früher. Daran, als Oma Traudel noch hier war. An Dani und mich als Team, an Antje, an Marvin, an all die guten Momente, die ich hatte. Ich brauche das. Und dann suche ich mit diesem anderen Bild von mir selbst als sonst die Momente, die mich haben vom Weg abkommen lassen.

Eines Tages stand Heiko auf der Matte und hat mir so was von den Kopf verdreht. Er hat immer die richtigen Dinge gesagt oder getan, und rückblickend betrachtet kann ich sagen, er hat mich süchtig nach sich gemacht. Ich dachte, dass sich so echte Liebe anfühlt, doch in Wirklichkeit hatte ich immer Angst, ihm nicht zu gefallen und dass er wieder geht. Als hätte ich immer gewusst, dass diese „Liebe" endlich ist. Ich musste sie mir verdienen. Vorher mit Marvin hatte sich alles so bedingungslos angefühlt. Ganz unkompliziert, schön und leicht, aber auch auf eine gewisse Art langweilig und zu sicher. Gott, was würde ich heute für dieses Gefühl von Sicherheit geben?

Ich war ausgehungert nach Leidenschaft und tiefem Fühlen, und Heiko hat mir genau das gegeben. Ich habe Marvin nach sieben Jahren verlassen, bin zu Heiko und hatte den Sex meines Lebens. Marvin war nie der große Romantiker, Heiko hingegen hat Worte gesagt, die in Drehbüchern für Liebesfilme stehen. Er schrieb mir leidenschaftliche Briefe. Ich habe diese Worte gebraucht, mich danach gesehnt. Doch was blieb, waren leere Phrasen. Nicht eine davon war wahrscheinlich jemals ehrlich gemeint, nicht eines seiner Versprechen und die Träume über unsere Zukunft haben sich je erfüllt. Gott, ich bin so dumm.

Erneut stehe ich auf, um die Spieluhr wieder aufzuziehen, denn sobald die Pferde stoppen und die Musik verstummt, fühlt sich mein Kopf an, als würde er explodieren. Nur wenn sie in Bewegung sind, können meine Gedanken aufhören, mich zu verurteilen, und ich kann besser nachdenken. Als würde die Weihnachtsmusik mir helfen, logischer und objektiver zu sein.

Heiko wusste, dass mein Traum immer die Selbstständigkeit war. Ich hatte eine Ausbildung zur Kauffrau für Bürokommunikation gemacht und wusste, ich wollte niemals ein Leben als Angestellte führen. Eigentlich wollte ich mit Dani ein Frühstückslokal eröffnen. Ein kleines Café eben, das hier in der City ist. Ich wollte, wie bei allen guten Serien der Dreh- und Angelpunkt der Stadt sein, damit ich alles erfahre. Mein Leben hätte daraus bestanden, die besten Kuchen zu backen, die Leute mit meinen Köstlichkeiten glücklich zu machen und ihnen nebenbei ihre Geheimnisse zu entlocken, um genau zu wissen, wie ich wem helfen kann.

Die Erinnerung tut weh, auch wenn sie mir ein leichtes Lächeln auf die Lippen zaubert. So hätte mein Leben verlaufen können, wäre Heiko nicht auf einmal auf der Bildfläche erschienen. Mit Marvin wäre es so gekommen. Aber war das dann richtige Liebe? Ja, vieles davon spricht dafür, aber es hat mir trotzdem immer etwas gefehlt. Sonst wäre es doch nie so weit gekommen, oder?

„Das macht mich verrückt“, schimpfe ich und drehe die Pferde erneut auf. Hätte ich es überhaupt richtig machen können? Na ja, so wäre ich wenigstens beruflich glücklich geworden. Vermutlich hätten wir Kinder bekommen und das hätte gereicht. Ich hätte dann gar keine Zeit gehabt, darüber nachzudenken, was ich will. Wenn ich die Uhr doch nur zurückdrehen könnte …

„Bist du jetzt zu Oma geworden?“

Ich schrecke hoch. „Dani! Du sollst doch klopfen.“

„Tschuldige, aber ich hab was gehört und …“ Er beendet den Satz nicht. Vermutlich sieht er ein, wie bescheuert seine Ausrede geworden wäre. „Wollen wir los?“

„Ist es schon so spät?“ Verdammt, wie lange sitze ich denn schon hier?

Dani setzt sich zu mir aufs Bett. „Ich hab ein Handy für dich. Antje hat mir alles erzählt. Tut mir leid, Schwesterherz.“ Er legt mir das Handy auf den Nachttisch.

„Danke.“

„Sie hat es getestet. Es befinden sich sogar noch fünf Euro auf der Prepaidkarte und ich war so frei, dir unsere Nummern einzuspeichern.“

Er ist einfach ein Schatz. In seinen Augen sehe ich allerdings, dass ihm etwas auf dem Herzen liegt, und ich bin sicher, dass er mit mir über die Briefe reden will. Ich kann das jetzt nicht. Heute hatte ich mit dem Handy genug Drama.

„Ich mach mich kurz fertig“, sage ich und verschwinde ins Badezimmer.

„O mein Gott, wie habe ich das früher bloß gemacht?“, rufe ich Dani zu, der sich am Ufer die Schlittschuhe anzieht.

„Ich stand auch Jahre nicht mehr auf dem Eis. Zuletzt mit dir“, ruft Antje mir zu, die schon schneller vorangekommen ist.

„Das sieht man dir aber nicht gerade an.“ Sie fährt übers Eis wie eine Gazelle.

„Achtung, ich kommeeeeeeee.“ Dani bewegt sich wie ein junger Gott auf dem Eis. War ja klar. Mr. Sporty ist wieder unterwegs. Während er fährt, knipst er uns, als wäre es das Leichteste auf der Welt.

„Bist du irgendwie beim Eiskunstlaufen angemeldet?“, frage ich ihn.

„Ich war ein Jahr im Hockeyteam.“

„Du warst was?“, frage ich entgeistert. Was ist mir bloß alles entgangen in den letzten Jahren?

„Wieso hast du wieder aufgehört?“, fragt ihn Antje, die zu uns gefahren kommt.

„Zu viel Blut. Das war mir einfach zu brutal“, antwortet er und fotografiert sie, während sie eine Pirouette übt.

„Wow. Ich kann’s noch. Das macht so Spaß.“

„Und ihr seid sicher, dass das Eis uns hält?“, frage ich nun doch etwas ängstlich, als wir auf dem See weiter rausfahren. Zum Glück sind hier am Tag viele Schlittschuhläufer unterwegs, sodass der Schnee weggefegt wurde und wir ungestört über das Eis gleiten können.

„Das ist aber nicht unsere Claudi-Raudi. Früher warst du die Erste, die sich getraut hat.“

„Früher war ich auch nicht so dumm, mein Leben an die Wand zu fahren.“ Mist. Sobald die Worte meinen Mund verlassen haben, fahre ich weit auf den See hinaus. Hier sind kaum andere Menschen, vermutlich weil es langsam dunkel wird. Nicht jeder hat so eine tolle Ausrüstung wie wir und Licht dabei. Ich schalte meine Stirnlampe an, denn der Deckenfluter leuchtet nicht so weit, wie ich auf dem Eis gleite. Es ist irgendwie romantisch. Auf eine schöne Art. Nur ich, das Gefühl zu fliegen und die Natur.

„Ey“, ruft Dani.

Und natürlich meine Herzensmenschen.

„Wie soll ich denn Fotos machen, wenn du wegrennst?“ Er holt mich ein und fotografiert mich.

Eine Weile geben wir uns dem Eis einfach hin, bis Dani irgendwann seinen Rucksack auspackt. Wir setzen uns auf den See und trinken heiße Schokolade. Dani hat sogar die Sprühsahne dabei und Becher für jeden von uns.

„Das war megatoll“, schwärme ich und sehe in leuchtende Augen. Das hat anscheinend uns allen gutgetan.

„Wie früher“, sagt Antje.

Da war es wieder, dieses früher.

„Willst du uns erzählen, was passiert ist?“, fragt Antje.

Dani macht große Augen. Vermutlich, weil er sich nie getraut hätte, so mit der Tür ins Haus zu fallen. Vermutlich, weil ich bei ihm auch sauer gewesen wäre. Aber es wird Zeit. Schließlich gehört es zum Weitermachen und neu Anfangen dazu, oder? Es heißt doch immer, dass man sich die Vergangenheit anschauen muss, um seine Fehler zu erkennen und daraus zu lernen. Nach der Stunde auf dem Eis in der Kälte fühle ich mich gestärkt und in der Lage. Solange das Gefühl anhält, werde ich es nutzen.

„Die letzten Jahre waren nicht sehr schön“, beginne ich. „Ich habe ständig versucht, es Heiko recht zu machen. Ich … ich schäme mich, weil mein Verhalten nichts mehr mit Claudi-Raudi zu tun hatte, und ich weiß nicht, wie das passieren konnte. Es tut einfach so weh, zurückzublicken und zu sehen, was ich mir alles gefallen lassen habe. Ich weiß nicht, wer diese Claudi war und warum ich so vieles ausgehalten habe. In dem einen Moment war ich die tollste Frau auf der Welt und im nächsten Moment hat er mich behandelt wie den letzten Dreck. Das Schlimme daran ist, dass ich es geglaubt habe und irgendwie auch immer noch tue. Damals, weil er es mir eingeredet hat, und heute, weil ich so dumm war, es zuzulassen. So oder so, ich fühle mich seit Jahren wie eine Versagerin und jetzt, wo ich den Laden verloren habe, noch viel mehr.“

Ich lege mich auf den Rücken und starre in den Sternenhimmel. Dann drehe ich mich auf die Seite und presse mein Ohr auf das Eis. „Es klingt so schön“, murmle ich.

Antje und Dani machen es mir nach. Sie nimmt meine Hand.

„Es war ja unser Laden. Er hat sich um die ganzen Geld- und Papiersachen gekümmert, er kann schließlich perfekt Spanisch, so wie Papa. Ich hingegen habe den Laden geführt. Ich fand eigentlich immer, dass es ganz gut gelaufen ist, aber er sagte jedes Mal, dass die Zahlen unterirdisch seien und ich mich mehr anstrengen müsse. Also blieb ich länger, machte nie eine Pause und organisierte Events, so wie ich sie früher immer für unser Frühstückslokal geplant hatte. Aber es war nie genug. Ich war nie genug." Ich atme tief ein und lausche erneut den Klängen des Sees.

Antje drückt meine Hand. „Ach, Süße … Ich wünschte, ich hätte für dich da sein können. Hattest du wenigstens Freunde dort?"

„Ich hatte niemanden außer Heiko. Erstens hätte ich gar keine Zeit oder Kraft gehabt, zweitens hat er mir jeden madig geredet. Er hat mir erzählt, dass die Leute schlecht über mich redeten, er erfand auch immer irgendwelche Gründe, warum ich nicht zur Sprachschule konnte, sodass ich eine sprachliche Barriere hatte. Klar, Smalltalk und Verkaufsgespräche habe ich hinbekommen, doch ehrlicherweise mehr schlecht als recht. Bei mir kamen eh fast nur Touris vorbei. Vermutlich haben die Leute gar nicht über mich gelästert und auch das war nur Teil seines Bullshit-Programms."

Dani setzt sich wieder hin und gießt uns Schokolade nach. Wir setzen uns auch wieder auf. Den Rest möchte ich lieber im Sitzen erzählen. Dann fühle ich mich mehr gewappnet für das ätzende Ende.

„Eines Tages stand der Gerichtsvollzieher bei uns im Laden. Heiko war spontan verreist, weil es seiner Schwester nicht gut ging. Er hat von dem Termin gewusst und mich eiskalt auflaufen lassen. Der Gerichtsvollzieher konnte zum Glück Deutsch und hat mir erzählt, was Sache ist. Er hat alles mitgenommen, was einen Wert hatte, und mir sogar Einblick in die Akten gegeben. Er war meganett und hatte Mitleid mit mir, also half er mir später, zu den Banken zu gehen und Einblick zu bekommen. Ich hatte einen Tag, um mir anzuschauen, was er fabriziert hat, und das war ein böses Erwachen. Er hat von unserem Firmenkonto Schmuck und Dessous gekauft, die ich nie bekommen habe. An

Wochenenden, an denen er seine kranke Schwester pflegen wollte, hatte er ein Hotelzimmer um die Ecke gebucht. Sogar in Clubs hat er mit unserer Karte gezahlt. Der Gerichtsvollzieher, Jorge, ging mit mir zum Hotel mit einem Foto von ihm. Sie kannten ihn alle. Er war ständig mit anderen Frauen dort. Ich konnte es nicht glauben, also war ich auch in einem der Clubs, in denen er mit unserer Karte bezahlt hatte. Auch dort war er ein bekannter Hund. Ich habe also Mama angerufen, meine zwei Koffer gepackt und bin nach Hause geflogen. Ich habe ihm nicht mal eine Nachricht geschrieben. Ich bin einfach weg. Alles, woran ich je geglaubt habe, war eine Lüge."

„What the fuck." Dani ist der Erste, der seine Stimme wiederfindet. „Ich wusste, dass ich ihn nicht leiden kann, aber jetzt … ich … ich …" Er räumt die leeren Becher in den Rucksack und steht auf. „Ich bin so wütend und fassungslos. Wie hältst du das dann erst aus?"

„Ich hab ja keine Wahl." Ich zittere, weil es mittlerweile arschkalt geworden ist.

Antje hat Tränen in den Augen und umarmt mich. „Es tut mir so leid, dass ich dich nicht vor ihm beschützen konnte."

„Und jetzt?", fragt Dani.

„Jetzt hat er uns so runtergewirtschaftet, dass ich nicht mal mehr ein Prepaidhandy für zwanzig Euro kaufen kann."

„Wir fliegen nach Mallorca", beschließt Dani und hält mir eine Hand hin, damit auch ich aufstehe.

„Was? Spinnst du? Ich geh da nie wieder hin!"

„Claudi, wir müssen gucken, was zu retten ist. Wenn du die Augen davor verschließt, kann es schlimmer werden. Wir brauchen deine Ordner, müssen das Konto schließen oder ihm zumindest die Vollmacht entziehen, uns Hilfe holen."

„Wie soll das gehen? Du kannst genauso wenig Spanisch wie ich."

„Aber Papa kann es, und er arbeitet im Controlling, also wenn einer mit Zahlen umgehen kann, dann er. Es ist jetzt wichtig, dass wir schnell mit offenen Karten spielen. Dann können wir vielleicht Schlimmeres verhindern."

„Dani hat recht. Dein Dad hat mir damals geholfen, als es so schlimm um mich und den Laden stand. Er ist wirklich super und weiß, was er tut."

„Aber mir ist das alles so peinlich. Wieso zur Hölle lass ich einen Mann meine Finanzen machen, in die ich null Einblick habe? Ich habe einfach blind vertraut." Ich lasse mein Gesicht in meine Hände sinken.

„Es war ja auch unfair", beginnt Antje. „Ihr hattet eine Aufteilung und du konntest die Sprache nicht. Mach dir keinen Kopf, es ist passiert. Wichtig ist jetzt nur, zu retten, was zu retten ist, und wir kriegen das hin. Wenn du willst, bringe ich euch zum Flughafen."

# Kapitel 10

## 5. Dezember 2022 – Dienstag

Dem schick ich ein Paket Scheiße“, schimpft Mama.

Es ist früh am Morgen. Draußen ist es stockdunkel. Dani hat unseren Eltern gestern Abend alles erzählt, ich habe es nicht ausgehalten und bin lieber gleich ins Bett gegangen. Als ich morgens um sechs, wie abgesprochen, in die Küche komme, wütet Mama schon fürchterlich.

„Da bist du ja, meine Maus.“ Sie nimmt mich in den Arm. „Es tut mir so leid, dass du das durchmachen musstest.“ Sie ist ganz warm und ihre Liebe umhüllt mich wie Zuckerguss.

Papa sitzt am Küchentisch, trinkt Kaffee und tippt auf seinem Handy. „Jawoll. Ich habe das Go.“

„Das Go?“, frage ich und löse mich von Mama. Ich brauche auch dringend einen Kaffee und nehme mir einen Becher, setze mich zu ihm.

Dani kommt in die Küche. „Dann buche ich jetzt“, antwortet er Papa und tippt wie verrückt auf seinem Handy rum.

„Kann mir mal einer sagen, was hier los ist?“, frage ich verwirrt.

„Wir fliegen um elf Uhr. Papa hat gerade spontan freibekommen."

„Ich kann leider nicht freinehmen, Verkäuferinnen in der Weihnachtszeit sind unentbehrlich. Das weißt du ja, mein Schatz." Mama klingt, als hätte sie ein schlechtes Gewissen. „Aber ihr könnt ihm gern ein Paket mit Scheiße mitbringen."

Wir fangen an zu lachen, denn Mama sieht todernst dabei aus. Ihre Wut nimmt mir meine ein wenig. Es ist schön, gemeinsam zu leiden, weil es dann wirklich ein bisschen weniger schlimm im Herzen ist.

„Wir kommen abends mit dem letzten Flieger wieder zurück. Wir haben also einen Tag, um die wichtigsten Dokumente zu organisieren. Alles, was du mitzunehmen brauchst, sind die Schlüssel zu deiner Wohnung und zum Laden."

„In den Laden brauchen wir nicht mehr. Dort stehen keine Unterlagen, und alles, was einen Wert hatte, wurde mitgenommen, um die Schuldner davon zu bezahlen, hat Jorge gesagt." Ich spreche es das erste Mal vor Mama und Papa aus, und es ist mir so peinlich, dass ich am liebsten nie aufgestanden wäre. War es richtig, Dani und Antje von allem zu erzählen?

„Antje fährt uns in einer halben Stunde zum Flughafen. Wir müssen uns beeilen."

Ich starre auf die Rundbogenfenster-Kerzen und ordne die Informationen. Ich muss echt wieder an den schlimmsten Ort der Welt. Ich muss nach Hause. In mein altes Zuhause. „Und was sage ich Heiko?", frage ich ängstlich.

„Gar nichts. Dem sagen wir ein paar Takte." Papas Stimme klingt aufgebracht.

Mir ist der Hunger vergangen. Ich trinke meinen Kaffee aus und gehe mich fertigmachen.

Wenig später klopft Mama an der Tür. „Hey, mein Schatz." Sie tritt ein und umarmt mich erneut. „Es tut mir so leid, dass du das durchmachen musst und dass ich nicht mitkommen kann. Ich hätte diesem Heiko wirklich gern …" Sie spricht nicht weiter.

Wir lösen uns voneinander und setzen uns aufs Bett.

„Du bist eine sehr starke Frau, und es ist gut, dass du uns davon erzählt hast und dir nun helfen lässt. Ich bin stolz auf dich, egal, was passiert. Vergiss das bitte nie."

Tränen kullern über meine Wangen.

„Hast du die Schlüssel eingepackt?"

Ich nicke.

„Gut. Ich habe Papa einen Rucksack voll mit Essen gegeben. Denk dran, dich zu stärken, weil du die Stärke heute mehr denn je brauchst. Es wird sicher sehr schwer, und in Gedanken bin ich die ganze Zeit bei euch. Wir räumen dein Leben jetzt auf, damit es richtig toll werden kann. Omas Kalender wird dir helfen, vertrau mir einfach. Wenn du zurück bist, erzähle ich dir von meiner Krise und wie er mir geholfen hat. Dann glaubst du vielleicht mehr daran, dass dir am Ende ein Weihnachtswunder geschenkt wird." Sie drückt meine Hand ganz fest.

„Claudi-Raudi, bist du fertig?" Dani steht in der Tür.

„Aye, aye, Sir", antworte ich.

„Dann weißt du, was deine letzte Amtshandlung ist, oder?" Er steht vor dem Kalender und grinst. „Nur weil dein Leben heute noch schwerer ist als sonst, heißt es nicht, dass du drum rumkommst."

„Dein Ernst? Das ist dir an einem Tag wie heute wichtig?" Fassungslos starre ich ihn an.

„Ja, weil dann Oma Traudel hier ist, und ihre Stärke können wir heute definitiv gebrauchen. Vielleicht begleitet sie uns ja sogar nach Malle. Außerdem haben ihre Aufgaben bisher immer dazu geführt, dass du schöne Momente hattest, die am Ende dafür gesorgt haben, dass wir jetzt Heiko in den Arsch treten werden. Mit dem würde ich gern mal Hockey spielen." Dani grinst.

Wir wissen beide, dass er niemals jemandem wehtun könnte.

„Naaa gut." Er hat ja recht. Das Adventskranzbasteln hat mich zu Antje gebracht und das Schlittschuhfahren hat mir beim Outen geholfen. Ich blicke zu Mama, die auf einmal sehr glücklich aussieht.

„Ich freu mich auch über Oma“, sagt sie, als ich sie fragend anblicke.

Ich gehe zum Kalender und klicke auf das fünfte Türchen. Vorsichtig fische ich den Zettel heraus und entfalte ihn. Erneut rieche ich Oma und spüre einen kalten Lufthauch. Ich fühle mich sofort wohler. Dani hatte recht. Ihre Stärke kann ich heute gut gebrauchen.

„Was steht da?“, fragt Dani und nimmt mir den Zettel ab. „Kerzen?“

„Kannst du was damit anfangen?“, frage ich ihn.

„Hm. Du sollst eine Kerze anzünden?“ Er starrt den Zettel an, als würde er mit ihm reden.

„Manchmal versteht man die Sachen erst später“, erklärt Mama.

Papa ruft von unten: „Wo bleibt ihr denn alle?“ Er war schon immer der Pünktlichste von uns.

„Wir kommen“, rufen wir im Chor.

„Bist du nervös?“, fragt mich Dani, obwohl die Antwort sonnenklar ist. Sonne trifft es, denn es ist echt warm. Ich habe gar nicht darüber nachgedacht, dass Omas Schuhe und Mantel für Mallorca viel zu warm sind. Dani hält meine Hand, während Papa vorn sitzt und Smalltalk mit dem Taxifahrer hält. Er arbeitet in einer spanischen Firma, weshalb er das öfter tut. Es scheint ihm leichtzufallen. Toll, dass mein Vater besser Spanisch kann als ich, die fünf Jahre hier gelebt hat.

„Wollen wir das Worst-Case-Szenario durchspielen?", fragt Dani weiter.

Wir haben das früher oft gemacht. Wenn wir Panik vor irgendetwas hatten, sind wir mit Mama durchgegangen, was uns im schlimmsten Fall passieren konnte. Das hat den Druck genommen, denn oft waren die Dinge gar nicht so wild, dass wir Todesangst davor haben mussten. Es hat die Sache entkräftet und uns mehr Zuversicht geschenkt.

„Im schlimmsten Fall sehe ich Heiko."

„Und was kann dann passieren?"

„Im schlimmsten Fall fange ich an zu heulen, spüre, wie sehr ich ihn vermisse, wofür ich mich hasse. Wie kann ich nach jemandem Sehnsucht haben, den ich hasse?", flüstere ich. „Und dann bleibe ich da und verzeihe ihm."

„Du glaubst ernsthaft, das wäre möglich?"

„Ich glaube, das wäre der schlimmste Fall. Irgendwas scheint er ja zu machen, dass ich das fünf Jahre mitgemacht habe. Mit Logik ist das nicht zu erklären. Vielleicht ist er ein heimlicher Zauberer oder so." Eine bessere Erklärung fällt mir nicht dazu ein.

„Claudi, wir werden schon dafür sorgen, dass du dort nicht bleibst, selbst wenn du wolltest."

„Wenn ich Claudi-Raudi bin, dann lass ich mich von niemanden aufhalten. Aber was, wenn ich doch bleibe, weil ich verblendet und dumm bin?", frage ich kleinlaut.

„Wenn du bei ihm bist, bist du nicht Claudi-Raudi. Wenn er wirklich zaubern kann, hat er bewiesen, dass er dir diese Fähigkeit genommen hat. Aber weißt du was? Ich kann auch zaubern. Denn bei mir bist du Claudi-Raudi und das kann er dir nicht nehmen. Also mach dir keine Angst, wir schleppen dich wieder mit nach Hause, auch wenn wir dich dazu an uns ketten müssen.“

Ich lache, weil ich mir das bildlich vorstelle. Auch Papa hat inzwischen aufgehört zu reden und grinst, da er uns wohl lauscht.

„Was kann noch passieren?“, fragt Dani weiter.

„Mein Herz zerbricht“, antworte ich. „Ich weiß einfach nicht, wie ich das aushalten soll, alles zu sehen. Mein altes Leben. Schon der Gedanke daran schnürt mir die Kehle zu.“

„Dafür habe ich ein Geheimrezept von Mama dabei.“ Er nimmt eine Stulle. „Hier, die soll ich dir von Mama geben.“

„Ich hab keinen Hunger.“

„Anweisung des Hauses. Iss jetzt wenigstens eine Stulle, damit du was im Magen hast.“

„Aber mir ist schlecht“, maule ich.

„Kotzt sich besser als Magensäure.“ Er zwinkert mir zu.

O Mann. Wie eklig. Ich wickle die Käsestulle aus und finde einen kleinen Zettel. Ach, deswegen sollte ich die Stulle nehmen.

„Nicht nur Oma und ich können das mit den Zetteln“, sagt Dani.

Ich lese:

Ich kann das aushalten.

„Weißt du noch, wie Mama uns das beigebracht hat?“, fragt Dani mich. „Sie hat uns immer gesagt, dass wir uns niemals einreden dürfen, dass wir etwas nicht aushalten. Immer, wenn wir das denken, sollen wir uns mehrfach diesen Satz sagen: Ich kann das aushalten. Du kannst das aushalten, weil du uns hast. Also, sag es laut“, fordert er mich auf.

Ich komme mir echt bescheuert vor, aber ich weiß, dass es wirkt, weil ich das früher so oft angewandt habe. Mir wird für eine Millisekunde warm ums Herz, weil ich einfach die beste Familie der Welt habe. Auch wenn sie manchmal nervt, ist es so schön, diesen Rückhalt zu fühlen.

„Wir können das aushalten“, sagt Dani.

„Ich kann das aushalten“, flüstere ich.
„Und jetzt lauter“, fordert mich Papa auf.
„Ich kann das aushalten“, wiederhole ich.

Nun sagt auch Papa diesen Satz. Ich habe gar nicht daran gedacht, dass es wohl auch für die anderen sehr schwer sein muss. Und so wiederholen wir es alle zusammen, ernten dafür merkwürdige Blicke vom Taxifahrer.

„Ich kann das aushalten!“

„Wir sind da“, unterbricht uns der Taxifahrer auf Spanisch.

Ach du scheiße. Jetzt muss ich mich dem echt stellen. Hilfe. Mir ist schwindelig, sodass ich nun doch von meiner Stulle abbeiße. Vielleicht hilft es ja etwas. Bitte, bitte, lass ihn nicht da sein. Oder sollte ich mir wünschen, ihn zu sehen, damit ich ihm die Meinung geigen kann? Damit ich ihn fragen kann, warum? Aber kann ich denn seine Reaktion darauf aushalten? Egal, ob er kacke zu mir ist oder den Traummann vorspielt, ich glaube, ich kann beides nicht aushalten. Erneut beiße ich von meiner Stulle ab, während Papa den Taxifahrer bezahlt und ihn bittet, auf uns zu warten.

Wir steigen aus. Meinen Mantel halte ich um meinen Arm gewickelt, Schweißperlen tropfen mir über die Stirn. Mein Pullover ist nass, nur dank Mantel und Stulle habe ich keine Hand mehr frei, um ihn auch noch auszuziehen. Die Aufregung macht mich zu einem glühenden Ofen. Wenn ich den Pullover jetzt ausziehe, riecht jeder meinen Schweiß. Gott, sollte man sich nicht richtig heiß anziehen, wenn man den Ex trifft, damit er sich ärgert, was er verpasst hat? Das habe ich dann schon mal verkackt. Aber das passt ja zu mir. Ich kann das aushalten, spreche ich innerlich und gehe auf die Tür zu. Ich halte die Stulle mit den Zähnen fest und fische nach dem Schlüssel.

Papa lässt sich unsere Koffer aus dem Kofferraum geben.

„Soll ich für dich aufschließen?“, fragt Dani, als ich mit panischer Angst die Tür anstarre. Mein Magen rebelliert, das Atmen fällt mir schwer. Ich würde so gern tief atmen, doch ich habe das Gefühl, nun für sehr lange Zeit die Luft anhalten zu müssen. Hoffentlich nicht für immer.

„Kannst du die Stulle nehmen?“, frage ich, denn ich halte sie inzwischen in der Hand mit dem Mantel. Ich fühle mich wie ein Idiot mit dieser dämlichen Käsestulle.

Dani nimmt sie mir ab und wickelt sie wieder in das Brotpapier, steckt sie in den Rucksack. Papa stellt sich hinter mich und legt mir seine Hand auf die Schulter. „Wir schaffen das.“

Mit zittrigen Händen stecke ich den Schlüssel in das Schloss und drehe ihn um, öffne die Tür. Zumindest geht der Schlüssel noch. „Hallo?“, rufe ich hinein, als ich eintrete. „Bist du da?“ Meine Stimme ist so zittrig wie meine Hände.

Keine Antwort.

Wir betreten die Wohnung und ich erstarre. „Wie sieht es denn hier aus?“

Auf dem Boden liegen leere Bierflaschen, Zigarettenstummel, Chipskrümel. Es stinkt nach Rauch, Pisse und Alkohol. Wir laufen durch die Wohnung. Heiko ist nicht zu sehen, aber ein Chaos, als wäre hier wochenlang nur Party gefeiert worden. Dabei war ich doch nur zwei Wochen weg. Wie kann eine Wohnung so schnell verkümmern? Nicht ein sauberes Geschirr ist noch in den Schränken, der Kühlschrank ist leer. Auch im Bad bekommt man Herpes, wenn man nur darüber nachdenkt, dort pinkeln zu gehen.

„Was ist hier passiert?“, frage ich mit Tränen in den Augen. Ich habe mit vielem gerechnet, aber nicht damit. Der Zustand meiner Wohnung ist ein weiterer Schock, der mir durch Mark und Bein geht. Das war meine Wohnung, die ich fünf Jahre lang liebevoll gepflegt habe. Wie konnte er sie in zwei Wochen so zerstören? Klar, er hat nie etwas im Haushalt geholfen, was mich oft genervt hat, aber dass es so wird, wenn ich nicht da bin, damit hätte ich niemals gerechnet. Die Bude sieht aus, wie es innerlich in mir aussieht. Schutt und Asche.

Dani will mich umarmen, doch ich zucke zurück. „Bitte nicht. Ich brauche jetzt meinen Funktionier-Modus und der fällt zusammen, wenn du das tust“, warne ich ihn. „Ich brauche jetzt klare Anweisungen. Was braucht ihr?“

Ich fühle mich wie ein Roboter. Abgeschirmt vom Herzen und vom Nachdenken. Ich habe eine Mission, die wird erfüllt, und dann nichts wie weg hier. Dann kann ich zusammenbrechen, aber nicht jetzt. Es klappt.

„Wir brauchen eure Ordner. Alles, was du finden kannst. Vielleicht euren Laptop.“

„Der Laptop war im Laden. Den haben sie mitgenommen“, antworte ich. „Aber ich kann Jorge fragen, ob er mir vielleicht eine Kopie vom Inhalt machen kann. Ich weiß allerdings nicht, ob er das darf.“

„Schon gut“, sagt Papa. „Dann reichen uns auch erst mal die Ordner.“

Ich widerstehe dem Drang, den Dreck wegzufegen, und zeige ihnen unseren Aktenschrank. Papa prüft die Inhalte der Ordner und packt dann alle in einen großen Koffer.

„Und du suchst jetzt die Wohnung ab nach Dingen, die dir wichtig sind. Die nehmen wir dann mit. Ganz egal, was“, fordert Dani mich liebevoll auf.

Ich gehe zu meinem Schlafzimmer und öffne den Kleiderschrank. Ich betrachte die Klamotten, nehme Kleider in die Hand und werde erschlagen von Erinnerungen. „Und was ist, wenn ich sie nicht mehr will?“

„Dann lässt du sie hier. Sie gehören jetzt deiner Vergangenheit an.“

Das fühlt sich gut an. Zu hören, dass dieser Teil nun meine Vergangenheit ist, denn wenn ich ehrlich bin, waren die letzten Jahre einfach nur scheiße. Ein Leben ohne Freunde, voll mit Arbeit und seinen Launen völlig ausgesetzt. Wie sehr mir meine Familie gefehlt hat, wird mir erst nach und nach klar. Als hätte ich meine Bedürfnisse jahrelang in den Keller gesperrt. „Aber ich habe sonst keine Sachen mehr und auch kein Geld, um mir welche zu kaufen.“

„Mach dir darum keine Sorgen“, beruhigte Dani mich. „Wir sind eine Familie und wir kriegen das hin. Ob du nun diese Schlüppis mitnimmst oder nicht. Lass die Vergangenheit hier."

Ich nicke. Das hört sich so gut an.

„Schätzchen", sagt Papa, der im Türrahmen steht. „Hier ist nichts, aber auch gar nichts sortiert. Es wurde einfach nur alles eingeheftet, vermutlich damit es aussieht, als wäre alles in Ordnung, aber hier herrscht pures Chaos. Und mich beschleicht die Vermutung, dass das nicht alles war. Ich bin es nur grob durchgegangen, aber die Sachen hier drin sind alle alt. Vermutlich ist ihm sein Chaos um die Ohren geflogen, und ich wette, er hat schon lange keine Briefe mehr abgeheftet oder geordnet."

Wir schauen in alle Schubladen und Schränke, bis wir tatsächlich eine Kommode finden, an die ich nie durfte, weil er da angeblich Geschenke für mich aufbewahrte. Dort ist alles voll mit Briefen. Viele davon nicht mal geöffnet. Beschämt denke ich an die Briefe unter meinem Bett. So will ich nicht werden. Ich werde sie sofort öffnen, wenn ich zu Hause bin. „Zu Hause habe ich auch ein paar, die ich noch öffnen muss", gestehe ich laut, damit sie mir dabei helfen, mein Vorhaben durchzuziehen, wenn ich daheim bin.

Papa packt alles ein, ich gehe weiter durch die versiffte Bude und schüttle nur mit dem Kopf. Die Dinge hier haben mir alle mal etwas bedeutet. Der Kerzenständer vom Markt, als ich einen einzigen Samstag mal frei hatte, das Kleid, in dem er mich ausgeführt hat. Sündhaft teuer. Es war ein Geschenk. Die bunte Obstschale, in der nun verschimmelte Avocados faulen. Das brauche ich alles nicht mehr in meinem Leben. Keine Ahnung, wie es für mich weitergeht, aber ich will keine Erinnerung daran haben. Die in meinem Kopf sind mir schon genug.

„Ich wäre so weit", sagt Papa.

„Ich habe auch nichts weiter gefunden", sagt Dani.

„Und ich bin hier auch fertig. Ich brauche nichts mehr von hier", schließe ich mich an.

Wir rollen die Koffer ins Freie, wo ich einmal tief durchatme. Endlich frische Luft.

„Gib mir mal die Nummer von diesem Jorge“, sagt Papa und ich gebe ihm die Karte, die er mir gegeben hat.

Dani gibt dem Taxifahrer unsere Koffer zurück.

Ich bin erleichtert und will einfach nur weg, bevor Heiko doch noch nach Hause kommt. „Können wir bitte sofort los?“, dränge ich, und wir steigen ein.

„Fahren Sie erst mal los“, sagt Papa auf Spanisch und wählt Jorges Nummer. Während er mit ihm spricht, hält Dani meine Hand. Ich drücke so fest zu, wie ich kann, um meine Gefühle loszuwerden. Viel Kraft habe ich allerdings nicht, sodass es Dani nicht sonderlich wehtun dürfte.

„Dieser Jorge ist wirklich klasse“, sagt Papa. „Wir sollen zu ihm ins Büro, er will uns helfen. Er meinte, er kenne viele Fälle wie diese und will dir helfen, das Schlimmste abzuwenden.“

Es gibt anscheinend doch noch Engel, denke ich und krame die Stulle aus Danis Rucksack. Mein Gefühl sagt mir, ich brauche heute wirklich noch ne Menge Kraft. Das war erst der Anfang.

Kurze Zeit später sitzen wir alle im Büro von Jorge. Ich habe mich dort im Bad frisch gemacht und den Pullover im Koffer verstaut. Zum Glück war Dani cleverer als ich und hatte ein Ersatzshirt dabei, das ich nun trage. Damit seh ich zwar nicht gerade so aus, wie man sollte, wenn man bei einem Gerichtsvollzieher sitzt, aber immerhin rieche ich wieder frisch.

Wir sitzen in einem Besprechungsraum, Papa hat die Briefe und Akten auf dem Tisch ausgebreitet und sie unterhalten sich. Ständig fragen sie mich Dinge, die ich nur selten beantworten kann. Papa notiert sich genau, was auf wen läuft und was zu tun ist. Ich fühle mich wie ein nutzloses Häufchen Elend und würde am liebsten im Boden versinken. Wir dürfen sogar den Laptop von Jorge nutzen und Papa schreibt Kündigungen, notiert Zahlen und verschafft uns einen Überblick. Er organisiert sogar einen Termin bei der Bank. Heiko hat anscheinend schon lange keine Rechnung für unsere Handys mehr bezahlt, geschweige denn für irgendetwas anderes.

„Warum können sie denn nicht einfach sein Auto nehmen und das verpfänden, anstatt sich alles bei mir holen zu wollen?", frage ich wütend, als Papa und Jorge wieder sorgenvoll den Kopf schütteln.

„Er hat ein Auto?", fragen beide überrascht.

„Ja, damit ist er zu seiner Schwester gefahren."

„Auf wen läuft es?"

Erneut zucke ich nur mit den Schultern. Woher soll ich das wissen, ich habe mich aus den Geldthemen immer rausgehalten, was mir so was von peinlich ist. Wir leben im Jahr 2022 und ich überlasse meinem nichtsnutzigen Mann meine Finanzen. Ganz große klasse. Da ist er wieder, der Beweis, dass ich die größte Versagerin aller Zeiten bin.

„Dani, wie wäre es, wenn du mit Claudi eine Runde ans Meer gehst?", schlägt Papa vor. „Wir treffen uns dann nachher bei der Bank."

Ich habe zwar ein schlechtes Gewissen, weil sie meinen Mist ausbaden, aber ich bin auch unendlich erleichtert, weil ich es keine Minute länger in dem Raum ausgehalten hätte. Dani und ich kaufen uns stattdessen ein Eis und gehen ans Meer. Eine Sache, die man tun sollte, wenn man auf Mallorca wohnt. Wie oft ich das allerdings getan habe, kann ich an einer Hand abzählen.

„Es ist schön hier", stellt Dani fest.

Ich nicke.

„Claudi-Raudi, du hast heute sehr viel ausgehalten, und ich bin mir sicher, du hast dadurch viel Schlimmes abwenden können. Auch wenn es immer noch schwer wird und du die Konsequenzen ausbaden darfst, wird unser heutiger Besuch belohnt werden. Mama sagt doch immer, das Universum belohnt unsere Stärke und es fühlt sich gerade so an, als hätte dieser Besuch das Blatt zum Wenden gebracht. Schau mal, die sehen, dass du dafür nichts kannst, beziehungsweise nicht absichtlich, und dass du hier bist, um aufzuräumen und zu helfen, dass alle ihr Geld bekommen. Ich schwör dir, so was wird immer belohnt. Ich fühle es."

Seine Worte machen mir Mut. Schweigend essen wir unser Eis auf. Unsere Füße sind im warmen Sand vergraben. Am liebsten würde ich meinen ganzen Körper hier vergraben, verstecken vor der Welt.

„Weißt du, wie oft ich hier vorbeigelaufen bin und die Menschen beneidet habe? Die, die Zeit haben, baden zu gehen und Eis zu essen?"

„Du kannst jetzt einer von diesen Menschen sein", ermutigt mich Dani.

In mir finde ich hunderte von Ausreden, es nicht zu tun. Doch ich brauche es. Ich brauche den Beweis dafür, dass in mir noch diese Claudi-Raudi steckt, von der Dani immer redet. Ich ziehe mir Danis Shirt und meine Hose aus. Nur in Unterwäsche gekleidet renne ich ins Meer, weil es das Einzige ist, was mein Gefühlschaos stoppen kann.

Das Wasser ist kalt wie der Schnee zu Hause. Ich werfe mich hinein und werde aufgefangen. Lasse mich tragen und beginne zu schwimmen. Das salzige Meer wäscht mir die Vergangenheit von meinem Körper. Jede Zelle wird gereinigt. Es fühlt sich so gut an. Hier bin ich nicht die dumme Claudi, hier fühle ich den Abstand zu allem. Ich habe das dringende Bedürfnis, zu beten oder so was, und lasse es geschehen.

Liebes Universum, wenn es dich wirklich gibt, dann bitte, bitte hilf mir, dass ich nicht hochverschuldet bin. Hilf mir, mein Leben wieder auf die Reihe zu bekommen. Hilf mir, ein Leben zu führen, das gefüllt ist mit Familie, Freunden, Glücksgefühlen und Momenten wie denen mit Dani. Singen, Schlittschuhlaufen, Kissenschlachten. Ich will ein Leben mit Lachen, ich will eines Tages wieder Träume haben und ich will gottverdammt noch mal mich nicht mehr so fühlen wie die größte Versagerin. Bitte heile mein Herz.

# Kapitel 11

## 6. Dezember 2022 – Mittwoch

Ich erwache gegen Mittag und fühle mich merkwürdig. Meine Träume erinnerten mich die ganze Nacht an mein Versagen. Mit dem Öffnen meiner Augen kommen sofort die Bilder von gestern. Ich war echt mit meiner Familie auf Mallorca und habe versucht, das Schlimmste abzuwenden. Ob es zu spät ist?

Papa wollte sich heute noch mal mit mir hinsetzen und alles besprechen, muss dafür aber noch ein paar Dinge erledigen. Ich setze mich auf und lächle, weil Dani mir wieder Frühstück hingestellt hat. Dankbar greife ich als Erstes zu seinem Zettel und entfalte ihn.

Was war gestern dein schönster Moment?

Eh? Er war dabei, oder? Wie kann er von schönen Momenten reden, wenn ich einen der schwersten Tage aller Zeiten hinter mir habe? Genervt werfe ich den Zettel zurück auf das Tablett und gieße Kaffee aus der Thermoskanne in meine

Tasse. Der Duft durchströmt das ganze Zimmer und hebt ein wenig meine Laune. Wahrscheinlich wird das heute der schönste Moment sein. Weil es jemanden gibt, der mir Frühstück ans Bett bringt und kleine Zettelchen schreibt, damit es mir besser geht. Ich bekomme ein schlechtes Gewissen, weil Dani es mit dem Zettel gut meint und ich mich so undankbar verhalte. Auch wenn er es nicht mitbekommt, fühle ich mich schuldig und will mir aus Dank Mühe geben. Also gehe ich meine Erinnerungen an gestern durch.

Ich erinnere mich an meine verkümmerte Wohnung, und mein Herz zieht sich zusammen, und an Jorge, der uns geholfen hat, obwohl das so was von nicht selbstverständlich ist. Er meinte, ich könnte seine Tochter sein, und er hofft, wenn ihr eines Tages so etwas passiert, würde ihr auch jemand helfen. Und dann denke ich an die Claudi, die ins Meer gerannt ist und die das erste Mal seit Langem wieder Wünsche fühlen konnte. Der Tag war also nicht vollkommen für'n Arsch. Dani hat wohl mal wieder recht, auch wenn ich das ungern zugebe. Der Rest des Tages ist in meiner Erinnerung verschwommen. Ich sehe ihn wie durch Nebel.

Auf dem Nachhauseweg habe ich kein Wort gesagt, nur stumm aus dem Fenster geschaut. Ich habe mich aus der Welt rausgenommen, wie ich es sonst schlafend im Bett tue. Es war zu viel. Wir hatten mehrere Termine auf Mallorca, ich habe überall so weit Auskunft gegeben, wie ich konnte, Papa hat alles geklärt. Ich weiß, dass es nicht selbstverständlich ist, so einen Vater zu haben. Ich habe mich zwar früher oft über diesen Geizkragen beklagt und auch über seine bescheuerten Sprüche, weil ich Vegetarierin bin, und auch sonst ist er ziemlich spießig, aber wenn ich ihn brauchte, war er da. Ob bei Schulaufgaben oder eben jetzt. Dafür bin ich unendlich dankbar, auch wenn diese Dankbarkeit gerade nur logisch kommt und nicht von Herzen. Dieses hat nämlich eine dicke Schutzschicht bekommen, es ist unter dem Sand des Strandes verloren gegangen und ruht sich aus.

Egal ob positive oder negative Emotionen, es kann gerade nicht mehr ertragen.

Zu Hause hat Mama schon mit Essen auf uns gewartet. Ich bin allerdings nach ihrer Umarmung direkt in mein Zimmer gegangen, habe Dani die ungeöffneten Briefe in die Hand gedrückt, mich bedankt und bin todmüde ins Bett gefallen. Mein Gehirn brauchte Schlaf, damit es sich neu ordnen konnte. Zum Glück war niemand böse deswegen. Alle wollen mir bloß helfen und mich unterstützen, und ich fühle mich einfach nur schuldig. Schuldig, weil ich ihnen das antue, schuldig, weil ich das niemals zurückgeben kann, schuldig, weil ich eine Versagerin bin.

Verdammt, meine Gedanken drehen sich im Kreis. Ich habe darauf keine Lust. Ich werde einen Weg finden müssen, sie auszustellen, damit ich nicht verrückt werde.

Ich schnappe mir einen Toast und springe aus dem Bett. Ein Klick auf den Kalender bringt gar nichts, weil ich die gestrige Aufgabe nicht erfüllt habe. Was war das noch mal? Ich fische den Zettel von gestern aus dem Kasten und sehe die Kerzen. Schon komisch, was hat das denn mit Weihnachten zu tun? Soll ich nur überall Kerzen anzünden?

Nachdem ich in der Schublade, in der Mama früher Kerzen aufbewahrt hat, nichts finde, nehme ich mein Prepaidhandy und stelle es an. Und siehe da, Dani hat mir ein lustiges Gif geschickt und auch Antje hat mir die Daumen gedrückt für gestern. Wie süß.

Ich schreibe Mama und frage, wo wir die Kerzen haben.

Solange ich warte, kann ich auch duschen, das habe ich nach gestern nicht mehr geschafft und das ist ziemlich eklig.

So frisch geduscht wechsle ich gleich mein Bettzeug. Ich habe das Gefühl, gestern hat sich irgendetwas verändert und dieser alte Teil klebt noch in meinem Bett. Ich schmeiße die Waschmaschine an und höre mein Handy. Mama ruft an.

„Hey, Mama, hast du Pause?“

„Ja, hab ich. Wie geht’s dir denn nach gestern?“

„Könnten wir die Frage für ein paar Tage streichen? Ich versuche nämlich gerade alles, um nicht darüber nachdenken zu müssen."

„Na klar. Die Kerzen sind in der blauen Kommode in Omas altem Zimmer."

„Alles klar, danke", sage ich und will mich verabschieden.

„Claudi, warte", ruft sie hektisch. „Ich fürchte, wenn es um den Adventskalender geht, wird dir das nicht viel bringen."

„Wieso?", frage ich und laufe zu Omas altem Zimmer.

„Weil es hierbei um besondere Kerzen geht. Also … na ja", druckst sie rum.

„Mama, raus mit der Sprache."

„Hach, ich bin sicher, du willst das nicht hören, aber du findest die Antworten bei Oma."

„Oma Traudel?", frage ich vorsichtig.

„Oma Gerda."

Ich stöhne auf. „Das ist doch nicht dein Ernst, oder?"

„Leider ja. Vielleicht ist es an der Zeit, dass ihr euch wieder besser versteht. Sie hat es auch nicht leicht und ist einsam, da wird man manchmal komisch, also hab ein bisschen Verständnis, wenn du zu ihr gehst. Sie ist ein lieber Mensch, auch wenn sie das nicht immer zeigen kann."

Ich rolle mit den Augen. „Du bist auch von ihr genervt", maule ich.

„Ja, aber ich sehe, warum sie so ist, und liebe sie. Sie ist kein schlechter Mensch, nur manchmal etwas …"

„Kacke?", frage ich.

Mama lacht. „Ruppig wollte ich sagen."

„Also muss ich jetzt zu Oma?"

„Ich befürchte, ja", bestätigt Mama.

„Na das kann ja heiter werden."

„Ich drück dir die Daumen. Und hey, wenn du rausgehst, wird dich eine Überraschung erwarten. Vielleicht tröstet dich das ja."

So lange wie die Waschmaschine braucht, brauche ich, um mich zu überwinden, loszugehen. Ich weiß zwar nicht, ob sie zu Hause ist, aber wo soll sie schon groß sein? Na gut, vielleicht beim Arzt oder bei der Massage oder so. Aber dann ist es so. Dann habe ich es auf jeden Fall versucht. Ich könnte sie einfach anrufen, aber ganz ehrlich, dann bin ich vorher schon so genervt, dass ich niemals mehr losgehe. Vielleicht hilft mir der Spaziergang zu ihr ja, meine Nerven aufzutanken. Aber jetzt mal ehrlich. Ich soll zu Oma an einem Tag, nachdem ich meine zusammengebrochene Welt besucht habe? Das ist wirklich unfair. Ich falle in mein Bett und überlege, den Tag einfach mit schlafen zu verbringen. Doch sofort stellen sich die Versager-Gedanken wieder ein. Deshalb springe ich aus dem Bett und warte darauf, dass die Wäsche fertig ist. In der Zeit räume ich den Geschirrspüler aus und wieder ein. Wird ja mal Zeit, dass ich mich hier etwas nützlich mache. Auch wenn es anstrengend ist, stelle ich mit einem Grinsen fest, dass ich so was überhaupt wieder kann. Noch vor ein paar Tagen hätte mir für den Haushalt die Kraft gefehlt. In mir schwingt jedoch die Angst mit, dass ich mich mit meinen Kräften übernehme und sie gleich wieder verschwinden, deshalb will ich so viel wie möglich schaffen, bevor ich wieder schlafen muss, weil ich so erschöpft bin.

Endlich habe ich die Wäsche aufgehängt und kann dieses stille Haus verlassen. Ich gehe in den Flur und schreie entzückt auf. Meine Stiefel sind gefüllt. Warte mal, ist das etwa …? Klar, ich stand heute vor einem verschlossenen sechsten Türchen. Heute ist Nikolaus.

Ich setze mich auf den Boden und schütte beide Stiefel aus. Omas Schuhe scheinen mir Glück zu bringen, denn gefüllte Stiefel hatte ich seit Jahren nicht mehr. So eine schöne Tradition. Es rollen Mandarinen und Schokolade auf den Boden. Außerdem ein Briefumschlag. Ein Brief von Mama.

Mein liebes Kind. Es ist so schön, dich wieder im Haus zu haben, auch wenn der Grund weniger toll ist.

Ich möchte, dass du weißt, dass du hier immer willkommen bist. In unserer Familie ist es üblich, dass wir mit dreißig einen Zusammenbruch erleiden und daraufhin viel glücklicher werden als je zuvor. Vertrau mir. Auch wenn diese Zeit sehr schwer ist, wirst du sie überstehen. Ich möchte dich bitten, annehmen zu lernen, auch wenn das noch nie dein Ding war. Mich macht es einfach glücklich, dir etwas geben zu können. Ich tue es nicht, weil ich Mitleid habe, sondern weil ich mir damit einen Gefallen tue. Ich weiß, du kannst dich daran nicht mehr erinnern, aber früher hatten wir nichts und ich konnte dir nie etwas schenken. Es war eine schwere Zeit, in der ich mich wie die größte Versagerin aller Zeiten gefühlt habe. Der Kalender hat mir dann das größte Weihnachtswunder aller Zeiten geschenkt. Seitdem hat sich alles verändert. Ich erzähle dir bald ein wenig mehr darüber, doch jetzt darfst du erst mal ein paar eigene Erfahrungen sammeln.
Liebe Claudi, mein Schatz, ich schenke dir fünfzig Euro. Ohne Widerrede. Mach damit, was auch immer du willst. Ich weiß, wie man sich fühlt, wenn man nichts mehr hat. Allein das Geld zu besitzen, gibt einem ein anderes Gefühl. Ein bisschen mehr Freiheit. Mir ist bewusst, dass fünfzig Euro schnell weg sein können, aber auch, wie viel Sicherheit es schenkt, sie zu haben. Denn es gab Zeiten, da habe ich mir diesen Fünfzigeuroschein so sehr ersehnt.
Liebe Claudi, bitte mach mir eine Freude und nehme ihn einfach so an. Eines Tages wirst du verstehen, wie ich mich jetzt fühle, und du wirst jemandem helfen und dich freuen, wenn die Person deine Hilfe annimmt. Fühl da mal rein.
Ich liebe dich, deine Mama.

Mit Tränen überflutetem Gesicht sitze ich auf dem Flurboden und starre auf den Brief und das Geld. Mama war mal arm? Das wusste ich gar nicht. Was für eine Krise hat sie mit dreißig gehabt? Ist das so was wie Familienkarma? Gibt es das überhaupt?

O Gott, wie sehr ich sie liebe. In jedem Wort des Briefes steckt so viel Herz, da kann man doch nur heulen. Sie hat recht, es fällt mir schwer, anzunehmen. Doch der Gedanke, dass ich eines Tages dieses tiefe Tal überwunden haben könnte, der macht mich glücklich. Vielleicht ist es ja doch möglich?

Und ja, wenn ich könnte, würde ich anderen helfen, habe es früher immer getan. Und wenn jemand meine Hilfe nicht annehmen wollte, hat das eher wehgetan und ich konnte es nicht verstehen. Es ging dabei zwar selten um Geld, aber ich weiß noch, dass eine Freundin von mir nie Geld hatte, um mit uns Kaffee zu trinken. Wir wollten sie aber total gern dabeihaben, hatten alle von Haus aus mehr zur Verfügung und haben von Herzen gern zusammengelegt, damit sie dabei sein konnte. Oft hat sie das nicht angenommen, was schade war, weil uns das glücklich gemacht hätte, sie bei uns zu haben und ihr eine Freude zu machen. Jetzt verstehe ich sie. Sollte ich sie eines Tages wiedersehen, würde ich sie in den Arm nehmen und ihr sagen, dass ich sie jetzt verstehe. Okay, wahrscheinlich nicht, aber die Vorstellung davon ist schön.

Ich stecke das Geld in mein Portemonnaie und fühle mich gut dabei. Ich kann nun nicht mehr sagen, dass ich nichts habe. Denn ich habe fünfzig Euro, und ich werde sie hüten wie einen Schatz. Danke, Mama. Über mein Handy sende ich ihr liebevolle Worte und ein Bild meiner nun gefüllten Geldbörse, in der ihr Brief und das Geld stecken.

Dann laufe ich gewappnet für den Tag los. Ich versuche, es als ein Abenteuer zu sehen. Meine Mission sind Kerzen, mein Gegner ist meine Oma, das Ziel ist das nächste Level, also dass sich das sechste Kästchen öffnet, damit ich am Ende ein Weihnachtswunder erhalte. Wenn man es so betrachtet, ist es ganz schön aufregend, und ich bin dankbar, dass dieser dämliche Kalender mich so ablenkt und auf Trab hält. Der Marsch zu Oma wird eine Stunde dauern, was gut ist, damit ich mir überlegen kann, wie ich Oma erkläre, was ich bei ihr will. Ich habe ihr eine Mandarine und einen Weihnachtsmann aus meinem Schuh mitgenommen, damit sie auch ein Nikolausgeschenk bekommt. Wenn ich was habe, gebe ich nämlich gern. Aha. Da wären wir wieder beim Anfang. Und nun bete ich zu wem auch immer, dass dieser Tag gut wird, Oma und ich uns verstehen und ich meine Aufgabe erledigt bekomme. Allein schon der Gedanke daran, wie sehr Dani sich freuen würde, wenn er heute Abend nach Hause kommt und das sechste Kästchen aufmachen kann, ist Gold wert. Dafür lohnt es sich. Auf in den Kampf …

Nee warte, auf in den Frieden …

„Was machst du denn hier?“ Mit diesen freundlichen Worten begrüßt mich Oma.

„Ich hab dir was mitgebracht“, sage ich und halte die Mandarine und den Schoko-Weihnachtsmann hoch, als würde ich ihr eine Friedenspfeife hinhalten. „Frohen Nikolaus“, wünsche ich ihr.

Sie starrt mich für ein paar Sekunden schockiert an.

„Darf ich rein?“, frage ich.

„Ja, komm.“ Sie winkt mich in ihre Wohnung.

Man war ich lange nicht mehr hier, und trotzdem sieht alles gleich aus. Ich ziehe meine Stiefel aus und hänge meinen Mantel an den alten Kleiderständer, den Opa ihr zum Hochzeitstag geschenkt hat. Daneben hängt eine Postkarte, auf der eine Oma mit faltigem Gesicht und ohne Zähne eine Kippe im Mund hält. Die Karte ist von mir. Wir teilen diese Art von Humor.

„Da hast du aber Glück gehabt. Einfach so unangekündigt vor meiner Tür zu stehen. Ich habe jeden Tag Termine.“

Oma will beweisen, wie wichtig sie ist, schon verstanden. Selbst ihr Leben ist spannender als meins zurzeit. Wobei, wenn ich an gestern denke, kann ich nicht behaupten, dass meins langweilig ist.

„Danke“, sagt sie, als ich ihr meine Geschenke in die Hand drücke.

Sogar ein kleines Lächeln sehe ich über ihre Lippen huschen, als ich in die Stube gehe, wo zahlreiche Fotos von früher an den Wänden hängen. Sie hat, seit ich denken kann, diese Bilder hier. Ein paar neue von Cousins und Cousinen sind dazugekommen, aber die meisten kenne ich. Sie hat vermutlich in ihrem ganzen Leben kein einziges Foto von der Wand genommen. Dementsprechend voll sind die Wände. Auch auf der Schrankwand stehen viele Bilderrahmen. Ich sehe ein Foto von mir auf meinem Abiball.

„Was führt dich denn zu mir?“, fragt Oma, und ich nehme mir eine Brezel, die wie früher in einer Schale auf der Schrankwand liegt. Kauend lasse ich mich in ihren roten Sessel fallen. Tja, wie soll ich darauf eine Antwort finden? Auch wenn ich eine Stunde lang gedanklich geübt habe, dieses Gespräch zu beginnen, fällt mir nichts Besseres als die Frage nach einem Tee ein.

Während Oma Gerda uns Tee kocht, nasche ich derweil die Schokokugeln, die, ebenfalls wie früher, auf dem Couchtisch stehen. Es ist echt, als wäre ich um Jahre zurückversetzt worden. Bei mir ist so viel passiert in den letzten Jahren, Oma hingegen scheint im Stillstand gelebt zu haben. Verrückt.

„Du hast meine Postkarte noch im Flur hängen“, sage ich, als sie zurückkommt.

„Ja, natürlich. Ich habe mich damals sehr darüber gefreut. Schau mal in meinem Schlafzimmer, da hängen die anderen von dir.“

Ich springe aus dem Sessel und folge ihr. Tatsache, da hängen all die lustigen Karten von mir. Auf einem sucht eine Oma ihren Hund, der an ihrem Po klebt. Eine weitere Karte zeigt eine Oma mit einem Kittel, so wie ihn Oma Traudel früher getragen hat. Sie sitzt vor einem Geburtstagskuchen, auf dem drei kleine Zahlen-Kerzen sind, die die Zahl 100 ergeben. Die Oma zündet sich damit ihre Kippe an. Ich beginne zu lachen.

„Früher hast du mir immer so lustige Karten geschickt. Daran erinnere ich mich gern“, sagt Oma. Ein Schmerz liegt in ihren Augen, der sofort tief in mein Herz sticht.

In dieser Sekunde wird mir klar, dass sich Oma vielleicht nicht einfach so verändert hat, sondern dass ich ebenfalls Schuld daran tragen könnte. Ich habe ihr damals oft eine Freude gemacht. Heutzutage werfe ich ihr vor, dass sie sich nicht für mein Leben interessiert, aber um ehrlich zu sein, bin ich fünf Jahre lang weggewesen und habe mich nie um jemanden gekümmert, außer um mich selbst und Heiko. Ich habe versucht, alle aus meinem Leben rauszuhalten. Zwar nur, weil es mir peinlich war, wer ich geworden bin, aber das wissen sie ja nicht. Alles, was hier wohl ankam, war, dass ich nicht da bin. Die Erkenntnis tut sehr weh und dennoch bewirkt sie etwas in mir. Ich glaube, das ist der erste Schritt in eine gute Richtung.

„Tut mir leid, dass ich die letzten Jahre so sehr mit mir selbst beschäftigt war“, sage ich schuldbewusst.

„So ist das in dem Alter wohl. Man ist permanent beschäftigt damit, etwas aufzubauen.“ Sie zuckt mit den Schultern und geht zurück ins Wohnzimmer. Ich folge ihr.

„Oma, ich habe eine Aufgabe, und Mama sagt, dass du dafür die Richtige bist“, falle ich mit der Tür ins Haus.

„Ich?“, fragt sie erschüttert und nascht eine Schokokugel.

„Ich habe einen Adventskalender von Oma Traudel geschenkt bekommen …“

Omas Augen fangen an zu leuchten. „Natürlich. Du bist jetzt dreißig. Wie konnte ich das vergessen?“ Sie steht wieder auf und kramt in einer Schublade.

„Du weißt davon?“ Ich bin verwundert, weil die Tradition ja zu den Hagedorns und nicht zu den Dochts gehört.

„O ja, ich habe deinen Eltern damals geholfen. Du weißt also noch nichts davon“, stellt sie fest.

„Nein, ich weiß nur, dass mich Mama zu dir geschickt hat und dass sie mit dreißig, wie alle anderen Frauen bei uns, eine Krise hatte."

„Da ist es." Triumphierend hält sie ein Fotoalbum in der Hand. Sie legt es sich auf den Schoß und beginnt zu blättern.

Ich stehe aus meinem Sessel auf und rücke zu ihr aufs Sofa. „Was suchst du?"

„Deine Mama hat mir das Buch damals als Dankeschön geschenkt. Dein Vater hat Fotos davon gemacht, als wir die Kerzen hergestellt haben."

„Ihr habt Kerzen erstellt? Selbst?", frage ich entsetzt. Wie macht man denn bitte Kerzen selbst?

„Ja, das haben wir. Ich war damals eine heimliche Engelskerzen-Händlerin." Sie schaut mich verschwörerisch an.

„Du warst was?"

„Haha, ja, da staunst du, was? Früher musste man das heimlich machen. Du weißt ja sicher, dass viele Hexen verbrannt wurden in unserem Land. Nicht nur hier, überall auf der Welt. Seitdem ist es schwierig geworden, offen zu Spiritualität zu stehen. Ich bin froh, dass sich das gerade wandelt. Zu meiner Zeit wäre ich zwar nicht auf dem Scheiterhaufen gelandet, aber man hätte mich für verrückt erklärt und nicht ernst genommen. Ich war schließlich die Assistenz des Bürgermeisters. Nicht auszudenken, wenn er was erfahren hätte. Wir Frauen haben damals zusammengehalten. Einmal habe ich eine Kerze für ihn erstellt, aber er hat nie etwas davon erfahren. Seine Frau hat die bei mir geordert. Es ging alles ganz heimlich. Meine Freundin Gudrun hat sich um alles gekümmert, damit nie einer erfährt, wer ich bin." Oma kichert, als wäre sie wieder ein junges Mädchen.

„Was ist denn eine Engelskerze?" Schon das Wort auszusprechen, kommt mir komisch, verboten, falsch und peinlich vor.

„Tja, meine Liebe, man kann es auch als Ritualkerze bezeichnen. Das heißt, wenn du einen Wunsch hast, kannst du ihn dir mithilfe dieser Kerze erfüllen."

Dazu fällt mir leider nicht mehr viel ein, weshalb ich einen großen Schluck von meinem Kamillentee nehme.

Oma Gerda blättert derweil durch das Fotoalbum.

„Woooow. Ist das eine Engelskerze?“, frage ich und es fühlt sich immer noch komisch an, das Wort zu sagen. Engel, wer glaubt denn schon an so was? Aber die Kerze, die ist wunderschön. Weiß, groß und dick, verziert mit goldenen Buchstaben, Zahlen und Symbolen. Einfach nur megahübsch.

„Ja, so können sie aussehen.“

„Und machst du so was immer noch?“, frage ich erregt.

Oma starrt auf die Bilder. „Nein. Ich habe damit aufgehört, als Opa gestorben ist. Ich habe das immer mit ihm zusammen gemacht, weißt du? Er hat mir dabei geholfen, und als er von uns gegangen ist, ergab das alles keinen Sinn mehr für mich. Es tat zu sehr weh …“

„Oh, wenn du wüsstest, wie sehr ich das verstehe.“

„Kannst du gar nicht, denn nicht dein Mann ist nach vierzig Jahren Ehe gestorben.“

„Nein, aber ich weiß, wie es ist, wenn es zu sehr wehtut, etwas zu machen, das einen an jemanden erinnert. Gestern habe ich kein einziges Ding oder Klamottenstück aus meiner alten Wohnung mitgenommen, nur damit der Schmerz mich nicht hier einholt. Ich weiß zwar nicht, wie es ist, deinen Schmerz zu fühlen, aber ich weiß, wie es ist, wenn man feststellt, dass sein ganzes Leben eine Lüge war. Ihr hattet schöne Momente, meine waren alles Lügen.“ Mit diesen Worten breche ich zusammen und weine mir die Seele aus dem Leib. Die ganze Anspannung der letzten Tage entweicht, als wäre ich eine alte Luftmatratze, in die ein Loch gestochen wurde.

Oma lässt mich weinen und umarmt mich. So nah wie heute waren wir uns Jahre nicht mehr. Als ich mich beruhige, reicht sie mir eine Taschentücherbox und greift selbst zu, um sich die Nase zu schnauben. Das Ganze ging wohl auch an ihr nicht spurlos vorbei.

„Magst du mir erzählen, was ich die letzten Jahre verpasst habe?"

Da ist sie wieder, die Oma, die zuhört und für mich da ist. Ich will ihr das Gleiche zurückgeben und verspreche mir innerlich, in Zukunft wieder für sie da zu sein, zuzuhören, auch wenn sie immer nur über Schmerzen redet, und sie vielleicht sogar abzulenken. Ich werde zurückgeben, was ich kann, damit es auch anderen gut geht, doch erst einmal darf ich selbst heilen. Das ist eine ganz andere Art von Ansporn, mein Leben wieder auf die Reihe zu bekommen. Keiner, der Druck macht, sondern einer, der mir so ein Leuchten im Herzen schenkt und mich motiviert. Danke für diesen Moment.

Ich erzähle Oma in Kurzfassung, was passiert ist, und sie hört mir aufmerksam zu. „Und nun frage ich mich, was meine Aufgabe ist", beende ich meine Ausführungen. „Meinst du, ich soll eine Engelskerze brennen lassen?"

„Finden wir es heraus. Lass uns mal in den Keller gehen und meine Materialien raussuchen."

„Die hast du noch?"

„Na denkst du, das schmeiße ich einfach weg?", fragt sie entrüstet. „Ich bin ein Kriegskind, ich schmeiße nie etwas einfach so weg."

Der Blick durch ihr Wohnzimmer beweist ihre Aussage.

„Also würdest du mir eine erstellen?"

„Wir gucken erst mal, was wir dahaben, und dann können wir vielleicht gemeinsam eine kreieren. Jetzt komm, wir haben viel zu tun."

Eine Stunde später haben wir alles hochgetragen, was wir brauchen, und ich bin total verblüfft, was man alles für die Herstellung von Kerzen braucht. Wahnsinn.

„Hier, nimm den Topf", sagt sie und drückt ihn mir in die Hand. Darin erwärmen wir das Wachs, und das Thermometer brauchen wir auch, damit wir das Wachs nicht zu heiß werden lassen.

„Wie bei Pralinen-Schokolade", murmle ich.

„Genau. Eine sehr sensible Sache, die viel Fingerspitzengefühl benötigt." Oma schaut in diverse Wachstüten und überlegt. „Also pass auf, ich habe mir überlegt, wir machen dir zwei Engelskerzen. Du bekommst eine gelbe und eine lilane. Gelb steht hierbei für Erfolg, Glück, Freundschaft, Kreativität. Lila steht für Mut und Kraft sowie Intuition und Transformation. Ich denke, das ist im Moment genau das Richtige für dich."

„Nehm ich gern", sage ich und staune über Omas Wissen. „Willst du dir nicht auch eine machen?", frage ich sie.

„Ich?", sagt sie schockiert, so als wäre sie nie auf die Idee gekommen.

„Na ich denke, du hast das früher oft gemacht, oder hast du es nie selbst genutzt?"

Oma nimmt eine kleine Schaufel und schüttet lilafarbenes Wachs in den Topf. „Doch, doch. Ich hatte immer irgendeine Engelskerze zu irgendeinem Thema brennen." Sie wirkt abwesend, als würde sie sich in einer Erinnerung verlaufen.

Als ihr Gesicht zu traurig wirkt, streiche ich ihr über die Arme. „Tut mir leid, dass ich dich an Opa erinnere."

Sie zuckt mit den Schultern. „Ist schon okay. Es sind ja schöne Erinnerungen. Ich hatte sie nur alle im Keller gelagert und habe heute nicht damit gerechnet, sie ans Licht zu holen. Aber du hast recht, wenn wir schon dabei sind, dann mache ich gleich mit. Lohnt sich ja sonst gar nicht." Sie stellt zwei weitere Töpfe auf den Herd und öffnet den Sack mit rotem Wachs.

„Wie viele hast du davon?"

„Von den Wachstöpfen? Na ja, eigentlich vier, damit ich immer gleichzeitig so viel ausschöpfen kann wie möglich. Ich hatte viel Kundschaft." Sie lacht.

„Na dann lass uns doch noch eine für Dani machen. Der freut sich bestimmt."

„Das ist schön", sagt Oma. „Und welches Thema nehmen wir?"

„Ich finde ja, er verdient Liebe."

„Ach, das ist schön. Dann bekommt er eine rosa Kerze."

Nun lache ich. Dani wird sich freuen, wenn ich mit einer rosa Kerze ankomme und die dann auch noch Engelskerze nenne.

Oma und ich verbringen Stunden zusammen. Es bedarf wirklich viel Geduld, die Kerzen herzustellen, aber es macht genauso Spaß wie backen. Vielleicht sogar noch ein bisschen mehr, weil eine Kerze nicht so schnell abbrennt, wie man einen Kuchen verschlingen kann. Denke ich zumindest. Wir schreiben Namen und Zahlen auf die Kerzen, malen Symbole, die die Themen der Kerze widerspiegeln sollen. Wichtig ist, dass ich mich volle Kanne bei jeder Kerze darauf konzentriere, wofür sie steht, also was ich mir wünsche. Wir reden kein Wort dabei, verlieren uns in unseren Wünschen.

Ich stelle mir vor, wie ich lachend mit Dani und Antje durch die Stadt gehe und Kaffee trinke, wie wir zusammen ins Kino gehen, Eis essen oder wieder Schlittschuh laufen. Ich denke daran, wie ich mich in der Küche austobe, und auch, wie Papa mir sagt, dass ein kleines Weihnachtswunder geschehen ist und ich keine Schulden mehr habe. Ich träume von einer eigenen Wohnung und richte sie gedanklich mit den beiden ein. Oma übernimmt die Kerze für Dani und ihre eigene.

Oma schreckt auf und geht zum Telefon. „Herrjemine, wir sollten deine Eltern anrufen und ihnen sagen, dass du nicht zum Essen kommst."

Sie klärt, dass ich gegen acht abgeholt werde. Aha, dann brauchen wir also noch zwei Stunden.

Endlich sind wir fertig und mir tut alles weh, weil ich vor lauter Konzentration nur in einer Stellung gesessen habe. Ich strecke und recke mich und bin richtig zufrieden mit unseren Ergebnissen. Die sehen einfach toll aus.

„Deck du schon mal den Tisch, ich räum alles zusammen", ordnet sie an.

Ich hole Teller, Messer, Brot und Aufstrich aus den Schränken und stelle alles auf den Esstisch im Wohnzimmer. Sogar eine Gurke schneide ich in Scheiben und lege sie mit den Radieschen auf den Tisch. So haben wir hier jedenfalls früher Abendbrot gegessen. „Fertig", rufe ich wie ein kleines Kind, das den Hintern abgewischt bekommen will.

Oma setzt sich zu mir an den Tisch. „So, meine Liebe, und nun noch ein paar letzte wichtige Hinweise. Erstens, puste niemals eine Engelskerze aus."

„Hä? Und wenn ich aus dem Zimmer muss? Ich kann sie doch nicht einfach brennen lassen." Ich bestreiche mein Brot mit Butter.

„Das meine ich nicht. Ich meine, du darfst nicht pusten. Man löscht sie mit den Fingern oder mit einem Gerät. So was habe ich aber nicht hier, ich halte von Kerzenlöschern nicht viel."

„Es gibt Utensilien, mit denen man Kerzen löschen kann?" Was ich heute alles gelernt habe, ist wirklich krass.

Oma lacht. „Es gibt für alles irgendetwas. Also, zweitens ... achte darauf, wie die Flamme brennt, wie die Kerze abbrennt. Denn auch das hat eine Bedeutung, okay? Mach am besten Fotos davon."

Und so klärt Oma mich über die faszinierende Weisheit der Engelskerzen auf, und ich fühle mich wie in einem Geheimbund. Wahnsinn, wie ich Oma heute kennengelernt habe. Diese Seite kannte ich überhaupt nicht von ihr, und sie hat nicht einmal gejammert. Im Gegenteil. Ich habe zwar echte Traurigkeit gesehen, aber auch das Leuchten in den Augen, das man hat, wenn man seine Berufung lebt, wenn man in seinem Element ist und vollkommen bei sich und der Sache, die man tut, die man liebt. Die Erinnerung daran, wieder so zu leben, ist großartig. Ich glaube, dass mein Besuch heute auch für Oma sehr wertvoll war, weil ich ihr das zurückgegeben habe. Und wenn das wirklich funktionieren sollte, was ich anzweifele, dann sollte es Oma ja auch bald wieder besser gehen.

„Was hast du dir denn vorgestellt beim Kerzenbeschreiben und -bekleben?“, frage ich sie, weil ich keine Ahnung habe, wie man sich vorstellen soll, dass man gesund ist.

Oma kaut fertig und lässt sich Zeit mit ihrer Antwort. „Ich habe mir vorgestellt, wie ich morgens aus dem Bett hüpfe, wie ich es früher konnte, und wie ich so fit und glücklich bin, dass ich erst mal durch den Wald spaziere. Früher habe ich den Morgen so mit deinem Opa gestartet. All die Dinge, die ich nun nicht mehr tun kann, habe ich mir ausgemalt. Das Schwierige dabei ist, sich auf das zu konzentrieren, was man will, und nicht auf das, was man nicht mehr will. Das konnte ich früher auch nicht gleich und heute war es ehrlich gesagt relativ schwer, weil ich es so lange nicht mehr getan habe. Ich habe versucht, mich auf das Glücklichsein zu konzentrieren.“

„Das ist wirklich schwer.“

Dani klingelt und wir lassen ihn rein, damit wir noch aufessen können. So wie ich ihn kenne, wird er sich Omas Wiener Würstchen, die sie soeben aus dem Kühlschrank gezaubert hat, nicht entgehen lassen. Ich verstecke derweil seine Kerze in Omas Schlafzimmer.

„Hallöchen, ihr fleißigen Bienen“, begrüßt er uns und beißt beherzt in die Wiener, die Oma ihm hinhält.

Im Auto erzähle ich Dani von allem, und er will beim nächsten Mal unbedingt dabei sein, wenn wir eine erstellen, weil er natürlich auch davon wieder Fotos braucht. Doch fürs Erste begnügt er sich mit meinen Kerzen, und bevor ich sie überhaupt verwenden kann, borgt er sie sich für circa hunderte von Fotos, die er nachher schießen möchte. Ich entscheide, sie ihm nicht erst zu Weihnachten zu schenken, sondern jetzt schon zum Nikolaus, damit ich nicht allein wie eine Bekloppte vor einer Kerze sitze und er schneller zu Liebe kommt.

Papa und Mama warten schon auf uns. Mama brennt darauf, die Kerzen zu sehen und von meinem Tag zu erfahren, und Papa hat noch ein paar Fragen zu meiner Finanzsituation, die mich direkt in die Realität zurückholen. Ungelogen, ich war den ganzen Nachmittag und Abend bis zu diesem Moment in einer völlig anderen Realität. Das war total krass. Ich habe einfach vergessen, dass ich eigentlich deprimiert zu Hause im Bett liegen und mich verstecken sollte. Und auch wenn mich die Angst wieder einholt, nimmt sie doch nicht ganz Besitz von mir, denn das Gefühl von Stolz bleibt. Ich hatte einen tollen Tag, fühle mich Oma wieder viel verbundener, und das kann mir keiner mehr nehmen. So langsam beginne ich den Kalender zu lieben.

Natürlich kann Dani es kaum erwarten, das nächste Türchen zu öffnen, und so stehen wir mal wieder vor dem sechsten Kästchen. Ich drücke und Dani steht hinter mir, während ich den heutigen Zettel rausfische. „Ein Nikolausstiefel."

„Was soll das bedeuten?", fragt Dani.

„Ich hab keine Ahnung. Aber im besten Fall habe ich die Aufgabe erfüllt, denn ich habe einen gefüllten Nikolausstiefel gehabt und Oma und dir ein Nikolausgeschenk gegeben."

Er mustert mich und scheint zu überlegen. „Gut, dann versuchen wir morgen, das siebte Türchen zu öffnen, und werden sehen, ob es klappt. Ansonsten fragen wir Mama."

Ich falle tatsächlich nicht todunglücklich ins Bett. Es fühlt sich an, als würde vielleicht doch die Möglichkeit bestehen, dass alles gut wird. Und dass ich gebraucht werde, auch wenn ich am Arsch bin. Dass ich etwas geben kann, auch wenn ich dachte, nichts zu haben. Geld ist eben doch nicht alles.

# Kapitel 12

## 7. Dezember 2022 – Donnerstag

Rate, wer heute den ganzen Tag Zeit für dich hat?", fragt Dani, der im Dunkeln in meiner Tür steht und mich aus dem Bett scheucht. „In einer halben Stunde gibt es Frühstück und ich will, dass du dich dann schon zurechtgemacht hast. Aber erst mal heißt es: Ob das Türchen heute aufgeht, seht ihr, wenn das Licht angeht." Und er schaltet das Licht an.

„Alter, wie spät ist es?", maule ich.

„Es ist nie zu spät, das Kalendertürchen aufzumachen."

„Boah, du hältst dich wohl für total lustig." So sehr ich ihn auch liebe, um diese Zeit ist meine Liebesfähigkeit nicht sonderlich ausgeprägt.

„Ach komm schon, Claudi-Raudi. Heute ist Bruder-Schwester-Tag und ich zaubere leckeres Frühstück."

Meckernd komme ich aus den Federn. Innerlich freue ich mich allerdings schon auf das Kästchen. Wie immer fühlt es sich so an, als sei Oma Traudel hier, als ich auf das siebte Kästchen klicke. Es ist jedes Mal magisch.

Ich lasse Dani den Zettel öffnen, weil ich weiß, wie sehr er das liebt.

„Der heutige Tag möchte von uuuuuns … dass wir einen Tannenbaum holen?“, beendet er seinen Satz fragend und hält mir den Zettel hin.

Tatsache. Ein Tannenbaum. „Na ja, wir haben noch keinen im Wohnzimmer. Vielleicht sollten wir das für Mama und Papa übernehmen, weil sie so viel zu tun haben. Meinst du, sie freuen sich? Aber vielleicht wollen sie lieber mitkommen?“

„Ich frag Mama und du machst dich fertig. Wir besprechen alles Weitere beim Frühstück. Husch, husch.“

„Also, was für einen Baum holen wir?“, frage ich aufgeregt. Zum Glück habe ich heute wieder eine Aufgabe, die mich von meinem Leben ablenkt. Es tut gut. Ich trinke einen großen Schluck Kaffee und nehme den Duft und den Geschmack voll und ganz in mich auf.

„Na, wir gehen dorthin, wo wir ihn immer kaufen“, antwortetet Dani und scheint verwirrt über meine Frage zu sein. Er langt ordentlich bei seinem Obstteller zu.

„Eh, wir haben 2022, da werden wir doch keine normale Tanne mehr kaufen, die wir dann einen Monat später wegwerfen."

„Aber du willst doch nicht etwa so einen künstlichen Baum kaufen?", fragt er entsetzt. „Die riechen nicht mal nach Tanne."

„Wir können ja Tannennadel-Öl-Duftkerzen anmachen", schlage ich vor, bin voll im Kerzenrausch. Oma hat in meine Kerzen Lavendelöl gemacht, sicher können wir auch eine Weihnachtskerze herstellen.

„Claudi-Raudi, ich weiß, du hast Prinzipien und so, aber das geht zu weit."

„Komm schon, du findest es doch auch bescheuert, wenn du mal genau darüber nachdenkst."

Für einen Moment sagen wir nichts, und ich höre uns nur kauen. Dann steht Dani auf und macht die Musik an. Dass genau jetzt *O Tannenbaum* gespielt wird, war ja so was von klar. Wir lachen uns schlapp. Zufälle gibt's.

„Du hast schon recht, aber diese künstlichen Dinger sind so hässlich", gibt er zu bedenken.

„Das stimmt, aber es gibt doch heutzutage sicher viele Alternativen, die nicht so sind wie die Dinger von 1980. Ich wiederhole, wir haben 2022. Das Jahr, in dem Menstruationsschlüpper die Welt erobern. Dann wird es doch wohl auch eine schöne Alternative für Tannenbäume geben."

Dani sieht zerknirscht aus, stimmt jedoch zu, mit mir auf die Suche nach Alternativen zu gehen. Er holt sein Handy, setzt sich neben mich und wir scrollen durchs Internet.

„Der ist doch toll", rufe ich. Ein Lichterkettenbaum. Der funkelt so schön, den würde ich am liebsten in jeden Raum stellen.

„Hm. Ist ganz nett", sagt Dani, nur mäßig überzeugt, und sendet ihn mir per WhatsApp, weil wir so die besten Sachen sammeln.

„Und was ist mit dem?", frage ich ihn. Ein Tannenbaum aus Holz. Die Idee ist toll, hübsch ist er allerdings wirklich nicht gerade. Ich suche voller Elan weiter, es muss doch etwas geben, das uns gefällt.

Irgendwann schrei ich auf vor Freude. „Ein Büchertannenbaum." Das sieht so mega aus. Ein Baum aus gestapelten Büchern. Was für eine tolle Idee.

„Mama bringt uns um, wenn wir ihre Buchordnung durcheinanderbringen."

„Hast du auch wieder recht." Wenn man sich bei ihr ein Buch ausgeliehen hat, durfte man es nie selbst zurück ins Regal stellen. Zu groß die Gefahr, dass wir das Buch nicht an den richtigen Ort packten. „Weißt du noch, als wir heimlich ihre Bücher vertauscht haben, nur um zu sehen, wie lange es dauert, bis sie es merkt?"

„O ja und sie war immer richtig sauer." Er grinst. „Arme Mama, hatte es schon nicht leicht mit uns."

„Dafür suchen wir ihr heute den schönsten Baum aller Zeiten aus."

„Na, wie es aussieht, brauchen wir dafür mehr als einen Tag." Er sieht deprimiert aus. Dani will seine Tanne. Armer Bruder.

„Lass uns einfach losgehen und mal schauen, was sie in der Stadt so haben. Holen wir uns Inspiration aus dem echten Leben."

„Ich hab das Gefühl, so langsam ist Claudi-Raudi wieder am Start." Dani grinst.

„Ich auch, aber gewöhn dich nicht dran. Ist sicher nur eine kurze Phase." Ich sage es, als wäre es ein Witz, meine aber jedes Wort ernst. Keine Ahnung, wie lang ich die gut gelaunte, motivierte Claudi bin, aber eines weiß ich genau. Es kann jederzeit verpuffen, und bis das passiert, hätte ich gern diesen blöden Weihnachtsbaum gefunden. Wenn Papa mir offenbart, wie es um mich steht, kann das alles ganz schnell wieder vorbei sein.

Dani und ich schlendern durch die Straßen, trinken Kinderpunsch, und ich schaffe es sogar, zu ignorieren, dass ich eingeladen werden muss. Okay, rein theoretisch hätte ich fünfzig Euro in der Tasche, was mir immer noch ein gutes Gefühl gibt, aber ich selbst hätte niemals mein Geld so verschwendet. Bevor ich zu viel darüber nachdenke, konzentriere ich mich ausschließlich auf meine Mission. Tannenbaum kaufen.

Die Stadt sieht zu Weihnachten wunderschön aus. Lichterketten zieren die Bäume am Straßenrand, was noch schöner ist, wenn es Abend wäre. Ich hoffe trotzdem, dass wir nicht so lange hierbleiben, weil das heißen würde, dass wir bei der Mission Tannenbaum versagt haben. Und das ist keine Alternative, mit der ich leben kann.

„Wollen wir mal zu Antje in den Laden?", schlägt Dani vor. „Vielleicht kann sie uns helfen."

„Klar. Tolle Idee."

Kurz darauf betreten wir ihren Laden und ich atme tief ein. Der Duft von Tannennadeln. Es gibt echt nichts Schöneres.

„Siehst du! Das ist wahre Weihnachtsmagie. Die fehlt ohne diesen Duft im Wohnzimmer."

„Was ist denn mit euch los?", fragt Antje, die einen Strauß bindet.

„Wir sind uns uneinig", antworte ich. „Der Kalender will einen Tannenbaum. Dani will einen echten und ich finde, das sollte man aus moralischen Gründen 2022 nicht mehr machen. Aber er hat recht, nichts duftet so gut wie Tannennadeln." Ich gehe zu ihr und umarme sie, Dani tut es mir nach.

„Wieso aus moralischen Gründen?"

„Na warum sollten wir den kaufen, nur um ihn dann wegzuschmeißen?"

„Wieso willst du ihn denn überhaupt wegschmeißen?" Sie sieht so gut aus. Ihr roter Bob, der weiße Rollkragenpullover, eine schwarze Strumpfhose und ein roter Rock mit Rentieren, der vor der Schürze hervorlugt. Schade, dass sie eine Schürze tragen muss, die verdeckt ja das meiste.

Ihre Frage allerdings verwirrt mich. „Was soll ich denn sonst damit machen?“

„Eh, hallo? Ihr habt ein Haus mit Garten? Pflanz ihn ein, dann hast du ihn nächstes Jahr immer noch.“

Ich spreche mit einer Blumenfrau. Klar weiß sie eine einfache Lösung. Wieso bin ich da nicht gleich drauf gekommen?

Dani und ich schauen uns an und beginnen zu lachen. „Das war leicht. Wären wir gleich zu dir gekommen, hätte uns das viele Stunden erspart.“

„Tja, nächstes Mal kommt ihr einfach sofort. Hätte ich nichts dagegen.“ Sie grinst und dreht sich weg. Wurde sie etwa rot? Na ja, mit Lob konnte sie noch nie gut umgehen.

„Dann können wir jetzt endlich eine echte Tanne besorgen?“

„Jaaaahaaaaaa. Du hast gewonnen.“

„Aber ihr müsst aufpassen. Die Bäume kommen oft nicht so gut damit klar, wenn sie tagelang im Warmen standen und dann auf einmal in die Kälte müssen. Da darf man etwas vorsichtig sein.“

„Wir haben ja dich“, antworte ich strahlend.

„Genau, mit dir geht sicher nichts schief“, bestätigt Dani.

Süß, wie rot sie wieder wird. Passt gut zu ihren Haaren und ihrem tollen Rock.

„Also, dann gehen wir mal los, damit wir den Baum bekommen, bevor Mama und Papa da sind. Schließlich müssen wir ihn ja noch schön machen.“

„Dein *wir* kenne ich. Lass mich raten, ich schmück den Baum und du machst Bilder, die du dann wieder irgendwo verkaufst.“

Dani zuckt unschuldig mit den Schultern. „Ich weiß nicht, was du meinst.“

Wir lachen alle herzhaft.

„Ich kann euch ja helfen“, schlägt Antje vor.

„Au ja, das wäre toll.“ Ich umarme sie erneut.

„Ihr könnt ja den Baum holen und mich dann abholen. Oder ich komm einfach nachher zu euch nach Hause."

„Wir holen dich ab", sagt Dani schnell und wir einigen uns darauf.

Stunden später stehen wir vor dem geschmückten Baum. Dani hat natürlich nur einen Finger krumm gemacht, nämlich den, mit dem er den Auslöser gedrückt hat. Ungefähr sechs Millionen Mal oder so.

„So viel, wie du mich fotografierst, sollte ich das reichste Model aller Zeiten sein."

„Ich werde die Bilder gleich fertig machen, dann habt ihr ein wenig Zeit für euch allein, und wir sehen uns beim Abendbrot?", fragt er Antje.

„Ich weiß nicht, kann ich einfach so bleiben?"

„Bist du verrückt? Na klar, meine Eltern werden ausrasten vor Freude, dich zu sehen", beruhige ich sie. „Dani sagt Mama und Papa Bescheid, damit sie schon Vorfreude haben."

Antje sieht man förmlich an, wie sie das Gefühl hat, sich nicht aufdrängen zu wollen. Ich verstehe es nicht und fühle gleichzeitig mit ihr. Geht das?

„Komm, wir gehen in mein Zimmer."

„Boah, das ist also der berühmte magische Adventskalender. Wow." Sie stellt sich staunend davor. „Der sieht toll aus. Richtig alt. Er riecht sogar nach altem Holz." Sie saugt die Luft laut ein. „Mega."

Ich lächle, weil ich den Duft auch so mag. Der kommt gleich nach Tannennadeln.

„Was ist das denn?", fragt sie, als sie sich weiter umblickt.

„Oh, ja. Also …" Ich hätte die Kerzen wohl lieber wegräumen sollen. Aber wer konnte heute Morgen ahnen, dass ich Besuch bekommen würde? „Das sind Engelskerzen."

„Das sind was?" Antje beginnt schallend zu lachen.

Wir setzen uns aufs Bett und ich erzähle ihr von meinem gestrigen Tag bei Oma.

Dani kommt rein. „Ich dachte, die Damen hätten Lust auf eine heiße Schokolade mit Sahne."

Wir lachen.

„Dani, das ist echt eine herrliche Sucht. Nur dass man sie deinem Körper überhaupt nicht ansieht." Antje kichert.

„Ich will nur, dass ihr glücklich seid."

„Trinkst du denn nicht mit?", fragt Antje.

„Nein, ich will das dringend fertig bekommen. Weihnachtsbilder zu Weihnachten loswerden, ist ein Spiel mit der Zeit." Er verlässt uns wieder und wir haben Zeit für uns.

„Er ist echt so lieb", sagt Antje.

„Das stimmt. Ich habe wirklich großes Glück, zumindest, was ihn betrifft. Und dich natürlich", schiebe ich schnell hinterher. „Weißt du, vor ein paar Tagen hätte ich noch gedacht, ich bin der erbärmlichste Mensch aller Zeiten und dass es überhaupt nichts Gutes in meinem Leben gibt, aber das stimmt überhaupt nicht. Ich war nur blind für all das hier. Und ich bin ehrlich, ich glaube, ich wollte es auch nicht sehen. Es war irgendwie auf eine total merkwürdige Weise viel einfacher, mich zu bemitleiden und zu glauben, dass mein Leben armselig ist." Es ist mir wirklich peinlich, das alles zuzugeben.

„Ich weiß genau, was du meinst. Sein Leben in die Hand zu nehmen, ist manchmal so schwer. Und vor allem, die Stimmen aus dem Ohr zu bekommen." Antje stellt ihre Schokolade auf den Tisch und reibt sich nervös die Hände.

„Die Stimmen?", frage ich sanft und nehme ihre Hände in die meinen.

„Als es mit meinem Laden so schlecht lief, hörte ich immer wieder meine Schwester. Du bist zu dumm dafür. Du bist nicht gut genug. Du verkackst eh immer alles. Was denkst du, wer du bist … So was halt."

Schlagartig kommen mir die Tränen. Weil sie das durchmachen musste und weil es genau das ist, was ich durch Heiko immer wieder innerlich höre.

Sie nimmt mich in den Arm. „Du weißt, was ich meine, oder? Heiko ist doch auch so eine Art Mensch, die dir alles an Hoffnung, Selbstvertrauen und den Glauben an dich nehmen. Sie saugen es förmlich ein und nehmen dir all das Gute."

Wir weinen zusammen und es tut gut. Es ist ein anderes Weinen als die letzten Tage. Es ist ein erleichtertes Weinen. Wer hätte gedacht, dass ich eines Tages rausfinde, dass es so viele Arten zu Weinen gibt. Ich weine um die Claudi, die so viel hat ertragen müssen. Es fühlt sich nicht mehr wie die jetzige an. Als würde ich für eine sehr gute Freundin die Tränen vergießen und nicht meinetwegen.

„Weißt du, was ich die Tage komisch finde", beginne ich, als wir uns wieder eingekriegt haben. „Dass ich das Gefühl habe, dass es so viele Realitäten gibt. Ich war fünf Jahre lang in einer ganz anderen Claudi-Realität gefangen, und dann komme ich hierher und Dani erinnert mich an Claudi-Raudi. Ihr alle erinnert mich an eine ganz andere Person, die ich mal war. Ich hatte sie komplett vergessen. Die Realität ist ja überall die Gleiche: Ich bin hoch verschuldet und musste mit dreißig wieder zu meinen Eltern ziehen. Mein Leben war eine einzige Lüge. Trotzdem fühlt sich diese Realität hier und heute gar nicht mehr so schlimm an wie noch vor ein paar Tagen. Und erst recht nicht so schlimm wie auf Malle. Es ist … ach, es fällt mir so schwer zu erklären, was ich meine."

„Ich weiß genau, was du meinst. Jedes Abendessen bei euch hat mich gerettet. Wenn es die nicht gegeben hätte, dann wäre ich niemals auf die Idee gekommen, einen eigenen Laden zu eröffnen. Niemals. Zu Hause war ich die Antje, die immer die Böse war. Ich habe für alles Ärger bekommen, weil SIE dafür gesorgt hat. Sie hat mir eingeredet, dass ich nichts wert sei. Manchmal, wenn Mama nicht zu Hause war, stand sie stundenlang – ungelogen – STUNDENLANG vor meiner Tür und hat geschrien, dass ich der schlimmste Mensch auf der Welt bin. Sie hat mich sogar dafür verantwortlich gemacht, wenn ihr ein Fingernagel abgebrochen ist." Ihre Stimme bricht. Nun ist es Antje, die Trost in meinen Armen sucht. „Bei euch war ich eine andere Antje. Ihr habt immer jemand total anderen in mir gesehen. Das war so verwirrend, und auch wenn ich immer sicher war, dass ihr euch irrt, hat es gutgetan, einen Ort zu haben, an dem man geschätzt und respektiert wurde. Ihr habt so viel auf meine Meinung gegeben. Das war für mich pure Lebensenergie. Ihr habt immer an mich geglaubt und mich geliebt."

Wie schlimm muss es gewesen sein, als ich sie einfach verstoßen habe? Wir heulen all die Tränen, die unsere Vergangenheit ausgemacht haben.

Dani ruft uns nach unten. Er schlägt vor, dass wir zusammen den Tisch decken, und dann kommt endlich Papa nach Hause.

„Hey, hey, welch hoher Besuch?" Seine Augen strahlen vor Freude, als er Antje sieht und in die Arme nimmt. „Die verlorene Tochter", sagt er lachend. So hat er sie früher immer genannt. Sie war wie ein Familienmitglied. „Und? Habt ihr unser Wohnzimmer versaut?"

„Du darfst noch nicht gucken. Warte auf Mama. Wo ist sie überhaupt? Hast du sie heute nicht abgeholt?"

„Ich bin ja schon da", sagt sie, weil sie gerade zur Tür reinkommt. „Ich musste noch was in der Garage erledigen."

„Mama, Claudi hat mich überzeugt. Wir haben einen mega Weihnachtsbaum gebastelt. Du wirst es nicht glauben, aber mit all deinen Büchern haben wir einen superschönen Ersatz für eine Tanne bauen können." Er strahlt über das ganze Gesicht.

Wie fies ist er denn bitte? Ich versuche, mir das Lachen zu verkneifen, und schau zu Mama. Ihr Gesicht ist herrlich.

Sie guckt, als hätte ihr jemand gesagt, dass sie jetzt immer draußen pinkeln muss.

„Komm, Mama, wir zeigen es dir."

Sie zieht ihren Mantel aus und hängt ihn auf, sagt weiterhin keinen Ton.

Dani nimmt sie an die Hand, tut immer noch so, als wäre das sein völliger Ernst, und lässt sie total auflaufen. Auch Papa sieht entsetzt aus, sagt aber nichts. Sie denken wahrscheinlich, dass wir denken, dass wir eine gute Idee hatten, und sie jetzt so tun müssten, als würden sie sich freuen.

Ich betrete das Wohnzimmer als Erstes, damit ich Mamas Gesicht genau im Blick habe.

Sie kommt rein, Stille. Und dann atmet sie erleichtert auf. „Ihr seid so fiese kleine Kröten."

Papa lacht so laut, dass mir die Ohren wehtun. „Der war gut. Liebes, du hättest dein Gesicht sehen sollen. Herrlich."

# Kapitel 13

## 8. Dezember 2022 – Freitag

Endlich konnte ich mal wieder richtig ausschlafen. Dani ist unterwegs, Mama und Papa arbeiten, und ich kann durchatmen. So sehr ich Angst hab, allein zu sein, weil meine gedanklichen Dämonen dann viel Angriffsfläche haben, so sehr brauche ich die Zeit, um alles zu sortieren. Ich habe das Gefühl, völlig verwirrt zu sein, wer ich nun eigentlich bin.

Dani war so lieb und hat mir wieder Frühstück ans Bett gestellt. Daran könnte ich mich echt gewöhnen. Zu Hause, also auf Malle, hat mich nie jemand so umsorgt. Da war ich die Fürsorgliche. Mal kam es gut an und dann wieder war es zu viel. Ich war immer zu viel oder zu wenig. Nie richtig. Und wenn doch, war ich nur für den Moment richtig, und im Nachhinein bekam ich von Heiko um die Ohren gehauen, dass ich doch falsch war. Ach, das ist so verwirrend. Am schlimmsten ist, dass ich das mitgemacht habe.

Na klasse, kaum aufgewacht fangen die lustigen Gedanken schon an. Prima. Ich beiße in meinen Toast und gieße mir Kaffee ein. Schon komisch, wie Düfte Erinnerungen wachrufen. Sie können trösten und einen zum Lächeln bringen, sie können einem helfen, glücklich zu werden. Das Gegenteil geht natürlich auch, aber ich suche nach Glück, deshalb rieche ich an den Tannennadeln, die ich vom Baum stibitzt habe, um den Duft meines Zimmers aufzupeppen. Tannennadeln, morsches Holz und Kaffee. Gibt es eine schönere Kombi? Ich hätte gern ein Parfum davon. Fehlt nur noch Oma Traudel. Wobei, ein Parfum von dem Geruch der toten Oma ist vielleicht etwas fehl am Platz.

Also stehe ich Toast kauend auf und klicke auf das achte Türchen. Gestern habe ich schon ausgekundschaftet, wo es ist, damit es heute ganz schnell geht. „Hallo, Oma", flüstere ich. „Schön, dass du da bist. Tut mir leid, dass ich anfangs nicht so begeistert war, aber ich verstehe es jetzt. Ich verstehe immer mehr, was du damit bezweckst. Es ist auch total egal, ob du oder der Kalender mir ein Weihnachtswunder erfüllt. Allein die erste Woche war schon mehr Wert, als ich es mit Geld bemessen könnte. Danke."

Für einen Moment ist es so, als würde mir jemand auf die Schultern fassen. Ich finde es gruselig und schön zugleich. Ich schließe die Augen, atme und dann bin ich bereit für den achten Zettel. Ich sehe die Zeichnung von einer Schneekugel.

„Soll ich jetzt eine Schneekugel kaufen?“, frage ich verwirrt in den Raum. Das ist ja komisch. Wahrscheinlich hat Dani da auch schon wieder einen Kunden am Start, der welche vertreibt oder so. Würde mich nicht wundern. Ich schreib ihm gleich mal, damit er nicht den ganzen Tag warten muss, was das Kästchen zu bieten hat.

Und was mach ich jetzt mit dem Tag? Auf die echte Welt habe ich keine Lust, ich will die Geborgenheit meines Zimmers nicht verlassen. Ich schaue mir erst mal Danis Zettel an:

Du bist toll, glaub an dich.

O Mann, er ist so ein lieber Bruder. Ich hoffe sehr, dass diese Engelskerze für ihn funktioniert. Er hat es so was von verdient. Vielleicht sollte ich seine Zettel an meine Wand kleben. „Jeder Tag ist ein Neuanfang“, landet direkt über meinem Nachttisch, damit ich die Botschaft gleich am Morgen sehe, wenn ich aufstehe. Die anderen Zettel kommen daneben. Es ist gut, sich immer wieder daran zu erinnern.

Und nun?

Ich könnte mit den Engelskerzen starten. Schließlich habe ich nicht so viel Zeit und bräuchte relativ dringend ein Wunder für meine Situation. Aber Oma hat gesagt, dass man sie gerade beim ersten Mal etwas länger brennen lassen soll, also mach ich mich lieber erst mal fertig und geh ins Bad.

„So, ihr Kerzen. Darf ich euch eigentlich beide gleichzeitig brennen lassen?“, frage ich, als ich zurück in mein Zimmer komme.

Ich tu’s einfach. Ich bin irgendwie nervös, aber was soll Komischeres passieren als bei dem Kalender? Ich zünde sie an, natürlich nicht mit einem Feuerzeug oder Streichholz, sondern mit einer Bienenwachs-Kerze. Ob diese ganzen Regeln wirklich nötig sind? Ich kann mir nicht vorstellen, wie das funktionieren soll, und eigentlich glaube ich nicht an so einen Quatsch. Andererseits habe ich nicht mehr viel zu verlieren. Wenn mir jemand sagen würde, hüpfe nackt auf einem Bein ums Feuer und deine Probleme verschwinden, dann würde ich das vermutlich auch tun, also was soll's?

Ich setze mich wieder aufs Bett, trinke meinen Kaffee und starre auf die Flammen. Die lila Kerze brennt richtig doll, sodass ich einen kurzen Moment Angst bekomme. Wenn es brennen sollte, habe ich meine Decke zum Draufwerfen, hier steht Wasser, und der Feuerlöscher ist in der Kammer. Ich sollte also sicher sein. Die Gelbe brennt nicht so doll. Mit meinem Handy schieße ich das erste Foto, um Oma später davon zu erzählen. Sie darf mir dann sagen, was das alles zu bedeuten hat.

O Mann. Bin ich eigentlich total irre? Ich sitze vor zwei Engelskerzen. Egal. Ich saß auch schon vor einer Spieluhr mit Pferden und Weihnachtsmusik. Ich darf mir beim ersten Mal Brennen vorstellen, wie ich mein Leben gerne hätte, und das finde ich gar nicht so leicht. Ich stelle mir vor, wie ich glücklich in meinen eigenen vier Wänden erwache, dass es jemanden gibt, der mir Frühstück ans Bett bringt – und der nicht mein Bruder ist. Dass ich mich auf den Tag freue, weil ich irgendetwas Eigenes habe. Ich will jedenfalls keine Angestellte sein. Ich will genug Geld auf dem Konto, doch wie stelle ich mir vor, dass ich Kohle habe? Am besten gehe ich gedanklich mal fett shoppen. Es ist schwer, sich seinen Tag auszumalen, wenn man nicht weiß, was man beruflich macht. Bei Oma fiel mir das leichter. Ich könnte mir ja einen Hawaii-Urlaub vorstellen, aber das ist es gar nicht, was mich im Herzen berührt, und Oma meinte, dass es darum geht. Sich Geld vorzustellen, ist meistens nie hilfreich, sondern man soll sich vorstellen, was man damit machen würde. Wie man sich fühlen würde, wenn man genug hätte.

Ich schließe die Augen und versuche, mir das vorzustellen. Ich überlege, wie ich mich jetzt fühle, und suche das Gegenteil. Also, ich fühle panische Angst, dass ich niemals aus den Schulden rauskomme, weil sie viel zu hoch für ein Leben sind. Das Gefühl ist demnach Panik. Was ist das

Gegenteil von Panik und Angst? Sicherheit würde ich sagen. Wie fühle ich mich denn sicher?

Hmm. Gar nicht so leicht. Wann habe ich mich denn mal sicher gefühlt?

Definitiv meine ganze Kindheit über. Da habe ich mir nie Sorgen um Geld gemacht. Brauchte ich auch nie. Mama und Papa standen ganz gut da und ich hatte einen Nebenjob, um mir zu kaufen, was ich benötigte. Okay, dann erinnere ich mich jetzt an dieses Gefühl und versuche, die Erinnerung aufrecht zu erhalten. So will ich mich fühlen.

Ich hätte nie gedacht, dass es so viel Gehirnschmalz und Übung bedarf, sich seine Wünsche vorzustellen. Für den weiteren Tag stelle ich mir vor, wie ich Zeit mit meinen Freunden verbringe und wir ausgehen, ich endlich mal wieder feiern gehe, weil das für mich für Lebenslust steht. Grinsend sitze ich vor den Kerzen und beginne, das Ganze zu genießen. Wow.

Handyklingeln reißt mich aus meiner Trance oder was auch immer das war. Dani.

„Hey, Bruderherz."

„Claudi-Raudi. Ich bin stolz auf dich, dass du deine Aufgabe erledigt hast. Hat meine Frühstückserpressung ja mal wieder bestens funktioniert."

Ich sehe sein breites Grinsen quasi vor mir. „Danke, das war superlecker und sehr lieb von dir. Und, hast du wieder irgendeinen zufälligen Auftrag für Schneekugeln?"

„Gegenfrage. Meinst du, wir sollen eine kaufen oder eine basteln?"

„Woher soll ich das wissen. Das müsstest du eher Mama fragen."

„Egal. Kannst du in zwei Stunden zu Antje in den Laden kommen oder soll ich dich abholen?"

„Brauchst du nicht. Ich laufe."

„Super. Dann bis später." Dani legt auf.

Na das wird ja wieder mal abenteuerlich heute. Was der Tag wohl bringen mag?

Auf dem Weg zu Antje klingelt mein Telefon erneut. So langsam bin ich wieder ein normales soziales Wesen, wie es scheint. Ob Dani was vergessen hat? Nee, es ist Papa. Sofort zieht sich meine Brust zusammen. Papa ruft sicherlich nicht an, weil er mit mir Glühwein trinken will. Es ist bestimmt wegen der Schulden. Mein Atmen wird flach, setzt fast aus. Binnen Sekunden bin ich die alte Claudi, die mit Angst und Panik. Von Sicherheit und Vorfreude keine Spur.

„Hallo, Claudi, hier ist dein Vater."

„Das sehe ich, deine Nummer wird mir angezeigt." Ich hätte auch einfach hallo sagen können. Bin nicht dazu in der Lage, es noch hinzuzufügen.

„Ich wollte dir nur gleich Bescheid geben, dass wir Montag Nachmittag einen Termin bei Herrn Schmidt haben. Das passt dir doch, oder?"

„Na ja, ich habe keinen Job, also hab ich Zeit", sage ich, auch wenn ich liebend gern verneint hätte.

„Sehr gut. Dann bestätige ich den Termin gleich. Bis heute Abend."

„Papa?", rufe ich jetzt doch, weil ich die Frage sonst den ganzen Tag mit mir rumschleppe und leide. Inzwischen ist die Panik in meinen Armen. Es kribbelt, als würden Millionen kleine Ameisen durch sie rennen. Meine Beine sind weich, sodass ich mich auf eine Bank setze, die zwar mit Schnee bedeckt ist, aber ich sacke sonst echt weg.

„Ja?"

„Ist es sehr schlimm?"

Papa atmet tief durch. „Es war sehr schlimm. Aber vielleicht können wir einiges abwenden. Gib mir noch ein paar Tage. Deswegen machen wir den Termin. Wenn wir reagieren und zeigen, dass uns viel daran liegt, alles zu klären, dann ist in der Regel einiges möglich. Außerdem gibt es den Weihnachtskalender, vergiss nicht, dass dir ein Weihnachtswunder erfüllt wird, also mach fleißig, was der Kalender sagt."

Jede Wette, dass er mir gerade durchs Telefon zuzwinkert.

„Soll ich heute lieber auf Jobsuche gehen?“

„Lieber als?“

„Der Kalender will, dass ich irgendwas mit einer Schneekugel mache, und deswegen treffe ich mich gleich mit Dani und Antje.“

„Du gehst da jetzt hin und erfüllst deine Aufgabe, und ich erledige meine. Noch machst du gar nichts bezüglich eines Jobs. Erst mal klären wir die Lage, und du ruhst deine Seele aus. Du hast viel zu verarbeiten, und es ist nicht gut, wenn man zu früh wieder loslegt. Gib dir noch ein bisschen Zeit dafür und mir für dein Weihnachtswunder, okay?“, fragt er liebevoll.

Tränen rollen mir übers Gesicht, und ich würde ihn jetzt so gern umarmen.

„Hab dich lieb, Claudi-Raudi.“

Ich fange an zu grinsen und fühle mich getröstet. Dieser Kosename.

„Ich dich auch. Bis später“, verabschiede ich mich.

Mein Arsch ist schon ganz kalt, aber ich friere nicht deswegen, sondern wegen der Angst. Sie steckt in jeder Zelle, und ich bin froh, sie gleich wegmarschieren zu können. Doch erst brauche ich einen kleinen Moment, um mich zu sortieren. Waren das jetzt gute oder schlechte Nachrichten? Weder noch?

Angst wegen meiner Zukunft, Dankbarkeit wegen Papa, Vorfreude auf das Glaskugel-Abenteuer, wie zur Hölle soll mein System da mitkommen?

„Entschuldige, hast du vielleicht ’n Euro und etwas zu essen oder trinken für mich?“

O mein Gott. Es steht eine Frau vor mir, die löchrige Schuhe trägt. Ihr Mantel ist so dünn, dass ich schon zittern muss, wenn ich sie angucke. Mein Herz zerbricht bei dem Gedanken daran, dass sie wahrscheinlich kein Dach über dem Kopf hat.

Ich schüttle den Kopf.

„Versteh schon“, sagt sie und zieht enttäuscht weiter.

Endlich finde ich meine Worte wieder, nur leider viel zu viele davon. „Es tut mir leid, es ist nicht, weil ich dir nichts geben will. Ich habe wirklich nichts. Also okay, ich habe einen Fünfzigeuroschein, aber den kann ich dir nicht geben, weil es ist das einzige Geld, das ich noch besitze überhaupt. Ich bin hochverschuldet, gerade erst wieder hier gelandet und eine gescheiterte Existenz. Ich bin armselig …“, prasselt es aus mir raus, und ich fange wieder an zu heulen. Ich bin an einem Punkt, an dem ich einer Frau, die im Gegenteil zu mir kein Dach über den Kopf hat, nicht mal einen Euro geben kann.

„Ach Mäuschen, det tut mir leid. Weeßte denn, wo de was Warmes zu essen bekommst oder soll ich dich mitnehmen zu Muddis Stube heute Abend?“

„Nein, so ist das nicht. Das ist total lieb von dir, aber ich habe meine Eltern. Bei denen kann ich wohnen und essen. Zum Glück.“

„Hast du et jut. Meine haben mich nich’ jewollt. Ick bin zu peinlich. Nich’ vorzeigbar und so.“

„Kann ich dir denn was anderes Gutes tun?“, frage ich.

„Allein schon, dass de mit mir jeredet hast, hat mich heut glücklich jemacht. Die meisten kieken durch mir hindurch, als wär ick gar nich’ da. Oder sie behandeln mich wie meene Eltern. Dat ener mit mir redet, passiert manchma tagelang nich. Aber wenn de noch wat zu Trinken oder Essen hast, würde ick mia freuen. Vielleicht schmierst mir ma ’ne Stulle oder bringst mir ’n Tee vorbei. Warme Sachen sind auch immer jern jesehen. Ick sitz immer da drüben.“ Sie zeigt auf eine Bank.

Stimmt, sie hatte nicht nur nach Geld gefragt. Krass, wie mein Gehirn funktioniert. Ich dachte, ich kann ihr nicht helfen, weil mein Fokus so sehr auf Geld ausgerichtet war. „Warte, Trinken habe ich sogar dabei.“ Ich reiche ihr meine Wasserflasche. „Und wenn du willst, kannst du meinen Schal haben.“

„Ach Mäuschen, ick will nech, dass de dann frierst.“

„Ich bin gleich bei meinen Freunden und meine Eltern haben ihre Kleiderschränke voll, also einen Schal zu bekommen, sollte für mich kein Problem sein." Es ist mir peinlich, dass ich so leicht an warme Sachen komme, während sie friert. Ich nehme meinen Schal ab und reiche ihn ihr. „Bitteschön." Schon komisch, dass ich mich in dem einen Moment schlecht fühle, weil ich nichts habe und im nächsten, weil ich zu viel habe. Wieso fühle ich mich immer schuldig?

„Wenn deine Eltern noch mehr warme Klamotten abzujeben haben, dann bring dat jern zu Muddis Stube."

„Wo ist die denn?"

Sie erklärt mir den Weg.

„Braucht ihr sonst noch irgendwas? Vielleicht kann ich ja noch mehr organisieren." Ich fühle mich sofort besser, weil ich in Gedanken die Kleiderschränke meiner Familie ausmiste. Und Antje hat doch auch davon geredet, ihren Keller auszumisten. Dass ich selbst nichts mehr zum Ausmisten habe, verdränge ich.

„Taschenlampen, so kleine Radios mit Batterien, Binden und Tampons, Zeug zum Waschen halt, vielleicht ma 'n Buch. Is' ziemlich einsam nachts im Zelt. Und die Nächte sind manchmal höllenlang. Meenem Kumpel wurde gerade der Schlafsack geklaut, also vielleicht findeste sowat noch?"

Ich verspreche ihr, zu Muddis Stube zu kommen, sobald ich erfolgreich ein paar Sachen organisiert habe. Wir verabschieden uns, und ich mache mich motiviert auf den Weg zu Antje und Dani. Diese Begegnung hat etwas in meinem Herzen gemacht, auch wenn ich es noch gar nicht beschreiben kann. Bei meiner nächsten Engelskerzen-Sitzung weiß ich jedenfalls, was ich mir vorstelle. Dass ich so viel Geld verdiene, dass ich richtig viel spenden kann.

„Da bist du ja." Antje umarmt mich und nimmt meine Hand. „Wir können direkt los."

„Los?", frage ich verwirrt. „Wo denn hin?"

„Zum Kindergarten.“

Dani schließt seine Jacke, begrüßt mich ebenfalls, und wir verlassen den Laden.

„Ja, wir haben doch eine Mission.“ Antje grinst. „Und die geht in wenigen Minuten los.“

„Redet mal jemand meine Sprache mit mir?“, frage ich.

„Ich renn schon vor“, erklärt Dani. „Dann habt ihr noch einen Moment Zeit.“

Jetzt versteh ich gar nichts mehr.

„Ich arbeite seit Jahren jeden Freitagnachmittag ehrenamtlich im Hort.“ Antjes Schritte werden langsamer.

„Wieso das denn? Du hast doch schon deinen Laden?“ Ich hake mich bei ihr ein.

„Ich habe erfahren, dass ich keine Kinder bekommen kann.“ Sie guckt mir nicht in die Augen. Vermutlich, weil sie sonst anfangen würde zu weinen. Zumindest geht es mir immer so.

„Aber, du wolltest doch immer Kinder …“, beginne ich meinen Satz und merke, wie dumm er ist. Als hätte sie sich ausgesucht, den Plan zu ändern. „Tut mir leid“, setze ich hinterher.

„Meine Frauenärztin schlug vor, mich ehrenamtlich für Kinder einzusetzen, und ich war ein Jahr lang richtig sauer auf sie. Wie dumm ist dieser Vorschlag bitte? Ich soll mir jede Woche anschauen, was ich nicht haben kann?“ Sie bleibt stehen und ich drücke ihre Hand.

„Und dann, eines Tages, hatte ich ein so schönes Erlebnis mit zwei Kindern im Laden, dass ich merkte, dass es meinem Herz doch guttut. Und dass es auch gar nichts bringt, nun zu versuchen, Kinder zu meiden, denn sie sind überall.“

„Ja, schlimm. Wie so ’ne Seuche“, versuche ich, die Situation aufzulockern.

Sie grinst. „Genau. Also habe ich der Hortleiterin, die eine gute Kundin von mir ist, alles erklärt, und sie meinte, ich kann es ja versuchen. Und seitdem ist Freitagnachmittag

Basteltag. Und das tut meinem Herzen gut. Auch wenn ich immer noch ab und zu sehr traurig und wütend bin."

Wieder einmal zieht sich mein Herz zusammen, weil ich so viel in ihrem Leben verpasst habe. Sie hätte eine gute Freundin echt gebrauchen können, und ich war mit mir selbst beschäftigt. Aber ich hätte gar nicht die Kraft gehabt, da zu sein. Jetzt bin ich es. Und das zählt doch schließlich auch, oder? „Kannst du denn eins adoptieren?", frage ich nach.

„Das ist leider nicht so einfach ohne Ehemann. Und ich bin schon dreißig, aber mal sehen. Ich habe die Hoffnung noch nicht aufgegeben."

Ich umarme sie.

„Weißt du, was das Schlimmste ist? Wenn ich irgendwelche Menschen neu kennenlerne, egal ob beruflich oder privat, ist das immer eine der ersten Fragen. Hast du Kinder?", äfft sie nach. „Und als wäre das nicht schon schwierig genug, wirst du dann in eine Schublade gesteckt. Oh, in dem Alter hat sie keine Kinder. Also entweder ist sie herzlos und interessiert sich nur für ihre Karriere oder die hat sie nicht mehr alle, sie hat ja nicht mal einen Mann. Ey, die Leute hier sind manchmal so einfältig. Versteh mich nicht falsch, ich liebe diese Stadt, aber in manchen Dingen sind sie einfach so rückständig."

„Und wie reagierst du dann?", frage ich und wir gehen langsam weiter.

„Das kommt drauf an. Neulich war ich auf einem Geburtstag und da waren die alle so hochnäsig und eklig, da habe ich ihnen einfach gesagt, dass ich keine bekommen kann. Das war dann allen so peinlich, und ich hatte das Gefühl, es hat sie etwas gelehrt. Ich kann es nur hoffen. Aber meistens sage ich nichts dazu, weil, ganz ehrlich, das ist meine Angelegenheit und so was will ich nicht auf einer Party besprechen. Kann ich ja gleich heulend dort auftauchen."

„Weißt du was, ich geh noch mal zu Oma nächste Woche und mach dir auch eine Engelskerze."

Ich meine es todernst, aber Antje fängt schallend an zu lachen.

Wir erreichen den Hort mit dem Namen Spatzen und die Lautstärke steigt gleich mal um einige Dezibel. Es wird gelacht und geschrien und gespielt. Dani mittendrin. Der genießt das richtig. Auch er war immer so ein Kinderliebling. Aber mal ehrlich. Dani muss man auch einfach lieben.

„Hallo, meine Spatzen."

Die Kinder fangen an zu schreien und strahlen über das ganze Gesicht.

„Schaut mal, was ich hier habe." Sie hält eine Schneekugel hoch. „Ihr wisst doch, was das ist, oder?"

Einige rufen „Schneekugel", andere sind schon etwas älter und zu cool, um bei so einfachen Ratespielen mitzuspielen, wie es scheint. Glücklich über Antjes Anwesenheit scheinen sie aber alle zu sein.

„Ihr wisst, was das bedeutet, oder?"

„Wir basteln eine Schneekugel?" Die Augen der Kinder gehen weit auf. „Wie soll das denn gehen?"

„Glaubt ihr vielleicht noch nicht, aber das ist easy peasy."

Antje drückt mir und Dani eine Anleitung in die Hand, sodass jeder an einem anderen Tisch aufpasst, dass die Kinder der Anleitung folgen können. Krass, sonst macht sie das allein. Die andere Dame vom Hort schaut anfangs noch zu und beginnt dann mit dem Aufräumen.

„Wir brauchen auf jedem Platz ein leeres Glas mit Schraubverschluss. Nehmt euch bitte eins, Dani hat sie in der Tüte."

Die Kinder freuen sich über ihre erste Aufgabe und sind ganz aufgeregt und wuselig.

„Dann habe ich hier einen Karton voller Figuren. Sucht euch alle eine aus. Die kommt dann später in eure Schneekugel." Sie geht mit dem Karton herum, bis alle fertig sind.

„Claudi und Dani haben künstlichen Schnee für euch in ihren Beuteln."

Wir holen ihn raus und zeigen ihn.

„Außerdem etwas, das ihr sehr liebt, nämlich die Heißleimpistole und Sekundenkleber."

„Au jaaa", rufen die Kleinen.

Wir legen die Sachen auf den Tisch und halten die Kinder davon ab, sofort loszuleimen.

„Nun fehlt nur noch destilliertes Wasser und Babyöl."

Die Kinder fangen an zu lachen. „Wir sind doch keine Babys mehr."

„Jetzt sucht sich jeder ein Geschenkband aus und dann geht es los."

Ich hätte wirklich nicht gedacht, wie leicht es ist, eine Schneekugel herzustellen, und auch nicht, wie schnell das geht. Na ja, gehen würde, wenn man nicht mit mehreren Kindern zusammenarbeiten würde. Es macht tierischen Spaß und die Kids sind so süß. Auch wenn ich ständig bei Danis Tisch aushelfen darf, weil er wie wild Fotos macht. Er sagt, er will sie den Eltern schenken. So schnell wie die Zeit hier vergeht, habe ich es schon lange nicht mehr erlebt. Wahnsinn, wie viel Kraft und Liebe mir das im Herzen schenkt. Ich verstehe jetzt, warum Antje das macht.

Auch ich habe eine Schneekugel. Ich habe ein Männchen mit einer Kerze gefunden. Die passt perfekt zu Oma. Das wird mein Weihnachtsgeschenk an sie. Wer hätte gedacht, dass ich in diesem Jahr etwas schenken könnte? So schnell kann sich alles ändern. Verrückt. Und noch verrückter ist, dass ich Oma etwas schenken will, weil wir uns wieder verstehen. Ich habe das Gefühl, das Weihnachtswunder ist schon längst geschehen.

Am Abend falle ich völlig erschöpft, aber glücklich ins Bett. Ich bin sogar zu müde, um die Kerze noch mal brennen zu lassen. Der Tag war lang. Wir hatten heute die motivierte Claudi am Morgen, die mit Panik, als Papa anrief, und die mitfühlende und sich schämende mit der Obdachlosen. Ich weiß nicht mal ihren Namen. Das schlechte Gewissen, weil ich für Antje nicht da war, und die Liebe und Freude, die mir die Kinder schenkten. Ich würde sagen, es war ein erfolgreicher Tag, und ich lebe wieder. Das ist wahrscheinlich etwas Gutes, auch wenn ich auf manche Gefühle hätte verzichten können. Die gehören wohl einfach dazu. Ich bin jetzt schon gespannt, was der Kalender morgen für uns bereithält. Danke, Oma Traudel.

# Kapitel 14

## 9. Dezember 2022 – Samstag

Ein schlimmer Traum von Heiko und Gerichtsvollziehern reißt mich nachts um vier aus dem Bett. Der Traum klebt so eklig an mir, dass an Schlaf nicht mehr zu denken ist. Anfangs versuche ich es noch, doch um fünf gebe ich auf. Den Kalender will ich eigentlich noch nicht aufmachen und lieber auf Dani warten, ich weiß ja, wie sehr er das liebt. Also muss ich mir etwas anderes überlegen, mit dem ich mir die Zeit vertreibe. Jeder Tag ist ja schließlich ein Neuanfang und so, daher werde ich versuchen, das Beste draus zu machen. Doch der Gedanke an den Termin mit dem Bankberater macht mich verrückt. Was, wenn Herr Schmidt all sein Geld sofort zurückwill? Sobald ich diese Gedanken habe, rauben sie mir den Atem und die Ameisen kommen zurück in meinen Körper, deshalb beschließe ich, die Gedanken daran zu verbannen. Stattdessen kann ich doch die Kerzen brennen lassen und mir das Gegenteil vorstellen. Genau, ich erträume mir einfach, wie ich mir erhoffe, dass der Termin gut wird. Also, dass alles kein

Problem ist, viel Verständnis vorherrscht. Dass auch in Spanien erkannt wird, dass Heiko der Arsch ist oder sie sein Auto finden und verpfänden, weil das erheblich unsere Schuldensumme senken würde, hat Papa mir erklärt. Also tue ich das und spüre, wie mein Körper aufwärmt. Als wären die positiven Gedanken eine heiße Badewanne nach einem eiskalten Winterspaziergang.

Während ich von den guten Dingen träume, stelle ich mir vor, wie ich bei *Muddis Stube* spende. Ich will da mit Dani unbedingt hin, auch wenn ich vergessen habe, ihm davon zu erzählen. Heute werde ich alle zum Ausmisten zwingen. Ich notiere kurz die Dinge, die benötigt werden.

Gegen sechs überlege ich mir, dass ich doch heute mal Dani spielen könnte. Ich lösche meine Kerze mit den Fingern, schleiche mich in die Küche, schnippel Obstsalat, decke den Tisch, koche Kaffee und zaubere ein richtig tolles Frühstück. Um halb acht drehe ich die Weihnachtsmusik laut auf und hoffe, damit alle aus ihren Federn zu schmeißen. Wir haben schließlich viel zu tun. Sie wissen es nur noch nicht.

„Was ist denn hier los?“, fragt Dani, der als Erstes aus dem Zimmer kommt. Ich liebe seinen peinlichen Weihnachtspyjama.

„Der Kalender ruft und heute habe ich einiges mit euch vor.“

Nun kommen Mama und Papa, ebenfalls mit ihren Weihnachtsschlafanzügen aus dem Schlafzimmer.

„Kommt runter, Frühstück ist fertig.“

Sie schauen sich alle verwirrt an.

„Wo ist die Claudi, die den ganzen Tag bloß schläft?“, mault Dani und lacht.

Wir wissen beide, dass er sich freut, dass ich immer mehr die Alte bin.

„Bist du aus dem Bett gefallen?“, fragt er, als er sich einen Kaffee schnappt.

„Kann man so sagen.“

Alle setzen sich an den Tisch, und ich erzähle von meiner gestrigen Begegnung. Ich sehe, wie sie ihnen ans Herz geht. „Also seid ihr bereit, etwas auszumisten? Und heut Abend dort hinzugehen?“

„Solang du mir keine Bücher wegnimmst, bin ich dabei“, sagt Mama und lacht.

„Nein, Mama. Außer, du hast da eines, das du nicht mehr lesen wirst.“

„Mensch, Helena. Du wirst doch wohl ein paar Bücher ausmisten. Deine Regale platzen und noch eins passt nicht ins Wohnzimmer.“

Wir saugen alle laut die Luft ein. „Hat er nicht gesagt“, spaßt Dani.

Lachend räumen wir den Tisch ab.

„Ich mach das schon“, sagt Papa. „Kümmert ihr euch um euren Kalender.“

So süß und merkwürdig, dass Papa das so wichtig ist. Er ist nun wirklich der Letzte, der an Magie glaubt. Na gut, seine Eltern waren Engelskerzen-Dealer. Vielleicht weiß ich es nur nicht, und er hat das Buch der Schatten unter dem Kopfkissen, weil er Merlin ist. Okay, nun drehen meine Gedanken wieder durch.

„Was grinst du so?“, fragt Papa, und ich stelle ihn mir als alten Zauberer mit Hut vor. Sein Bart würde dazu auf jeden Fall passen.

„Ach nichts, Papa. Danke.“ Ich gebe ihm ein Küsschen und renne mit Dani hoch zum Kalender. „Also … Bereit?“, frage ich ihn und atme tief ein.

„Bereit.“

Ich drücke das neunte Türchen auf und fische den Zettel heraus. „Ist doch nicht wahr“, sage ich, als ich die Zeichnung sehe.

„Was soll das sein?“, fragt Dani.

„Na ist doch ganz klar. Denk mal daran, was wir heute vorhaben. Oma, wie konntest du das wissen? Wie geht das alles?“ Ich weiß immer noch nicht, ob ich es gruselig oder schön finde. „Eine offene Hand und ein Geschenk. Das heißt für mich spenden."

„Ahhhh", sagt er, und es sieht aus, als wäre ihm ein Licht aufgegangen. „Ohhh", schiebt er hinterher, als ihm wohl bewusst wird, wie unheimlich das ist. „Schon komisch."

„Mhmmmm."

Wir misten aus. Alte Klamotten von Oma Traudel, viel Zeug von Papa, der alles hortet und vermutlich noch nie etwas weggeschmissen hat, und auch Mama hat einiges über. Besonders Kosmetika, die sie immer geschenkt bekommt, aber nie benutzt, weil sie ihre Marken hat, die sie liebt. Für mich fällt auch ein neuer Schal ab. Papa sucht noch ein paar technische Sachen raus und Mama schafft es sogar, zehn Bücher wegzugeben.

„Aber nur, weil ich dann Platz für Neue habe. In meinem Ratgeber steht, dass ich dann automatisch wieder welche bekomme." Wir lachen uns kringelig.

Antje weiß inzwischen auch Bescheid. Am Nachmittag mache ich mich mit Dani auf den Weg zu ihr.

„Zum Glück seid ihr da", begrüßt sie uns mit Staubflusen auf dem Kopf.

Dani pflückt sie ihr aus dem Haar.

„Was ist das“, fragt sie entsetzt und schreit angewidert auf.

„Wahrscheinlich Spinnenweben.“

„Igitt“, ruft sie und bekommt einen Ekelanfall.

„Nein“, beruhige ich sie. „Das sind nur Staubflusen.“ Dabei gebe ich Dani heimlich einen Stupser.

„Ich weiß genau, wieso ich das so lange vor mir hergeschoben habe. Das dauert ewig.“ Antje wischt sich den Schweiß von der Stirn. Sie trägt selbst beim Kellerausmisten keine Jogginghose, sondern einen Rock mit kleinen Schneemännern drauf. Wo findet sie solche Sachen immer?

„Wie weit bist du denn?“, frage ich.

„Das wird jetzt peinlich. Ich habe meine Schulsachen ausgemistet. Im Ernst, ich hatte hier noch mein Schulzeug. Und damit meine ich jetzt nicht so was Wertvolles wie eine Federtasche. Damit meine ich, meine Hefte von der ersten bis zur dreizehnten Klasse. Kannst du dir das vorstellen?“

Dani und ich fangen an zu lachen. „Na dann nimmst du dir das wohl schon seeehr lange vor. Nichts für ungut, aber die Schulzeit hast du schon ’ne Weile hinter dir“, neckt sie Dani.

„Ey, nich’ frech werden.“ Sie erhebt den Zeigefinger.

„Na dann kommt mal mit.“

Wir gehen in Antjes Keller, und sie zeigt uns, in welcher Ecke sie was vermutet. „Wir sollten vielleicht bei der Technik Kiste bleiben. Da könnten Taschenlampen drin sein.“

„Alter, was ist das alles?“ Dani starrt den Keller an, als wäre er in einem Raumschiff gelandet.

„Als Mama gestorben ist, hatte ich nicht den Nerv, alles durchzuschauen, geschweige denn zu entscheiden, was wegkann und was nicht. Wie sollte ich einfach so eine Jacke von ihr wegwerfen? Klar, wir hatten unsere Schwierigkeiten, aber sie war meine Mutter.“

Ich werde auf einmal ganz traurig. Auch den Tod ihrer Mum habe ich verpasst. Was hat Antje alles durchleben müssen ohne mich? Ich drücke ihre Hand. Wenn einer weiß, wie schwer es ist, sein Hab und Gut loszulassen, dann ich. Allerdings ging es bei mir um meine eigenen Sachen. Dass ich auf Malle war, hat eine Sache geheilt. Ich habe zwar immer noch das Gefühl, dass ich alles verloren habe, aber ich weiß, dass es freiwillig war. Denn ich hätte meine alten Sachen mitnehmen können. Ich habe mich aufgrund der Erinnerungen dagegen entschieden. Manche behalten Dinge, um sich zu erinnern, und andere wollen sie auf einem anderen Kontinent lassen.

„Passt mal auf. Ich habe da mein geheimes Mittel dabei. Es wirkt Wunder und hilft wie ein Zauberelixier." Dani holt aus seinem Rucksack mal wieder seine Thermoskanne und Sprühsahne.

Erneut lachen wir uns schlapp. Der Typ ist doch echt süchtig nach heißer Schokolade. „Und dieses Mal gibt es sie ganz a la Netflix-Film mit Marshmallows. Für den besonderen Kick."

Dani kippt uns den Zaubertrank ein, gibt jedem seinen Becher und erläutert uns seinen Schlachtplan. „Also, Mädels. Das ist nie im Leben in der kurzen Zeit zu schaffen. Wir machen heute das, was wir können. Aber wir brauchen hier nicht durchhetzen. Wenn manche Entscheidungen länger brauchen, dann ist das so. Das darf Spaß machen. Wenn du überlegst, ob was wegkann, dann stell dir vor, dass es jemand bekommt, der es braucht. Dann wird es leichter. Wir machen hier einfach die nächsten Tage oder von mir aus auch Wochen weiter. Ich bin schließlich noch den ganzen Monat hier."

So sehr er Antje mit diesen Worten beruhigt, so sehr entfacht er einen Sturm in mir. Die Weihnachtszeit wird vorbeigehen, und Dani muss dann wieder nach Marburg. Schon der Gedanke daran, dass er so weit weg wohnt, zerreißt mir das Herz. Kaum auszumalen, wie ich die Zeit, die kommt, ohne ihn überstehen soll. Wenn Weihnachten vorbei ist, kommt der Januar. Da muss ich Ziele haben, die ich umsetzen will, da geht das richtige Leben wieder los und man braucht Power dafür … In mir versteift sich alles.

„Hey, jetzt beruhige ich die eine, und du siehst aus, als hättest du ein Ticket für die Titanic." Dani schaut mich prüfend an.

„Ich will nicht, dass die Weihnachtszeit endet", bringe ich nur hervor.

Er versteht, was ich meine. Nickt wissend. „So meine Lieben, wir machen jetzt Weihnachts-Hip Hop an, damit hier mal Stimmung aufkommt. Claudi-Raudi, vergiss nicht, dass du ein Weihnachtswunder offen hast. Und jetzt sind wir hier alle zusammen. Das sollten wir genießen. Machen wir eine Ausmist-Party draus. Antje, wir machen das wie in diesem *Das Buch deines Lebens* – Ratgeber von Jule Pieper. Nur dass es bei uns vier Stapel gibt. Einen für die Tonne. Da kommen Sachen wie deine Schulhefte hin. Einen, bei dem du nicht weißt, wie es weitergeht. Und einen, der mit zu *Muddis Stube* kann. Die Dinge, die du behalten willst, kommen hier hin, und wir sortieren sie dann alle am Ende nach Sinn und beschriften die Kartons. Oder du kaufst durchsichtige Boxen, dann siehst du sogar, was du hortest."

Wir fahren nach Hause, um Mama und Papa abzuholen, die sich die Einrichtung angucken wollen. Dani und Antje bleiben im Auto, ich schleiche mich rein, will meine Eltern erschrecken.

„So schlimm?", höre ich Mama sagen.

„Es ist echt ernst. Wenn das am Montag nicht gut läuft, dann weiß ich nicht weiter", antwortet Papa.

„O Mann, wieso musste unser Kind an so einen Vollidioten geraten?" Mama klingt verärgert und verzweifelt zugleich.

Ich betrete die Stube. Das Herz ist mir sofort in die Hose gerutscht. „Geht es um mich?", frage ich und sehe Papa, der vor meinen ausgebreiteten Ordnern sitzt. Mama hält ihren Kopf mit zwei Händen.

„Claudi, wir haben dich gar nicht gehört.“ Mama kommt zu mir und holt ihr fröhlichstes Lächeln raus.

„So schlimm?“, frage ich erneut.

„Dieser Heiko hat ganz schön was verbockt.“

„Ich habe es verbockt“, sage ich lauter, als mir lieb ist. „Ich war so dumm, die Finanzen meinem Freund zu überlassen und ihm blind zu vertrauen.“

Er nickt. „Meinetwegen. Verbockt ist verbockt. Aber es gibt Hoffnung, deshalb bitte ich dich, sie nicht aufzugeben, okay?“

„Was kann denn im schlimmsten Fall passieren? Können sie euch das Haus wegnehmen? Ihr habt schließlich für mich gebürgt.“ So lange habe ich die Frage unterdrückt, ich kann sie nicht mehr zurückhalten.

„Herr Schmidt wird mit uns durchgehen, wie es weitergeht, und wir brauchen dein Weihnachtswunder einfach schon am Montag.“ Papa kommt zu mir und drückt mich an sich.

Ich lasse die Tränen laufen.

„Ich bin mir sicher, wir werden das schaffen. Herr Schmidt lässt immer gut mit sich reden, kennt uns seit Jahren. Oma Traudel hat ihre Finger da sicher mit im Spiel.“

Der Gedanke an Omas Magie beruhigt mich ein bisschen, auch wenn es komisch ist, dass mich so etwas ruhig macht. Vielleicht ist es auch nur die väterliche Umarmung, die mir so viel Sicherheit und Geborgenheit schenkt.

Nun kommt Mama zu uns und umarmt mich von hinten. „Meine Claudi. Du hast uns, und wir werden alles schaffen, was wir wollen. Okay? Alles ist möglich. Du darfst nur nie den Mut verlieren, und wenn doch, dann kommst du zu uns.“

Papa löst die Umarmung, als ich mich wieder einkriege und aufhöre zu heulen. „Und jetzt machen wir andere glücklich, die weniger haben als wir. Das wird dich auf schönere Gedanken bringen.“

„Kann ich nicht hierbleiben?“

„Nein.“ Beide sind sich einig und sagen es gleichzeitig.

„Du wolltest das“, erinnert mich Mama. „Wenn ich es schaffe, zehn Bücher auszumisten, wirst du es wohl schaffen, Geschenke zu verteilen.“

Ich lache, und das lockert meine Stimmung ein wenig auf. Sie hat ja recht.

„Alter, das ist ja riesig.“ Dani staunt nicht schlecht, als wir vor *Muddis Stube* stehen. Jeder schnappt sich eine Kiste, und wir gehen vorbei an der Schlange von Menschen, die vermutlich anstehen, um etwas zu essen zu bekommen.

Ich suche dabei nach meiner Bekannten. „Da bist du ja“, rufe ich, als ich sie finde. „Ich habe total vergessen, nach deinem Namen zu fragen“, sage ich schnell, bevor ich den Teil wieder verkacke.

„Wie schön, dass de echt jekommen bist. Ick bin Paula.“ Sie strahlt übers ganze Gesicht.

„Ja, und ich habe Verstärkung mitgebracht. Das sind Mama und Papa, das ist mein Bruder Dani, und das ist meine Freundin Antje.“ Sie begrüßen sich.

„Und wie heißt du?“

„Claudi-Raudi“, antwortet Dani für mich.

Paula lacht. „Ja, dit gloob ick ufs Wort.“

„Ist das jetzt ein Kompliment oder eine Beleidigung?“

Ich bekomme auf die Frage keine Antwort, stattdessen sagt Paula uns, dass wir mit den Sachen vorgehen können, da wir an der Tür dann reingelassen werden.

„Bis später“, rufe ich ihr im Gehen zu.

An der Tür steht eine ältere Dame mit kurzen Haaren. Sie plaudert mit den Leuten in der Schlange. „Na wer seid ihr denn? Euch hab ich hier ja noch nie gesehen?“

„Paula hat uns auf *Muddis Stube* aufmerksam gemacht. Bist du Muddi?“, frage ich.

Sie lacht. „Ich bin Muddi. Paula“, ruft sie dann ganz laut. „Du darfst nach vorn kommen, für dich gibt es heute eine Extraportion. Paula hat nämlich dafür gesorgt, dass wir Geschenke bekommen, wie ich sehe.“

Die anderen in der Schlange klatschen Applaus, und obwohl es so kalt ist und einige nun noch länger warten müssen, gibt es keinen Ärger. Das wäre bei der Kasse am Supermarkt anders gelaufen, denke ich.

„Na denn kommt ma rin", fordert uns Muddi auf. „Rudi, komm ma. Machste ma hier weiter?" Rudi, ein Mann in den Fünfzigern mit langem Pferdeschwanz, begrüßt uns und stellt sich in die Tür.

„Kommt, ich zeig euch alles. Hier wird alles sortiert, was so an Geschenken reinkommt. Wir haben eine Kosmetik-Ecke, einen Klamotten-Teil und einen für Technik und Spaß. Dort gibt es Essen. Die Menschen dürfen hier ganz normal einkaufen, mit dem Unterschied, dass sie eben nur symbolisch bezahlen."

„Wieso bekommen sie das denn nicht geschenkt?", frage ich entsetzt.

„Weil sie das nicht wollen. Es fühlt sich weniger nach Almosen an, und man verliert nicht noch mehr den Bezug zur Außenwelt. Man will was, man bezahlt. Sie zahlen nur einen Euro, wenn sie den haben. Also keine Sorge. Es bekommt immer jeder was. Von dem bisschen Geld, was übrig bleibt, kaufen wir selbst ein. Hier ist die Küche. Ihr seht, hier ist Action. Das duftet wieder herrlich", ruft sie den Köchen zu.

Einer steht am Herd und rührt vier Suppentöpfe um, zwei andere schnippeln.

„Wir sind zwölf Leute. Da wir täglich geöffnet haben, teilen wir uns das auf, aber die meisten sind eh immer hier. Wir sind Familie. Und nehmen jederzeit neue Mitglieder auf. Für die Küche oder auch zum Sortieren und Ausgeben von den Sachen. Hier gibt es noch den Café-Bereich. Wenn jemand Probleme mit dem Amt hat, dann besprechen wir die Formulare, die für uns oft schon schwer zu verstehen sind. Wir gehen alles durch, damit nicht auch noch die Gelder gestrichen werden, nur weil unsere Lieben das nicht verstanden haben."

„Ich denk, sie sind obdachlos?“, fragt Antje.

„Nee. Hier sind viele dabei, die sich einfach nur nicht mehr als die Miete leisten können. Mütter mit ihren Kindern oder wenn der Hund krank wird und das Geld für die Tierarztrechnung draufgeht. Omis und Opis, die sich von der Rente nichts zu essen kaufen können und sich oft allein fühlen.“

O Mann, es gibt einfach sooo viele Menschen, denen es schlechter geht als mir. Das ist echt so traurig.

„Leider haben wir keinen Bereich, wo sie duschen können. Das wäre unser Traum, aber wir brauchen noch sehr viele Spenden dafür. Die meisten gehen leider für Essen und Kosmetika drauf. Anfangs durften sie hier aufs Klo gehen, doch das stellte sich als ungünstig raus. Aber wir wollen kein Ort sein, bei dem man nicht mal auf die Toilette kann. Wir arbeiten dran.“ Sie sieht uns strahlend an. „Ach, entschuldigt, stellt eure Kisten dort hin. Wir gehen sie durch und sortieren alles hier ein.“

Wir folgen Muddi, die weiterzieht.

„So, und hier kommt das Herzstück. Unser Essensbereich. Wir haben es ein bisschen weniger wie in einer Kantine aufgebaut, sondern als wären sie in einem Restaurant. Ich glaube fest, das macht was aus im Kopf.“

Zehn Tische zähle ich, an denen Suppe gemampft wird. Der Raum wirkt fröhlich, Gelächter schwappt zu uns herüber, und die Stimmung scheint ausgelassen zu sein.

„Das ist der Höhepunkt des Tages. Hier können sie ihre Sorgen loswerden. Können mal reden, werden als Mensch wahrgenommen. Es ist warm, und sie bekommen was Warmes in den Magen. Oft die erste Mahlzeit am Tag bei einigen.“

Ich werde mich nie wieder schlecht fühlen, denke ich. Auch die anderen sind stumm und scheinen das alles zu verarbeiten.

„Es gibt hier ab und an mal Ärger wegen Alkohol, und da sich rumspricht, dass es bei uns anders ist, kommen immer mehr Bedürftige. Das macht es schwer, doch bisher haben wir noch jeden satt bekommen. Nur werde ich auch immer älter und habe weniger Kraft. Na ja, das wird schon."

„Und wie lange habt ihr auf?", frage ich.

„Ab siebzehn Uhr dürfen sie hier rein. Und wir versuchen, um acht Schluss zu machen. Das wird nur leider zunehmend schwerer."

„Da sind ja sogar Kinder", stellt Antje erschüttert fest.

„Ja, leider zu viele."

„Die leben aber nicht auf der Straße, oder?", fragt Dani.

„Nein. Die bekommen eine Wohnung. Diese Familie hat eine Wohnung, nur kein Geld fürs Essen. Zu Weihnachten ist es besonders traurig, weil die Kleinen keine Geschenke bekommen. Wir versuchen dann immer, etwas Kleines zu organisieren." Muddi begrüßt die Familie und scherzt mit den Kids.

Antje, Dani und ich schauen uns an. „Denkt ihr dasselbe wie ich?", fragt Antje.

„Wir lassen die Kinder in der Kita ausmisten, damit die Mäuse hier Geschenke bekommen", spricht Dani laut aus, was wir wohl alle denken.

Muddi kommt wieder zurück. Mir ist es langsam unangenehm, dass wir so starren, das ist ja hier kein Zoobesuch.

„Wenn ihr wollt, könnt ihr jetzt gehen oder ihr helft beim Sortieren. In der Küche könnten wir auch noch jemanden gebrauchen."

Wir entscheiden uns zu bleiben. Papa hilft beim Café mit den Anträgen, Mama beim Sortieren, Antje und ich sind in der Küche, und Dani setzt sich zu allen an den Tisch und quatscht mit ihnen. Nach zwei Stunden sitzen wir wieder im Auto.

„Das war krass", sagt Dani.

„Hast du gesehen, wie alt die teilweise waren?", fragt Papa.

„Mir hat einer von ihnen erzählt, wie er auf der Straße gelandet ist", beginnt Dani. „Er hat sein Leben lang gearbeitet, stets in die Rentenkasse eingezahlt und auch eine recht gute Rente bekommen. Aber dann starb seine Frau, und er war zu traurig und überfordert mit ihrem Tod, dass er es nicht mehr hinbekam, sich um alles zu kümmern. Die Miete wurde nicht mehr bezahlt, obwohl er sie hätte zahlen können. Eines Tages musste er dann auf die Straße."

„Und ich dachte immer, dort landen die, die süchtig und kriminell geworden sind", gesteht Mama.

„Das glauben viele", klärt Dani uns auf. „Aber die meisten, mit denen ich da gesprochen habe, erzählten eine ganz andere Geschichte. Bei manchen kam der Alkohol sogar erst auf der Straße, um die Kälte und die Traurigkeit zu überstehen. Bei anderen vorher, aber auch aufgrund eines Tiefschlags im Leben oder weil sie niemanden mehr hatten, und viele können dem gar nichts abgewinnen, weil sie Angst davor haben."

„Ich würde mich auch betrinken, wenn ich bei dem Wetter draußen schlafen müsste", sage ich.

„Warum schlafen sie denn nicht in einer der Unterkünfte?", fragt Mama.

„Paula hat erzählt", sage ich, „dass die nicht sicher und vor allem nicht sauber sind. Sie schläft dort nur im äußersten Notfall, also bei minus zwanzig Grad oder so. Dort wird geklaut, und man holt sich oft die Krätze."

Betroffen fahren wir nach Hause. Wir werden wiederkommen. Mit Schätzen im Gepäck, und wenn wir Oma morgen von den alten Herrschaften erzählen, schafft sie es vielleicht sogar, mit uns ihren Keller auszusortieren und ein paar von Opas Sachen wegzugeben.

Meine Gedanken sind ein einziges Chaos. Wenn ich keine Familie hätte, wäre ich vielleicht auch auf der Straße gelandet, weil, wo hätte ich hingehen sollen? Wer hätte mir helfen sollen bei den Bergen an Problemen? Der Gedanke ist so unendlich gruselig.

Auf meiner Brust liegt bleischwer die Angst, dass meine Schulden Mama und Papa gefährden könnten. Was, wenn sie auch bald auf der Straße sitzen, weil der Gerichtsvollzieher ihnen das Haus nimmt?

Ich bin so deprimiert und voller Angst, dass ich schnurstracks ins Bett gehe. Heute kann ich keine Gedanken mehr brauchen und will nur noch alles vergessen. Fühle mich dankbar und schuldig zugleich, weil ich in einem warmen Bett liegen kann.

# Kapitel 15

## 3. Advent
## 10. Dezember 2022 – Sonntag

Die Nacht war hart. Ich habe immer wieder den gleichen Traum geträumt, egal wie oft ich wachgeworden bin. Wir sind auf der Straße gelandet und haben uns mit Oma und Antje ein kleines Zelt geteilt. Alle waren sauer auf mich, weil ich schuld daran war, dass wir nun nichts mehr hatten. „Warum hast du uns da mit reingezogen?“, haben sie mich immer wieder gefragt.

Eigentlich habe ich die ganze Nacht geheult.

Irgendwann gebe ich auf und stehe auf. Warum war Dani heute noch nicht hier? Es ist schon elf Uhr. Er hat gar nichts von einem Shooting gesagt. Ich öffne leise die Tür, um nach den Geräuschen des Hauses zu lauschen. Zu mir dringen gedämpfte Stimmen aus der Küche. Mamas Stimme erkenne ich als Erstes, auch Dani und Papa kann ich hören. Was besprechen die denn da ohne mich? Langsam nähere ich mich, versuche, kein Geräusch dabei zu machen.

„Das ist unser ganzes Erspartes“, wendet Mama ein.

„Dann sparen wir halt neu“, höre ich Papa.

Leider quietschen die Dielen, und es wird sofort still.

„Claudi“, ruft Mama.

Ich stürme zurück in mein Zimmer. Diese Angst ist nicht unbegründet. Sie ist real. Es ist wirklich, wirklich ernst und steht schlimm um uns. So eine verdammte Scheiße. Da kann ich noch hundert Jahre so ’ne blöde Kerze anmachen, die wird meine Vergangenheit nicht ändern. Was passiert ist, ist passiert.

Es klopft an meine Tür und Mama kommt herein. „Hey, mein Schatz.“ Sie setzt sich zu mir und streichelt meinen Kopf, was sofort eine beruhigende Wirkung auf mich hat. Das hingegen führt dazu, dass ich beginne zu weinen.

„Mach dir bitte keine Sorgen. Wir haben nur mal alle Möglichkeiten besprochen, weil wir nicht wissen, wie der Termin morgen wird. Gib die Hoffnung bitte niemals auf, dass es gut wird, okay? Das ist das Allerwichtigste. Alles ist möglich. Ich weiß, du hast an so was wie Engelskerzen nie geglaubt, aber es steht auch in all meinen Büchern. Es ist wichtig, dass wir nicht in unserer Angst baden, weil wir dann nur noch mehr Momente anziehen, die uns Angst machen.“

Ich drehe mich um und schaue sie an. „Mama, ich verstehe deine Sprache nicht. Ist das wieder Eso-Talk?“

Mama lacht. „Na, wenn du noch Witze machen kannst.“

„Das ist kein Witz. Ich weiß nicht, was du mir sagen willst. Ich habe Angst, dass ihr euer Haus verliert, und du redest was davon, dass ich keine Angst haben soll, weil sonst noch Schlimmeres passiert?“ Ich setze mich auf und starre sie wütend an.

„Zugegeben. Das ist etwas schwierig. Lass es mich erklären.“ Sie nimmt sich einen Moment, vermutlich, um sich zu sammeln. „Im Laufe unseres Lebens kommen viele Momente, die uns herausfordern, so wie das jetzt einer ist.“

Ich nicke. Dezente Untertreibung, denke ich, lasse sie aber fortfahren.

„Und wenn wir in so einer Situation sind, ist es wichtig, wie wir damit umgehen. Wir wollen dich schonen, weil du gerade fest in deiner Angst steckst, deshalb ist es für uns leichter, alle Optionen einmal ohne dich durchzugehen. Du kannst das gerade nicht. Wenn man solche Angst hat wie du, zurecht natürlich, das will ich dir gar nicht absprechen, aber wenn man in so einer Panik steckt, dann ist ein Teil deines Gehirns nicht mehr aktiv und lässt dich nicht mehr normal denken. Du bist im Kampf, Flucht oder Tot-stell-Modus."

„Ich bin was?"

„Als die Menschen früher gelebt haben, war die einzige Herausforderung, wie bekomme ich etwas zu essen und o nein, da steht ein Säbelzahntiger. Der Mensch bekam einen Adrenalinschub vor Angst und es gab drei Reaktionen, die passierten: Entweder, er floh oder er kämpfte gegen das Tier oder er stellte sich tot. Das ist immer noch in uns drin. Da durften wir uns nicht ablenken lassen von Gedanken wie, oh, die Blume sieht aber schön aus, die pflücke ich, wenn ich das hier überlebe. Wir hatten einen Tunnelblick, der alles ausschaltete, was nicht direkt dem Überleben diente. Und genau da bist du gerade."

„Also ist ja alles normal, oder nicht?"

„Mehr oder weniger schon. Doch nun kommt es darauf an, was du tust. Denn die, die kämpfen oder wegrennen, sind ihr Adrenalin wieder losgeworden. Sie konnten danach normal weitermachen, alles war gut. Die Situation war vorbei."

„Wenn sie überlebt haben", werfe ich ein.

Mama ignoriert das. „Was bei dir gerade passiert, ist, dass du permanent Angst hast und im Bett liegst. Diese Hormone wirst du nicht los. Sie bleiben im Körper und setzen sich fest. Wobei die letzten Tage zum Glück schon besser waren. Es ist also erstens wichtig, die Angst loszuwerden, so wie du es oft mit deinen Spaziergängen tust. So kannst du die Stresshormone austreiben. Und zweitens ist es wichtig, deinem

Körper gar nicht erst immer wieder zu signalisieren, dass du Todesangst hast. Weil ihn das viel Kraft kostet. Deshalb schläfst du auch so viel, weil du deinen Körper gerade den Mount Everest besteigen lässt. Tag für Tag."

„So fühlt es sich auch an. Mit Gewichten und ohne Sherpa."

Mama lacht. „In meinen Büchern steht eigentlich überall das Gleiche. Es geht um das Gesetz der Anziehung."

„Och, Mama, nicht wieder Eso-Kram."

„Okay, dann anders. Ich kann es auch wissenschaftlich erklären, aber das könnte für dich schwerer werden. Vielleicht lässt du es mich in beiden Sprachen versuchen, ja?"

Ich nicke. Was hat Mama denn mit Wissenschaft zu tun? Und was hat Spiritualität mit Wissenschaft zu tun? Jetzt wird es doch spannend.

„Also, ich beginne mit der spirituellen Seite, weil es so rum einfacher ist, okay?"

Ich nicke wieder.

„Es gibt etwas, das heißt Gesetz der Anziehung. Das besagt, wir ziehen mehr von dem im Leben an, was wir haben."

Ich reiße entsetzt die Augen auf. „Und das soll mich trösten?"

„Hör weiter zu", mahnt sie mich. „Es geht dabei um dein Gefühl. Wenn du mehr Geld willst, dann darfst du dir jetzt vorstellen, dass du reich wärst. Aber …" Sie erhebt den Zeigefinger. „… damit meine ich, richtig vorstellen mit all deinem Gefühl. Du musst dabei so tief in deine Traumwelt abdriften, dass du fühlst, wie sich reiche Menschen fühlen. Was die meisten Menschen hingegen tun, ist, dass sie sich auf den Mangel konzentrieren. Das heißt, sie stellen sich zwar vor, reich zu sein, aber nur, um endlich dies oder jenes tun zu können."

„Mama warte. Ich verstehe den Unterschied nicht."

„Okay, nehmen wir dich als Beispiel. Wenn ich dir jetzt sage, dass du dir vorstellen sollst, reich zu sein, was siehst du dann?" Sie gibt mir einen Moment.

Ich schließe die Augen. „Ich würde endlich wieder atmen können, wäre erleichtert und würde meine Rechnungen und Schulden zahlen. Ich würde mir endlich …“

„Stopp“, unterbricht sie mich. „Das reicht schon. Das Gefühl, von dem du sprichst, ist Erleichterung, dass du endlich deine Rechnungen zahlen kannst. Willst du davon wirklich mehr in deinem Leben? Denn das würde bedeuten, dass du immer wieder um etwas bangst und dann erleichtert bist, weil du etwas Schlimmes abwenden konntest. Reich sein, wie ich es meine, bedeutet, morgens glücklich aufzustehen, einen sinnerfüllenden Beruf auszuüben, mit den Kindern gemeinsam am Tisch zu sitzen, zu lachen und zu essen und den nächsten Urlaub zu besprechen und natürlich viel Zeit für Bücher zu haben. Nur ein Beispiel.“

Ich lache.

„Merkst du den Unterschied? Es ist eine andere Energie. Da steckt kein Mangel drin.“

„Ich glaube, irgendwie schon.“

„Versuch's mal“, fordert sie mich auf.

„Puh …“ Ich schließe wieder die Augen. „Also, ich würde ohne Wecker von der Sonne wach werden, mein Partner ist schon auf Arbeit, sodass ich sturmfrei habe, allerdings hat er mir Frühstück mit einer süßen Botschaft ans Bett gebracht. Abends plant er eine tolle Überraschung für mich, und ich bin total aufgeregt, weil ich mich drauf freue. Dann …“

„Das reicht schon. Hast du gemerkt, wie anders das war? Du hast gelächelt, als du davon erzählt hast. Deine Stimme klang viel weicher. Da war kein Mangel drin.“

„Ich glaube, jetzt verstehe ich es. Das ist aber schwer.“

„Keiner hat gesagt, dass es leicht ist.“ Mama lächelt mich liebevoll an.

„Also, das Gesetz der Anziehung besagt, wir ziehen das Gefühl an, das wir eh schon haben. Das heißt, du hast die Wahl, worauf du dich konzentrieren magst. Ja, in deinem Leben läuft gerade viel schief, aber ja wohl nicht alles, oder? Es gibt doch sicher Dinge, für die du dankbar bist, oder?“

„Ja klar. Für euch. Für Antje. Für mein warmes Bett. Für die schönen Momente diese Woche."

„Und genau darum geht es. Ich denke, das macht den Zauber von Oma Traudels Kalender aus. Sie sorgt dafür, dass wir nicht allein in unserem Zimmer hocken und dass wir wieder Spaß haben. Wir betrachten die Welt aus einem anderen Blickwinkel und haben Erfolgserlebnisse, was beweist, wir sind nicht so dumm und schlecht, wie wir die ganze Zeit dachten. Wir beweisen uns damit, dass wir keine Versagerinnen sind, denn es gibt Dinge, die wir hinkriegen, auch wenn wir uns noch so oft erzählen, dass das nicht stimmt."

„Woher weißt du, dass ich mich so fühle?" Verwundert starre ich sie an. Als könnte sie meine Gedanken lesen.

„Ich hatte den Kalender auch mal, weißt du noch?" Sie lächelt mich an.

„Erzählst du mir davon?"

„Das mache ich noch. Jetzt möchte ich dir gern erst die wissenschaftliche Seite erklären, bevor Oma kommt. Dani ist sicher schon losgefahren, um sie zu holen."

„Okay. Aber warte. Eine Frage habe ich noch. Das heißt also, ich soll mir einfach vorstellen, alles wird gut …"

„Alles ist gut", unterbricht mich Mama.

„Ja, stimmt. Also ich stelle mir vor, alles ist gut und dann werd ich reich?"

Mama lacht. „Gut, dass du das sagst. Das ist der Fehler, den die meisten machen. Sie kündigen ihren Job, denken nur noch an Reichtum, meistens auch noch falsch, nämlich aus einem Mangel heraus, und los geht's. Aber so einfach ist es auch wieder nicht. Denn wir dürfen natürlich was tun. Wie willst du zum Beispiel im Lotto gewinnen, wenn du nie Lotto spielst?"

„Ich soll Lotto spielen? Papa sagt doch immer, das ist rausgeworfenes Geld, und wir sollen das Geld lieber anlegen."

„Mensch, Claudi, das war nur ein Beispiel. Ich meine, dass du, wenn du Impulse bekommst, also Ideen, dass du die umsetzen sollst. Wenn du auf einmal das Gefühl hast, heute musst du einen anderen Weg gehen, dann zweifle nicht an deinem Verstand, sondern tu das einfach. Vielleicht liegt dort dann ein Zehneuroschein auf der Straße. Und um diese Impulse wahrzunehmen, ist es gut, wenn man ein bisschen Raum für so was hat. Wenn dein Leben nämlich jede Minute durchgetaktet ist, dann nimmst du in der Regel keine Impulse mehr wahr. Du tust einfach blind, was auf irgendeinem Zettel steht."

Ich stehe auf und gucke aus dem Fenster. So viel Schnee liegt dort, es ist wieder einiges dazugekommen. Mein Hirn braucht kurz eine Pause. „Mama, ich denke, ich habe es verstanden, aber ich glaube, ich brauche einen Moment, um das alles sacken zu lassen."

Sie lächelt. „Kein Problem, mein Schatz."

„Ich mach mich jetzt fertig fürs Essen und dann kannst du es ja beim Mittag weiter erklären."

„Ich soll dir was Wissenschaftliches vor Oma und Papa erklären? Na du hast Wünsche. Dann sind sie wenigstens abgelenkt und reden nicht übers Fleisch."

„Wieso, was gibt es denn?"

Schuldig blickt sie mich an. „Kaninchen."

„Klopfer?", frage ich nur und gucke sie mitleidig an. Na das kann ja wieder was werden. Mama muss unbedingt Ablenkung bringen, sonst sitze ich da nur zwei Minuten.

Vorsichtig, als würde ich in ein Kriegsgebiet marschieren, schleiche ich mich in die Küche. Oma sieht mich und beginnt zu strahlen. „Hallo, Claudia", sagt sie, und ich frage mich, ob ich im falschen Film gelandet bin. Mein Herz erwärmt sich gleich ein bisschen. Unser Kerzentag hat wohl etwas verändert. Ein Glück. Sie mag mich wieder. Und ich sie. „Hast du die Kerzen schon brennen lassen?"

Ich bejahe. Das wäre doch gleich die perfekte Überleitung. Sich etwas dabei wünschen und Mamas komische Wissenschaft. Ich setze an, da unterbricht mich Papa.

„Nun setz dich erst mal hin. Das Essen wird sonst kalt."

„Aber Antje ist doch noch nicht da“, legt Dani sein Veto ein. „Der Klopfer hoppelt nicht weg“, sagt er und grinst zu mir rüber.

„Dani!“ Er kann der liebste Bruder, aber auch das blödeste Arschloch sein. Geht ja gut los.

Mama schaut ihn drohend an. „Nicht du auch noch“, flüstert sie.

Zum Glück klingelt es in dem Moment, und ich renne zur Tür. „Ein Glück, du kommst gerade richtig“, begrüße ich sie.

„Gibt's schon Ärger?“ Antje grinst. Sie sieht so toll aus. Sie trägt eine weiße Bluse, was ich für eine Einladung zum Essen äußerst gewagt finde. Dazu passt ihr roter Rock mit den Rentieren drauf hervorragend.

„Wie viele solcher Röcke hast du?“, frage ich und lache.

„Frag nicht.“ Sie legt ihren Mantel ab, zieht ihre Stiefel aus, wirft den Schal in ihre große Handtasche und holt eine Flasche Wein heraus. „Ich hab was mitgebracht.“

„Komm“, sage ich, und wir gehen in die Küche.

„Das verlorene Kind ist wieder da.“ Papa strahlt übers ganze Gesicht und umarmt Antje, so wie der Rest der Familie.

„Mama, du weinst ja“, bemerke ich.

„Es ist so schön, dass wir alle wieder vereint sind. Wie früher.“

„Es fehlt nur noch Oma Traudel.“

„Sie ist da. Mach dir keine Sorgen“, sagt Papa, und so gruselig das klingen mag, ich finde den Gedanken daran schön und glaube ihm.

„Hast du denn unser Türchen heute schon aufgemacht?“, fragt Dani.

„Na der Herr kam ja heute nicht zum Frühstück, also musste ich wohl warten.“

Er lacht. „Is' klar. Du hast nur wieder Murmeltier gespielt.“

„So“, unterbricht uns Papa. „Nun gebt mir mal eure Teller. Ich fülle euch auf. Oma. Was willst du denn?“

Schlagartig ist meine gute Laune weg. Jetzt wird es wieder eklig.

„Ach, ich hatte so lang kein Kaninchen mehr. Ich weiß gar nicht, was ich nehmen soll. Am besten erst mal 'ne Keule." Omas Augen strahlen wie die der Kinder, wenn der Weihnachtsmann mit Geschenken kommt. Ich sollte mich einfach auf ihre Freude konzentrieren. Hat Mama doch gesagt, auf das Gute fokussieren.

„Sind das die Karnickel von Egon?", fragt Oma weiter.

Egon ist unser Nachbar, und als Kind habe ich immer mit seinen Kaninchen gespielt. Mir vergeht sofort der Appetit.

„Mama, wolltest du uns nicht etwas erzählen?" Meine Stimme viele Oktaven zu hoch und verzweifelt. Ich will wirklich, dass es ein gutes Essen wird, ich weiß nur nicht, wie das gehen soll, wenn sich hier verdammt noch mal keiner Mühe gibt.

„Guter Punkt. Ich habe Claudi heute erzählt, wieso deine Engelskerzen funktionieren."

„Weiß sie schon …?", fragt Oma andeutend.

„Nein, dazu sind wir noch nicht gekommen. Ich habe ihr vorhin die spirituelle Sicht der Dinge erklärt, und nun wollte ich unserer kleinen Skeptikerin die wissenschaftliche Seite erklären."

Papa schöpft Mama auf, und ihre Aufmerksamkeit liegt für einen Moment bei ihm. Oma haut schon rein. „Mensch. Der hat mir aber auch wieder den Teller vollgehauen. Wie soll ich das alles aufessen?", jammert sie.

Ich rolle mit den Augen und gucke hilfesuchend zu Antje, die sich ihr Grinsen versucht zu verkneifen. Ihr Gesicht zuckt, und sie hält sich die Hand vor den Mund. Plötzlich begreife auch ich, wie lustig das eigentlich ist. Eine Situation und zwei Sichtweisen. Ich kann davon genervt sein oder ich erkenne das Lustige daran. Ob das eines der Dinge ist, die Mama mit Fokus meinte?

„Na dann, Frau Wissenschaftlerin. Erklären Sie uns mal die Welt." Papa grinst.

„Nimm Mama lieber mal ernst“, drohe ich und halte eine grüne Bohne in der Hand.

„Mit Essen spielt man nicht, junge Dame“, ermahnt mich Oma.

Nee, ist klar. Aber Haustiere töten, um sie zu essen.

„Schluss jetzt. Also, habt ihr alle Essen und könnt euch konzentrieren?“, fragt Mama und wirkt ein kleines bisschen nervös. „Nun aus Sicht der Wissenschaft …“, beginnt sie.

„Mensch, das ist aber zart.“ Oma ist völlig in ihrer Welt. „Das hat gute Pflege bekommen. Claudi, das ist gut, das Vieh war garantiert glücklich.“

Entsetzt starren wir sie an. Sie kann es einfach nicht lassen. Als würde sie die Menschen um sich herum ignorieren. Ich denke wieder an Mamas Tunnelblick. Oma hat gerade nur das Essen im Blick und nichts weiter. Außerdem stört es sie garantiert, dass nun Mama die ganze Aufmerksamkeit bekommt. Schließlich ist sie heute zu Besuch und will Beachtung. Da wird sich für sie interessiert, und nichts anderes zählt. Oh, ich habe so eine Wut im Bauch. Ich finde es unfassbar unhöflich von ihr. Mama gibt sich richtig Mühe und will uns mal etwas erklären und dann so was.

Mama schaut mich an und zuckt mit den Schultern. „Später“, sagt sie und isst stumm ihr Mittag.

Oma bemerkt es nicht mal, zumindest tut sie so. Keine Ahnung, was davon die Wahrheit ist. Betretenes Schweigen herrscht am Tisch, was die Sache nicht besser macht, weil das Schmatzen und Kauen auch nicht gerade meine Lieblingsgeräusche sind. Erneut schaue ich hilfesuchend zu Antje.

„Oma Gerda, wie geht es dir denn?“, fragt sie. „Wir haben uns ja lange nicht mehr gesehen.“

Entsetzt schaue ich sie an. Ausgerechnet diese Frage? Ist sie verrückt?

„Ach, also diese Woche war ganz ok. Ich konnte sogar mal wieder einen kleinen Spaziergang machen. Claudi hat mich wieder zurück zu meinen Engelskerzen gebracht, und sie haben schon Wirkung gezeigt.“

„Ja, das hat sie mir erzählt. Toll, dass das so gut funktioniert."

Ich beobachte das Gespräch und gehe innerlich in Deckung. Als würde jeden Moment eine Bombe platzen. Wobei Antje ziemlich gut in Kriegsführung mit Oma ist. Doch die Gefahr ist erst mal vorbei. Kein Jammern über Schmerzen. Oma lässt es sich nicht nehmen, Antje noch einmal alles bis ins kleinste Detail zu erzählen, sodass wir in Ruhe aufessen können.

„Und hast du noch viel im Keller stehen?", fragt Antje weiter.

„Viel? Das ist gar kein Ausdruck. Da steht alles voll. Das kannst du dir gar nicht vorstellen."

„O doch. Bei mir ist auch alles voll. Dani und Claudi helfen mir gerade, ihn auszumisten. Gestern waren wir bei *Muddis Stube* und haben den ersten Teil aussortiert."

„Bei *Muddis Stube*? Die gibt's noch?", fragt Oma.

Ich hätte nicht gedacht, dass Oma das kennt. Es sieht aus, als hätte sie echtes Interesse. Wahnsinn.

„Das war mal meine beste Freundin. Nur dann haben wir geheiratet, Kinder bekommen, wohnten nicht mehr nebeneinander, und so hat sich das auseinanderentwickelt. Schön, dass sie noch lebt. Ich hatte gehört, dass sie das betreibt, nachdem ihr Mann mit ihren Kindern tödlich verunglückt ist. Schön, dass sie so nicht allein ist und eine Aufgabe hat. Das brauchen wir in unserem Alter."

„Welche ist denn deine?", platzt mir heraus. Meine Frage klingt provozierender, als sie gemeint war.

Sie legt das Besteck beiseite und schaut mich an. Die Sekunden scheinen in Zeitlupe voranzuschreiten. Ich sehe wieder ihren Schmerz.

„Tut mir leid, Oma. Das sollte nicht böse gemeint sein."

„Ist schon gut. Du hast recht. Ich habe schon lange keine Aufgabe mehr. So was wie Ute, also für euch Muddi, kann ich nicht. Das Schicksal der Menschen geht mir zu sehr an die Nieren. Ich habe meinen eigenen Schmerz, da kann ich den der anderen nicht ertragen."

Wow. Oma gibt gerade zu, dass sie egoistisch und auf sich bezogen ist.

„Ich bewundere sie für ihr offenes Herz, aber ich kann so etwas nicht."

Und nun bewundere ich sie für ihre Offenheit.

„Wenn man alt wird, dann hat man nicht viel Freude im Leben. Das Haus ist leer, es gibt keinen Job mehr, wo man gebraucht wird, die Enkel ziehen in die weite Welt und leben ihr Leben. Man ist allein und unbedeutend. Wenn ich sterben würde, macht es nichts aus. Mein Leben besteht aus Leere und Schmerzen. Es ist einsam." Tränen stehen ihr in den Augen, und nun haben auch die anderen aufgehört zu essen.

„Versteht mich nicht falsch. Ich bin sehr dankbar, dass wir jeden Sonntag das Familienessen machen, und ich genieße es, dass die Hütte nun wieder voll ist. Aber es gibt dazwischen sechs lange Tage, an denen ich auf Sonntag warte."

„Wir können dich doch öfter holen", sagt Mama.

„Darum geht es nicht. Ich weiß, dass ihr das tun würdet, doch ihr habt euer eigenes Leben. Ihr arbeitet beide noch und das ist gut. Ich selbst muss mir wieder einen Sinn suchen, damit das Leben nicht einfach so weiter plätschert wie die letzten Jahre, und Claudi hat mich an das erinnert, was mich schon immer ausgefüllt hat. Die Engelskerzen."

Auf einmal bekommt ihre lang gezogene Geschichte über unseren Tag eine ganz neue Bedeutung für mich. Für mich war der Tag schon sehr wichtig, aber für sie war er das um Welten mehr. Schlechtes Gewissen legt sich auf meine Seele. Ich war genauso egoistisch und auf mich fokussiert, wie sie es oft ist. Vielleicht auch, weil es mir gerade schlecht geht?

„Claudi. Ich bin dir wirklich sehr dankbar, dass du mich daran erinnert hast. Das bedeutet mir viel."

„Na dann wird es dich ja freuen, dass ich die Woche wieder vorbeikommen will, weil ich noch ein Geschenk für Antje brauche.“

Omas Gesicht strahlt. Sie nimmt das Besteck wieder in die Hand und genießt lautstark ihr Adventsessen.

„Naa, habt ihr noch Platz für Nachtisch?“, fragt Papa, als alle Teller leergefegt wurden.

Die Szenerie wiederholt sich. Nein, nein, niemals, hm ist das lecker, wo ist der Nachschlag?

Oma muss sich dringend hinlegen und ihren Bauch ausruhen, Papa räumt die Küche auf, Mama will ein paar Seiten lesen, und ich verschwinde mit Dani und Antje in meinem Zimmer. Schließlich wartet das nächste Kästchen auf uns.

„Bereit für die Magie?“, frage ich alle.

Sie nicken.

„Na dann los.“ Ich drücke auf die zehn und das Türchen öffnet sich. Heute darf Antje den Zettel für uns lesen.

„Das ist eine Schneeflocke“, sagt sie.

„Also sollen wir ’ne Schneeballschlacht machen?“, fragt Dani.

„Eine Schneeflocke, kein Schneeball“, korrigiere ich ihn.

„Ist doch fast dasselbe.“ Dani schaut aus dem Fenster. „Genug Schnee liegt auf jeden Fall.“

„Eine Schneeballschlacht hatten wir schon, wenn du dich erinnerst.“ Ich erinnere mich leider ziemlich gut. Es war, nachdem ich Herrn Schmidt gesehen habe, und das erinnert mich gleich mal wieder an meinen morgigen Tag. Die Angst legt sich sofort lähmend auf meinem Körper ab, der sich anfühlt, als würde er in den Boden gedrückt werden. Ich setze mich auf mein Bett.

„Alles gut?“, fragt Antje besorgt.

„Es ist nur wegen morgen. Ich habe wahnsinnige Angst, was bei dem Termin herauskommt.“

Antje setzt sich neben mich und legt ihren Arm um meine Schulter. „Tut mir leid, dass du das gerade durchmachen musst. Ich kenne das so gut. Glaub mir.“

„Am besten, wir gehen einfach im Schnee spazieren und bauen einen Schneemann oder so. Das reicht doch bestimmt.“ Mama meinte, ich soll meine Angst weglaufen, und da gerade ziemlich viel davon in meinem Körper sitzt, ist das meine einzige Idee, auch wenn ich mich lieber ins Bett legen würde. Einfach die Decke über den Kopf ziehen und die Welt ausschalten. Das wäre schön.

„Lasst uns doch zu mir laufen. Dann können wir gleich noch in den Keller gehen und ein bisschen Zeug ausmisten. Und auf dem Weg dorthin kommen wir an der Kita vorbei. Da bauen wir Schneemänner für die Kleinen, damit die sich morgen freuen“, schlägt Antje vor.

„Dann verpassen wir Kaffee und Plätzchen“, wendet Dani ein.

„Stimmt auch wieder. Aber vielleicht kommen die anderen ja mit.“

„Oma soll mitkommen, deinen Keller auszumisten? Ich schmeiß mich weg“, kommentiere ich.

„Du kannst sie ja wenigstens mal fragen. Es geht schließlich um den Kalender. Vielleicht bekommt sie ja dann auch Lust, mitzumachen und bei sich anzufangen.“

„Eigentlich gar keine schlechte Idee." Dani öffnet die Tür und verschwindet. Der macht wohl gleich wieder Nägel mit Köpfen. Eine Weile später kommt er zurück und verkündet den Plan.

„Oma und Papa wollen ein bisschen dösen, aber Mama kommt gleich mit. Sie will dir noch irgendwas in Ruhe erklären. Papa und Oma kommen zur Kaffee-Zeit zu Antje und bringen Plätzchen mit. Dann gibt es Kaffee bei dir und danach misten wir alle dein Gerümpel aus, du Messi."

„Hey", Antje stupst ihn mit ihrer Schulter an. „Das ist frech."

Wir marschieren durch den Schnee, und es läuft sich schwerer als sonst, weil der Schnee an einigen Stellen schon sehr hoch ist. Meine Güte, ohne Oma Traudels Stiefel wäre ich jetzt aufgeschmissen. Wie machen das denn die Obdachlosen? Ich habe ihre dünnen zerlöcherten Schuhe gesehen. Ich liebe Schnee, aber es fällt mir schwer, mich darüber zu freuen, wenn ich weiß, dass es da draußen Menschen gibt, die durch diese schlimme Kälte gefährdet sind.

„Nun zieh nicht wieder dieses Grübelgesicht", mahnt mich Dani. „Mama, wolltest du Claudi nicht etwas erklären? Madame braucht Ablenkung."

„Na was meint ihr, warum ich hier bin? Freiwillig hättest du mich nicht von meinen Büchern wegreißen und in die Kälte jagen können."

„Ein Glück", sagt Dani. „Sonst hätte ich sie wieder mit meiner Technik ablenken müssen."

„Was ist deine Technik?", fragt Antje.

„O Antje, fall doch nicht darauf rein und provozier ihn", schimpfe ich.

Im nächsten Moment hat sie schon einen Schneeball am Rücken kleben.

„Na das geht ja gut los", murmle ich und sehe mich innerhalb weniger Sekunden in eine Schneeballschlacht verwickelt. Es tut gut, so viel zu lachen, und auch die Bewegung ist heilsam. Ich spüre, wie die Kälte und das wütende Bällewerfen meine angestaute Panik abbaut. Jetzt verstehe ich dank Mama viel mehr, was da in mir passiert.

„Können wir jetzt weiter?", fragen wir Dani, der auf dem Boden liegt und von uns Frauen mit je einem Schneeball bedroht wird.

„Ich gebe auf und mache nachher den Kaffee für alle."

„Is' klar. Du hast doch garantiert wieder Schoki im Rucksack." Antje lacht und schnappt sich seinen Rucksack, den er abgestellt hatte.

Dani rennt ihr lachend hinterher. Mama und ich folgen in einem kleinen Abstand und beobachten das ausgelassene Spektakel.

„Süß, die beiden", sagt Mama.

Ich reiße die Augen auf. „Die beiden?"

„Ich hab nichts gesagt." Sie hält sich die Hand vor den Mund.

„Du meinst, die beiden …?", frage ich, ohne es richtig auszusprechen. „Woher …?", beginne ich erneut.

„Nenn es Mutterinstinkt."

„Ich werd bekloppt. Darauf wäre ich ja im Leben nicht gekommen." Jetzt betrachte ich sie mit anderen Augen, mit offenen und ja, wenn ich genau darüber nachdenke, wäre es gar nicht so abwegig. Also es wäre komisch, aber auch schön, weil Antje dann offiziell zur Familie gehören würde. Einen Freund wie Dani würde ich ihr genauso wünschen, wie ihm eine Freundin wie sie. Interessante Wendung. „Und dann würde er vielleicht wieder herziehen", sage ich mit großen Augen.

„Drück uns die Daumen, dass sie es auch bald begreifen", sagt Mama und kichert.

Wir folgen den beiden und hängen unseren Gedanken nach, bis Mama das Wort ergreift. „So, mein Schatz. Bist du bereit für deinen kleinen Vortrag?"

„Ja, ich denke schon. Du hast auf jeden Fall recht gehabt, dass die Bewegung guttut. Und auch die Ablenkung.

Vorhin hatte ich wieder so eine Angst-Attacke, aber die spüre ich nun kaum noch in mir."

„Weißt du, die Angst wird immer wieder mal auftauchen. Generell im Leben. Es ist nur wichtig, was du dann machst. Du lernst in dieser Lebensphase, die bescheuert ist, das möchte ich nicht abstreiten, aber du lernst gerade sehr viel für dein weiteres Leben, was dir und auch anderen helfen wird."

„So habe ich das noch gar nicht gesehen."

„Ich sag ja, es ist immer eine Frage, wie du es betrachtest."

„Inwiefern hilft meine kack Phase anderen? Ich mache doch allen nur Sorgen."

Mein Herz wird gleich wieder fünf Kilo schwerer.

„Schau dir die beiden an. Vielleicht hast du sie zusammengebracht, allein dadurch, dass du hier bei uns bist und Hilfe brauchst. Vielleicht bringst du dadurch Dani zurück in die Heimat. Du hast Oma geholfen. Ich weiß ja nicht, ob dir das bewusst ist, aber sie hat einer Veränderung zugestimmt. Sie kommt zum Kaffee zu Antje und will beim Ausmisten helfen. Unsere Oma Gerda."

Verwirrt schaue ich sie an. „Du hast recht."

„Du hast ihr geholfen, wieder zu den Engelskerzen zu kommen, und du hast ihr das Leuchten zurückgebracht. Und auch wenn ich mit dir sehr mitleide, weil es dir schlecht geht, bin ich so unendlich dankbar, dich jetzt gerade bei mir zu wissen. Die letzten Jahre ohne dich waren furchtbar. Ja, ich hatte viel Zeit zum Lesen, aber wenn ich das eintauschen könnte gegen Tage mit dir, dann würde ich dem Tausch jederzeit sofort zustimmen."

Ohhh. Und schon wird das Herz wieder leichter und warm. Ich umarme Mama ganz fest und ganz lange.

„Und genau darum geht es, mein Schatz. Es ist der Fokus. Du kannst dich darauf konzentrieren, was schlecht ist, aber es wird auch irgendetwas Gutes geben. Und es geht einzig darum, wie du mit den Situationen umgehst."

„Aber was machen wir denn, wenn die euch das Haus wegnehmen wollen?"

„Das wird nicht passieren, weil Papa und ich einen Plan haben. Wir haben Ersparnisse und Einkommen. Notfalls werden wir umschulden und deinen Kredit übernehmen und du darfst den dann bei uns abzahlen. Aber es ist noch so viel möglich. Was, wenn sie Heikos Auto finden? Dann wird die Schuldensumme um einiges geringer. Oder was, wenn wir den Kredit ein paar Monate pausieren dürfen? Wichtig ist, dass wir positiv bleiben aus dem Grund, den ich dir vorhin erzählt habe. Verstehst du das?"

„Schon." Ich kicke einen Schneeball von mir weg. „Aber ob ich es kann, ist eine andere Frage."

„Es bedarf Übung, meine Süße. Gebe einfach immer dein Bestes. Mehr kannst du nicht tun." Sie hakt sich bei mir ein. „Bei den Engelskerzen und auch beim Gesetz der Anziehung geht es ja darum, sich so viel wie möglich mit all den guten Gefühlen mit seinen Wünschen zu beschäftigen und sich vorzustellen, sie wären bereits in Erfüllung gegangen."

Ich nicke, während ich die Schultern hochziehe. Eine Windböe zerzaust mein Haar und fegt mir Schneeriesel ins Gesicht.

„Es geht darum, sich gedanklich richtig tief fallen zu lassen. Im Grunde ist es nichts anderes als eine Meditation. Deine Gehirnwellen wechseln dann in einen anderen Zustand. Sozusagen von Delta, dem Wachgehirn, das gestresst ist, zum Beta Gehirn."

Ich gucke sie an, weil sie die Worte Gehirnwellen und Delta sagt, als wäre es das Normalste auf der Welt.

„Keine Sorge, ich erkläre es so verständlich, wie ich kann. Wichtig ist nur, dass deine Gehirnwellen, wenn du dich tief entspannst, was du automatisch tust, wenn du dir richtig intensiv deine Träume vorstellst, in einen anderen Zustand wechseln. In dem Zustand sind Menschen auch, wenn sie zum Beispiel in Hypnose sind. Ihr Körper schläft, ihr Geist ist wach. Da unser Unterbewusstsein 95 Prozent ausmachen, unser Bewusstsein nur fünf Prozent, ist das eine Chance, daran zu kommen."

„Was heißt das mit den fünf Prozent?"

„Das heißt, dass du dir noch so oft sagen kannst, dass du reich bist. Wenn dein Unterbewusstsein das nicht glaubt, dann wirst du es nicht werden. Was du wahrnimmst, sind die Reize von außen. Jetzt zum Beispiel spürst du die Kälte, hörst mich reden, siehst Dani und Antje vor uns, vielleicht riechst du sogar die frische Luft. Wenn du ein Bonbon im Mund hättest, würdest du das noch schmecken. Das alles kannst du jetzt wahrnehmen."

Ich nicke wieder.

„Was du aber nicht bewusst wahrnimmst, sind die Dinge, die du gerade nicht brauchst. Das Beispiel Allergien passt da sehr gut. Sagen wir, du erfährst etwas furchtbar Schreckliches und hast vorher eine Ananas gegessen. Der Geschmack davon liegt noch auf deinen Lippen, als der Anruf kommt. Du wirst dich später nicht daran erinnern, was du an dem Tag gegessen hast. Dennoch kannst du von heute auf morgen keine mehr essen. Dein Körper hat unterbewusst abgespeichert, dass etwas Schreckliches passiert, wenn du sie isst. Also wird er allergisch dagegen und du weißt nicht, wieso das auf einmal so ist."

„Also kommen all meine Allergien von schrecklichen Ereignissen?", frage ich verwirrt.

„So meine ich das nicht. Das ist nur ein Beispiel, wie eine entstanden sein kann und wie das Unterbewusstsein funktioniert. Da du nun die Erfahrung mit Heiko und dem Laden gemacht hast, kann dein Unterbewusstsein abgespeichert haben, sich selbstständig zu machen und zu lieben ist gefährlich und bringt bloß Ärger. Also versuchst du gar nicht mehr, das zu tun, was du willst. Das ist dir nicht bewusst. Bewusst sagst du, ich will lieben, vertrauen und wieder einen eigenen Laden. Unterbewusst wird dafür gesorgt, dass das nicht mehr passiert und du nicht glücklich wirst."

„Weil ich eine Allergie gegen Männer bekomme?“

Mama lacht. „Eher so: Du hast abgespeichert, Männer versauen dir deinen Traum. Und somit ziehst du immer wieder Männer an, die dir das beweisen.“

„Boah, ist das kompliziert.“

„Ich weiß, alles ganz schön viel für den Anfang. Lass das erst mal sacken und wir reden einfach ein andermal weiter.“

„Warte noch. Was kann ich denn machen, dass ich mich unterbewusst nicht mehr für Heikos entscheide?“

„Zum Beispiel kannst du dir vorstellen, wie du einen Partner hast, der dich von Herzen glücklich macht und dich bei deinem Traum unterstützt. Schreib dir einmal auf, wie du dich fühlen möchtest.“

„Wieso das?“

„Viele schreiben nur auf, wie der Partner fürs Leben sein soll. Sie schreiben, er soll Humor haben, treu sein und gutaussehen.“

„Würde ich so aufschreiben, ja“, bestätige ich.

„Ja, aber ich bin sicher, auf Heiko traf dies alles zu. Na ja, bis auf das treu. Aber selbst, wenn er treu gewesen wäre, war er doch immer noch ein Arsch. Ein gutaussehender, humorvoller und vielleicht sogar treuer Arsch. Trotzdem hat er dich nicht glücklich gemacht. Trotzdem hast du dich sicher selten so gefühlt, wie du es dir von einer Partnerschaft erhofft hast, oder?“

Allein die Erwähnung von Heiko bringt mein Innerstes durcheinander. Ich denke, sie hat recht.

„Und nun schreibst du dir auf, wie du dich bei deinem Traummann fühlen möchtest. Willst du dich bei ihm sicher und geborgen fühlen, zum Beispiel. Hast du dich bei Heiko je so gefühlt?“

„Hmm. Am Anfang vielleicht. Wobei, sicher habe ich mich eigentlich nie gefühlt. Es war eher immer wie ein Kampf.“

„Siehst du. Genau das meine ich. Werde dir bewusst, was du vielleicht nicht mehr willst, und schreibe dann das gegenteilige Gefühl auf. Wenn es dir taugt, dann überlegst du, bei wem du dich mal so gefühlt hast, damit du das abrufen kannst, und dann stellst du dir das vor. Und das machst du mit allen Lebensbereichen. Auch mit dem Berufsleben."

Boah. Das war alles ganz schön viel und mein Kopf möchte am liebsten allein sein und stundenlang über all das nachdenken, doch wir stehen vor der Kita, und ich bin sicher, die Ablenkung ist jetzt auch nicht schlecht.

Der Tag vergeht wie im Flug. Oma hat sogar angekündigt, dass wir ihr die Woche beim Ausmisten helfen dürfen, weil sie Lust hat, im Keller mal wieder Platz zum Atmen zu haben, und sie will uns Sachen für Muddi mitgeben. Nur mitkommen will sie nicht. Bei Antje haben wir auch mehrere Kartons in die Tonne geschmissen. Sie hat so viel Müll angesammelt. Unfassbar.

Abends liege ich im Bett und versuche, nicht so viel über morgen nachzudenken, aber es fällt mir sehr schwer. Jedes Mal, wenn mir ein Horrorszenario durch den Kopf geht, versuche ich mir ein schönes Ende vorzustellen oder ich versuche an etwas ganz anderes zu denken, wie die Freude, die ich sehe, wenn wir wieder nützliche Sachen mitbringen. Antje hat echt viele Klamotten aussortieren können und wir haben lauter Einweckgläser Kirschen und Apfelmus von ihrer verstorbenen Mutter gefunden. Das wird ein Fest.

Doch der Gedanke an Muddis Stube führt mich auch immer wieder dazu, an Menschen zu denken, die auf der Straße sind, was mich ich entweder schuldig fühlen lässt oder mir Angst macht. Beides wieder negative Emotionen. Es ist echt wie eine Sucht. Kann man süchtig nach schlechten Gefühlen und Gedanken sein? Wenn ja, dann bin ich es. Vielleicht sollte ich mir doch eins der Bücher von Mama schnappen? Heute nicht, weil mein Kopf viel zu voll ist, und morgen sicher auch nicht, weil ich da total im Arsch sein werde. Oder nie, weil ich einfach … Stopp. Jetzt nicht wieder die Tour.

Wie spät ist es denn?, frage ich mich und schalte todmüde das Licht an. Verdammt, drei Uhr nachts. Ich will doch nur schlafen. Wieso bekomm ich den Kopf nicht aus? Dann kommt mir eine Idee. Ich schalte Omas Spieluhr an und hoffe, dass ich damit niemanden wecke. Nach dem dritten Mal aufdrehen drifte ich weg und träume schlecht.

# Kapitel 16

## 11. Dezember 2022 – Montag

Aufstehen, meine Kleine. Heut ist dein großer Tag“, weckt mich Mama und nicht Dani.

„Wie spät ist es?“, frage ich noch völlig im Delirium.

„Sechs Uhr. Papa macht Frühstück für uns, und Dani schläft noch.“

Ich will gerade fragen, wieso sie mich so früh weckt, als mir die Erkenntnis wie ein kalter Schneeball ins Gesicht schlägt.

„Alles wird gut, mein Schatz. Papa macht das schon. Vertrau ihm einfach. Und dann überleg dir noch mal, was ich gesagt habe.“

Aus müden Augen schaue ich sie verwirrt an.

„Dani schläft noch“, sagt sie ganz langsam und deutlich, als würde ich ihre Sprache gerade lernen.

Dann kommt mir die Erkenntnis: „Au ja. Mama, du bist böse.“ Ich hüpfe aus dem Bett und öffne das Fenster. Von der Fensterbank schnappe ich mir den Schnee, Mama schließt es wieder hinter mir und macht mir die Tür auf.

„Ich habe damit nichts zu tun“, flüstert sie.

Ich schleiche mich zu Dani ins Zimmer und betrachte ihn. Für einen kurzen Moment bekomme ich ein schlechtes Gewissen. Er weckt mich immer so liebevoll und ich will ihm das antun? Dann denke ich daran, dass man das unter Geschwistern nun mal so macht und dass ich noch eine Rache aus dem Jahr 2003 offen habe, als er mich so geweckt hat und ich meinte, eines Tages, wenn du nicht mehr damit rechnest, dann wirst du das zurückbekommen.

Dieser Moment ist jetzt, und ich reibe ihm den Schnee ins Gesicht.

„Claudi, du brauchst dir heute keine Sorgen zu machen. Das ist ein Termin, bei dem nichts passiert, wir besprechen nur die Möglichkeiten und sagen ihm, was der Stand der Dinge ist, okay?“ Papa will mich beruhigen.

Ich starre aus dem Fenster und ringe nach Atem. Das ist schlimmer als Zahnarzt. Ach verdammt, da war ich auch seit meiner Auswanderung nicht mehr. Ziemlich wahrscheinlich sollte ich mal einen Check-up machen oder so. Egal. Gesundheit kommt später. Erst mal diesen Termin überleben.

Die Fahrt über sprechen wir kein Wort. Ich versuche, an Dani zu denken und daran, dass ich es sogar an einem Tag wie heute schon geschafft habe, zu lachen. Mama sagt schließlich, dass das wichtig ist. Im Moment ist mir allerdings alles andere als nach Lachen zumute. Ich möchte im Erdboden versinken und dann noch Tee drüber schütten. Hilft nichts. Ich habe es verbockt, und nun werde ich einen auf Erwachsen machen und die Sache klären. Na ja, wie erwachsen man eben wirken kann, wenn der Vater sich um alles gekümmert hat und mit zu deinem Termin kommt. Doch auch wenn mir das peinlich ist, bin ich stolz darauf, so einen Vater zu haben, der mich bei so schwierigen Angelegenheiten begleitet und auf den ich zählen kann. Ohne ihn wäre ich verloren. Oder sogar obdachlos?

Papa parkt. „Ich werde die meiste Zeit das Reden übernehmen, aber wir werden dir ab und an Fragen stellen, ja? Die musst du ehrlich beantworten."

„Ist gut", murmle ich, schnalle mich ab und steige aus dem Auto. Auf in den Kampf. Hoffentlich hält mein Kreislauf das durch, mir ist nach Zusammenbrechen.

Nein, Claudi, jetzt reiß dich zusammen, schimpfe ich mit mir. Papa übernimmt das Meiste und Schlimmste. Du gehst da jetzt rein, stellst dich nicht an wie ein Häufchen Elend, das nicht vertrauenserweckend ist, und danach gehst du nach Hause und kannst den ganzen Tag schlafen.

Papa betritt als Erstes die Büroräume der Bank. „Guten Morgen, die Damen." Er begrüßt zwei Frauen, die an ihren Computern sitzen.

„Ach, wie schön, dass Sie da sind, Herr Hagedorn, und auch Sie sehen wir hier natürlich gern, Frau Hagedorn", begrüßt mich eine der beiden und führt uns in ein Besprechungszimmer. Es sieht freundlich aus. Eine Monstera steht auf dem Tisch und Bilder vom Meer. Das beruhigt mich ein wenig.

„Herr Schmidt kommt gleich. Wollen Sie einen Kaffee?"

Papa nickt. Ich verneine. Das geht nur wieder schief.

„Ein Wasser?", fragt sie erneut, und ich bejahe, bevor sie weiterfragt. Mein Maß an Fragen beantworten ist gering und das sollte nicht für so einen Schwachsinn draufgehen.

Wir setzen uns hin, und Papa nimmt meine Hände. „Claudi, alles ist gut. Vertrau mir. Wir bekommen das schon hin."

Die Tür geht auf, und er lässt meine Hände wieder los.

„Guten Morgen, Manni und Frau Hagedorn. Schön, dass Sie uns beehren."

Es folgt ein wenig Geplänkel über Golf, Spanien und Urlaub, gefolgt von den hohen Preisen auf dem Weihnachtsmarkt. Ich bekomm es nur am Rande mit und versuche, immer wieder daran zu denken, gerade zu sitzen und nicht wie ein nasser stummer Sack zu wirken.

„Frau Hagedorn, ich freue mich, dass Sie zurück nach Deutschland ziehen. Sie sind mit Ihren aufgeweckten Ideen eine Bereicherung für die Stadt.“ Wow. Was für nette Worte. Die Chancen stehen gut, dass der Termin wirklich okay ausgeht, wenn er mich gernhat.

„Können Sie mir denn kurz erklären, warum Sie die letzten Raten nicht gezahlt haben? Normalerweise machen wir da relativ schnell kurzen Prozess, aber natürlich nicht bei Ihnen. Nur sind mir die Hände gebunden, wenn ich nicht weiß, was los ist, deshalb bin ich sehr froh, dass Sie sich heute Zeit nehmen, mir das zu erklären.“

„Soll ich?“, fragt Papa, und ich schüttle den Kopf. Herr Schmidt hat mir den Einstieg erleichtert, und so erzähle ich ihm, was mich in dieses Schlamassel geführt hat.

Herr Schmidt hört aufmerksam zu, nickt und schreibt immer mal wieder etwas in sein Büchlein.

„Es tut mir leid, dass ihr das jetzt durchmachen müsst. Ich weiß, das ist nicht einfach, und wenn ich mir vorstelle, dass das meiner Moni passiert, dann wird mir ganz anders.“

Oh, die Tochterkarte ist gut, die hat mir auch bei meinem Gerichtsvollzieher geholfen.

Von nun an übernimmt Papa das Reden. „Wir waren wie gesagt in Spanien, und ich habe mal Ordnung in das Chaos gebracht. Ein paar Sachen konnten wir schon zahlen, so was wie Handyrechnungen und so. Da haben wir nichts mehr zu erwarten.“

„Ach so?“ Ich drehe mich zu Papa und bin überrascht.

„Ja, Claudi, das waren Peanuts. Da ist es leichter, gleich zu zahlen, als ein Fass aufzumachen. Schwierig wird es leider bei den Krediten, die Heiko über dich aufgenommen hat. Ihr habt vier Kredite von verschiedenen Banken in Spanien und den Gründerkredit von Herrn Schmidt. Außerdem gab es viele offene Rechnungen. Wie gesagt, die Kleinigkeiten haben wir schon übernommen, auch um ein Zeichen zu setzen, dass wir dabei sind, aufzuräumen, doch alles geht halt nicht.“

Herr Schmidt nickt.

„Darf ich fragen, von welchen Summen wir reden?"

Mir wird schlecht. Ich habe bisher keine Ahnung, wie hoch ich verschuldet bin, und ich habe Angst, dass mir der Betrag die Schuhe auszieht und ich nie wieder klar denken kann. Stumm halte ich die Luft an und schaue auf den Boden. Nicht zusammenbrechen. Nicht zusammenbrechen. In Gedanken liegen meine Schulden bei einer Million und schlimmer.

„Wir liegen, soweit es mir vorliegt, insgesamt bei …" Papa kramt in seinen Notizen, auch wenn ich mir sicher bin, dass er die Zahl genau kennt. „75.000 Euro."

Herr Schmidt pfeift. „Holla die Waldfee."

Nicht hilfreich, denke ich, obwohl ich etwas aufatme. 75.000 Euro sind immer noch mehr, als ich vermutlich je abzahlen kann. Es klingt so Hölle viel, aber es ist tausendmal besser als eine Million. Okay, nicht tausend Mal, wenn man es rein rechnerisch sieht, aber vom Ballast her. 75.000 Euro. Da ist die Zahl. Stumm nehme ich ein Blatt von Papas Block sowie einen Stift und schreibe. Ich bin dreißig und lebe sicher noch weitere dreißig Jahre. Wenn ich 75.000 Euro durch dreißig Jahre rechne, dann bin ich bei 2.500 Euro im Jahr. Geteilt durch zwölf Monate, dann liege ich bei 208,33 Euro. Das ist machbar. Ich könnte es schaffen, eines Tages davon runterzukommen. Vorausgesetzt, ich arbeite irgendwann wieder und verdiene halbwegs gut.

„Ich seh schon, du bist bemüht", scherzt Herr Schmidt und schaut auf mein Blatt. „Und rechnen kannst du auch. Dann sollten wir was hinbekommen." Nun wendet er sich an meinen Vater. „Zeig mir mal bitte die Unterlagen."

Papa erklärt ihm alles zu den Krediten und Rechnungen, und dann verschwindet Herr Schmidt.

Dafür kommen jetzt Papas Kaffee und mein Wasser sowie eine Schale mit Schokoriegeln, für die ich mehr als dankbar bin und beherzt zugreife. Vielleicht nimmt das die Übelkeit.

Die Dame nickt mir wissend und mitfühlend zu und verschwindet wieder, lässt mich und Papa allein.

„Na das läuft doch erst mal ganz gut", sagt Papa.

Es beruhigt mich, dass er das auch so sieht.

„Danke, dass du meine Handyrechnung bezahlt hast. Und auch dafür, dass du die ganzen Kündigungen geschrieben hast. Sonst würde ich vermutlich noch in einem halben Jahr Mietschulden anhäufen."

„Wenn wir schon dabei sind. Dann kann ich dir auch schon von den guten Nachrichten berichten, die ich erfahren habe. Jetzt kannst du jede positive Info gebrauchen. Wir haben mit deiner Vermietung klären können, dass der Mietvertrag sofort beendet ist. Ich habe ihr alles erklärt und ihr auch erzählt, wie schlimm die Wohnung aussah. Ich habe ihr angeboten, weil du ja Teil des Mietvertrages warst, dass wir noch mal nach Spanien kommen und die Bude auf Vordermann bringen, doch sie meinte, für so was arbeitet sie mit einem Unternehmen zusammen. Heute Morgen kam die Nachricht, dass die Wohnung offiziell geräumt wurde. Heiko ist weg, und auch wenn da noch mal Reinigungs- und Entrümplungskosten anstehen werden, sind wir aus der Mietsache raus. Deine Vermieterin hat offenbar nie Spaß verstanden, wenn es um die Miete ging, sodass Heiko es sich nicht erlauben konnte, dort nicht zu zahlen. Er hatte es wohl ein paar Mal versucht, doch die alte Dame meinte gleich, wenn es ein weiteres Mal vorkommt, dann fliegt ihr. Sie hatte euch also schon auf dem Kieker und war froh, euch los zu sein."

„Sie war ein Biest, hat Heiko immer gesagt."

„Das hat dich davor bewahrt, dass du jetzt einen Haufen Mietschulden hast."

Erleichtert atme ich auf. „Gott sei Dank. Und danke, dass du die Handygebühren übernommen hast. Ich zahle dir alles eines Tages zurück."

„Ist schon gut. Darum brauchst du dich jetzt nicht zu sorgen."

„Doch, ich will es aber. Ich muss wissen, dass du eine Auflistung hast, wie viel Geld ich euch schulde."

Papa schaut mich an und fängt an zu lachen. Auch ich begreife, wie dumm das war. Als würde Papa keine Auflistung darüber haben, wann er für was Geld ausgegeben hat. Ich lache mit, und das tut gut.

„Mama und ich haben das gern übernommen. Wir hatten auch mal eine Krise. Sie wird dir davon noch erzählen, und wir sind sehr, sehr froh, dass wir dir helfen können. Hat sich mein Sparen ausgezahlt. Haha."

Ich lache über Papas Versuch, wortwitzlustig zu sein.

„Zahl uns, was du willst, aber erst einmal geht es darum, das Schlimmste abzuwenden und dich wieder glücklich zu bekommen. Dann suchst du dir etwas, das du wirklich willst und liebst, und dann ergibt sich der Rest von allein. Vertrau mir."

„Du willst also nicht, dass ich mir morgen gleich einen Job suche?"

„In diesem Jahr kümmern wir uns um das Chaos, das Heiko dir hinterlassen hat. Erst ordnen wir alles und schauen uns an, was genau Phase ist, und dann gehen wir das Projekt an, die Schulden abzuzahlen. Im Januar. Jetzt müssen wir erst mal wissen, was los ist, und wir hoffen nach wie vor auf Heikos Auto. Wenn es stimmt, dass er es gekauft hat, so wie es in den Unterlagen stand, dann werden deine Schulden mit einem Schlag um 30.000 Euro gesenkt, vorausgesetzt, es ist noch heil."

„Er liebt seine Karre. Sobald ein Fleck drauf war, wurde das gereinigt. Ich war immer neidisch, weil er mit dem Ding besser umgegangen ist als mit mir", gestehe ich ihm.

„Das ist zwar an sich doof, doch in deinem Fall super. Gib die Hoffnung nicht auf."

Ich rechne mir aus, wie mein Schuldenberg wäre, wenn ich nur noch 45.000 Euro Schulden hätte. Wenn ich diese in zwanzig Jahren abzahlen wollen würde, dann wären das 2.250 Euro. Geteilt durch zwölf Monate sind 187,50 Euro.

Das wäre fantastisch. Zehn Jahre weniger abzahlen und kleinere Raten. Auch wenn es immer noch blöd wäre.

Herr Schmidt kommt zurück. „Ich brauch auf jeden Fall mehr Zeit, um das zu prüfen, aber ich denke, wir könnten umschulden. Das heißt, wir packen alle Kredite zusammen und dann zahlst du viel weniger monatliche Raten. Ist nur etwas schwieriger, weil es um spanische Banken geht. Gebt mir ein paar Tage. Ich versuche, es vor Weihnachten zu klären. Hoffen wir mal auf ein Weihnachtswunder."

Ach ja, die monatlichen Kreditraten sind ganz anders zu berechnen, fällt es mir schlagartig ein. Die sind ja mit Zinsen und dem ganzen Kram. Ach Mist. Dann brauchen wir erst recht unbedingt Heikos Auto. „Papa", frage ich. „Und wenn ich so tue, als wollte ich mich mit Heiko treffen und wir sagen Jorge, wo wir den Treffpunkt vereinbaren?"

„Das ist mein Mädchen", prahlt er stolz.

„Das, meine Liebe, würde Ihnen den Arsch retten." Herr Schmidt grinst breit. „Aber dieser Heiko ist nicht gefährlich, oder?"

Ich schüttle den Kopf. „Nein, ich denke, er ist einfach nur ein Arschloch. Und ich werde ja nicht mal in Spanien sein."

Eigentlich hatte ich vor, den restlichen Tag im Bett zu verbringen und mich zu verkriechen, doch nun bin ich hibbelig und will auf keinen Fall allein sein. Papa ist zur Arbeit gefahren und möchte heute Abend alles mit mir besprechen. Ich sitze derweil in meinem Zimmer und versuche mich darauf zu konzentrieren, mir vorzustellen, wie sie Heiko schnappen. Wer weiß, was er noch alles am Laufen hat, von dem keiner weiß. Ich traue ihm mittlerweile echt viel zu. Ich versuche, mich nicht zu sehr auf Heiko zu konzentrieren, während ich die Engelskerze brennen lasse, sondern darauf, wie ich den Anruf von Jorge entgegennehme und er mich beglückwünscht. Und da ich mir ja alles vorstellen kann, was ich will, stell ich mir gleich noch vor, wie sie weitere 50.000 Euro bei ihm finden. Das wäre doch mal toll. Dann könnte ich einfach so neu anfangen. Zwar ohne Rücklagen, aber auch ohne Schulden. Was wäre das schön? Mama sagt, dass alles möglich ist, man muss es sich nur ganz fest vorstellen können, und alles, was ich mir erträumen kann, existiert bereits in irgendeiner Realität. „Was du dir vorstellen kannst, ist möglich", hat sie gesagt. Auch wenn ich so meine Zweifel an diesen Aussagen habe, möchte ich heute daran glauben, und das Gefühl, das sich in meinen Zellen einstellt, wenn ich mir diese tollen Wunder vorstelle, ist mit nichts zu vergleichen. Ich heule vor Glück, schwappe über vor Dankbarkeit und explodiere innerlich. Ob es mir am Ende ein Wunder beschert oder nicht, es fühlt sich besser an, als darüber zu grübeln, was alles schiefgehen könnte. Auch wenn das viel einfacher wäre.

Laut Oma muss ich gar nicht mehr an meine Wünsche denken, wenn die Kerze brennt, aber mir macht es Spaß, dies als Ritual durchzuführen. Auf einmal schießen die Flammen ganz hoch und leuchten stark auf. Was das wohl zu bedeuten hat? Die Flamme flackert nun unruhig, und ich mache ein Bild für Oma. Dann lösche ich lieber die Kerzen mit den Fingern, weil ich sie ja nicht auspusten darf, und schleiche mich zu Dani ins Zimmer. Ob er seine Engelskerze auch schon benutzt hat?

Ich grinse breit, als ich sehe, wie weit sie schon abgebrannt ist. Wann hat er das denn gemacht? Da will wohl einer wirklich gern seine Liebe finden. Schon komisch, dass ich nichts davon bemerkt habe, was sich da vor meiner Nase abspielt. Dabei würden Antje und Dani perfekt zueinander passen.

„Was machst du hier?"

Ich zucke zusammen, als ich Dani hinter mir höre.

„Ich … eh … sorry. Ich wollte nur gucken, ob du da bist."

„Und warum erschrickst du dich dann, wenn ich es bin?", fragt er und grinst. „Du weißt, dass du nicht einfach so in mein Zimmer darfst. Nur weil wir erwachsen sind, heißt das nicht, dass sich was geändert hat", äfft er mich nach.

Ich stupse ihn an. „Mann, ist ja gut. Tut mir leid, dass ich mich in letzter Zeit manchmal komisch aufführe."

„In letzter Zeit? Dein ganzes Leben lang schon." Dani grinst.

„Ey." Ich schubse ihn ein kleines bisschen und drohe mit dem Finger. „Leg dich nicht mit deiner großen Schwester an."

„Sonst was?", fragt er und geht an mir vorbei. Erst zu spät raffe ich, dass er zum Fenster geht, um es zu öffnen und Schnee zu sammeln. Ich versuche einen mickrigen Fluchtversuch und werde eingeseift. Na prima.

Wir rangeln und liegen lachend auf dem Boden. „Kannst du dir vorstellen, wieder hierherzuziehen?", frage ich ihn.

Er legt sich auf den Bauch, stützt sein Gesicht in die Hände und schaut mich an. „Woher kennst du meine Gedanken? Ich habe tatsächlich die letzten Tage drüber nachgedacht. Weil es ja im Grunde egal ist, wo ich arbeite. Klar, ich habe in Marburg Kunden, aber hier ja auch. Und das meiste läuft eh online. Außerdem könnte ich dort ja einmal im Monat arbeiten und den Rest der Zeit hier."

„Hier? Bei Mama?", frage ich grinsend und lege mich so hin wie er.

„Du lehnst dich ganz schön weit aus dem Fenster, Fräulein."

Er hat recht. Ich lebe schließlich gerade hier und das mehr oder weniger, weil ich gar keine andere Wahl hätte.

„Sorry", sagt er schnell.

„Schon gut, ich bin ja selbst schuld. War einfach 'ne zu gute Vorlage."

Erleichtert atmet er aus und rollt sich auf den Rücken, starrt an die Wand. „Möchtest du denn hierbleiben oder wieder raus in die große weite Welt?"

„Boah, hör mir auf mit der Welt. Ich war zwar nur auf Malle, aber das hat mir gereicht, um zu erkennen, dass ich nicht das Paradies brauche, um glücklich zu sein, sondern euch. Zuhause ist der Ort, wo Menschen sind, die ich liebe, und nicht, wo die Natur schön ist. Was bringt die mir, wenn ich sie nicht mit anderen teilen kann?"

„Ich weiß, was du meinst. Die letzten Tage habe ich mich so lebendig wie lange nicht mehr gefühlt."

„Wie fühlst du dich denn sonst? Ich dachte, du bist glücklich?", frage ich ihn.

„Ja, schon. Ich liebe meinen Beruf wirklich sehr und gehe darin jeden Tag aufs Neue auf. Dafür bin ich unendlich dankbar. Ich habe auch tolle Kumpels, mit denen ich mich öfter treffe. Aber das hier, wieder Familie um sich zu haben, ist anders. Es geht tiefer. Hier werde ich gebraucht. In Marburg fühle ich mich zwar wohl, aber ein Zuhause ist es nicht, weißt du?"

„Ich glaub schon. Und Antje ist schließlich auch nicht da."

Ruckartig setzt Dani sich auf. „Wie bitte?", fragt er.

„Du hast mich schon verstanden."

Er sieht wirklich verwirrt aus. Und ein wenig, als fühle er sich ertappt. Wie ein kleiner Junge, der beim Schokoladestibitzen erwischt wurde.

„Wie lief es denn heute bei der Bank?", lenkt er ab.

Ich lasse es zu, vielleicht war es zu früh, Antje zu erwähnen. „Herr Schmidt war sehr nett, und ich bin ein ziemliches Glückskind, dass Papa und er sich so gut verstehen und von früher kennen. Ich denke, das hat es um einiges leichter gemacht." Nun bin ich es, die sich auf den Rücken dreht und zur Wand starrt. „Ich habe den beiden eine Idee vorgeschlagen, die sie gut fanden. Ich will so tun, als treffe ich mich mit Heiko, damit wir Jorge zum Treffpunkt schicken und er das Auto beschlagnahmen kann."

Dani schweigt und ich setze mich auf, schaue ihm in die Augen. „Was ist los, habe ich dich jetzt echt sprachlos gemacht?"

„Ich wollte erst dagegen protestieren, dann fand ich die Idee gut, aber irgendwas hält mich davon ab, das zu sagen, weil du ihn dann auch nur manipulierst, und das finde ich uncool, aber …“

Ich unterbreche ihn. „Es geht um 30.000 Euro, die ich weniger an Schulden hätte.“

„Okay, mach's“, willigt er sofort ein. „Er hat dich schließlich in die Scheiße geritten, und du bist gerade die Einzige, die Verantwortung trägt. Du wohnst bei deinen Eltern, und er karrt durch die Gegend und wohnt wahrscheinlich schon bei der nächsten Frau, die nichts von ihrem Unglück ahnt. Vielleicht sollten sie ihn gleich in den Knast stecken.“

Dani so wütend zu sehen, ist selten und irgendwie komisch. „Komm, Bruder.“ Ich reiche ihm die Hand, und er lässt sich hochziehen. „Du machst uns Schokolade, und ich koche uns etwas zu essen. Deal?“

Er grinst und stimmt zu.

„Wollen wir Oma einen Besuch abstatten und ihr beim Ausmisten helfen?“, frage ich Dani.

„Klar, aber ruf sie an und überfall sie nicht wieder so.“ Er reicht mir sein Handy und stellt alles so ein, dass ich nur noch auf Wählen drücken muss.

„Hallo, Oma, hier sind Claudia und Dani. Hast du heute Zeit?“

Oma vertröstet uns auf Mittwoch. Da ist sie bereit für Keller und Kerzen. Und Dani erlaubt sie sogar, dass er Fotos machen darf.

„Und nun?“, frage ich Dani und räume die Teller in den Geschirrspüler.

„Das Türchen“, ruft er und klatscht sich auf die Stirn.

Wir rennen die Treppen nach oben, und ich öffne das elfte Türchen. Und was ich dort sehe, macht mich gar nicht glücklich.

„Ein Wichtel?“, frage ich Dani und halte ihm den Zettel hin, woraufhin er lauthals loslacht.

Am späten Nachmittag landen wir bei Antje im Keller, helfen ihr weiter beim Ausmisten, und natürlich finden wir Wichtelkostüme. „Ist doch nicht dein Ernst. Das wird ja immer gruseliger", sage ich, und auch Dani sieht ein bisschen entsetzt aus.

„Wieso, was ist?", fragt Antje verwirrt.

„In meinem Kalender lag das Bild eines Wichtels."

Antje kichert. „Na ist doch prima. Und was musst du jetzt machen?"

„Ich habe keine Ahnung. Vielleicht reicht es ja, sich das Kostüm anzuziehen und für Dani mal wieder als Model dazustehen?", maule ich genervt.

„Sorry, aber einen Wichtelauftrag habe ich noch nie ergattern können." Er lacht. „Aber wir können das erst mal provisorisch machen, und dann schauen wir, was passiert. Ich will dich unbedingt in so einem grünen süßen Kostüm sehen." Dani bekommt sich nicht mehr ein vor Lachen und auch Antje stimmt mit ein.

Ich mache mir einen Spaß und ziehe die grünen Schuhe über, die eine gekringelte Spitze haben. Als Nächstes schlüpfe ich in den Wichtelanzug und setze die Maske auf. Auch die spitzen Ohren kleiden mich nun. „Zufrieden?", frage ich und tue genervt, dabei fällt es mir schwer, nicht selbst mitzulachen. Ich tue das für die beiden, damit sie glücklich sind, und in der Hoffnung, dass das dem Kalender reicht, auch wenn ich es mir nicht vorstellen kann. Was hab ich schon zu verlieren? Ich mein, ich nutze Engelskerzen, um auf Wunder zu hoffen, da kann ich mich auch in so ein albernes Kostüm zwingen. „Hier", sage ich und werfe Dani das zweite Kostüm zu. „Du bist dran."

Nun lacht Antje noch lauter.

„Du brauchst gar nicht so zu lachen. Du auch", sage ich und werfe Antje ein Kostüm hin. „Damit auch die anderen ihren Spaß haben, tauchen wir so beim Abendbrot bei Mama und Papa auf. Was meint ihr?", schlage ich lachend vor.

„Au ja", stimmt Antje zu.

„Und? Traut ihr euch so vor die Tür?", frage ich mutig.

„Claudi-Raudi feiert ihr Comeback mit einem Wichtelkostüm." Dani bekommt sich nicht mehr ein.

„Ich bin dabei. Wir tragen ja Masken", willigt Antje ein.

Gemeinsam gehen wir Hand in Hand auf die Straße und laufen ein paar Minuten die Gassen auf und ab, damit auch die anderen ihren Spaß haben, bevor wir nach Hause fahren. Wir sind das absolute Highlight in der Stadt diesen Abend und die Kinder scharen sich um uns, sodass Dani Witze zum Besten gibt.

„Fritzchen sagt: ‚Papa, der Christbaum brennt.' ‚Das heißt, der Christbaum leuchtet', erwidert der Vater. ‚Ok, dann leuchtet jetzt auch die Gardine!'"

Die Eltern mit ihren Kindern, aber auch andere Passanten lachen sich so kringelig, wie unsere Schuhe aussehen. Antje und ich hüpfen ein bisschen auf und ab und versuchen, lustig auszusehen. „Das fetzt", flüstert Antje.

„Antje, hast du deine Visitenkarten dabei?", flüstert Dani.

Sie greift in ihren Rucksack und hält sie ihm hin.

„Vertraust du mir?"

Sie nickt.

„So, ihr Lieben, ich erzähle euch noch einen letzten Witz, dann braucht der Weihnachtsmann wieder unsere Hilfe. Es ist kurz vor Weihnachten, Fritzchen geht zu seiner Mutter und sagt: ‚Du, Mama, du kannst die Eisenbahn vom Wunschzettel streichen, ich habe gerade eine in deinem Kleiderschrank gefunden!' Wenn ihr mehr davon wollt, dann kommt doch morgen hier vorbei, dort verkaufen echte Wichtel Blumen. Es ist schließlich das Fest der Liebe und der Familie. Macht morgen jemanden glücklich mit einem blumigen Geschenk. Ab 15 Uhr stehen die Wichtel für euch bereit."

„Du bist verrückt", sagen wir lachend zu Dani im Auto. „Du bist einfach so kreativ und verrückt."

„Wenn wir unseren eigenen Frühstücksladen hätten, dann hätte ich sie natürlich dahin gelotst, aber so bekommst du eben den ganzen Ruhm."

„Und lass mich raten. Der Haken ist, dass du nur Fotos machst, richtig?" Ich kenne meinen Bruder. Er ist super in Ideen haben, die wir dann durchführen können, damit er Fotos macht. Wahrscheinlich ist er deswegen auch so gut.

„Was sollen da auch drei Wichtel stehen? Das wäre ja wirklich alles ein bisschen viel." Er lacht. „So und nun kümmern wir uns mal um Claudis kreativen Plan."

Wir steigen aus und lassen Antje im Ungewissen, da wir nun erst mal unsere Show weiterführen wollen. Mama und Papa lachen sich ebenfalls schlapp und freuen sich über das gemeinsame Abendessen. Als wir uns alle beruhigt haben und uns Brote schmieren, erzähle ich von meinem Plan mit Heiko. Besonders toll findet ihn keiner, aber wir sehen keine andere Möglichkeit, also wollen sie auch, dass ich es versuche. Wir beschließen, dass ich nicht von meiner neuen Nummer schreibe, sondern von Danis, und so tue, als wäre es meine, damit ich nicht auf einmal nachts Nachrichten von ihm bekomme, lese und verzweifle. Es ist irgendwie sicherer. Auch damit er nicht weiß, wie meine Nummer ist.

Dani kann das einfach blockieren, ihm macht das nichts aus. Mir würde es sicher schwerer fallen, und ich weiß nicht, wie sehr ich mir vertrauen kann. Schließlich bin ich schon einmal auf ihn reingefallen. Auch wenn es mir unangenehm ist, weil ich mir sicher bin, dass mir so was nie wieder passiert, habe ich Angst, dass es doch so kommt.

„Also, was soll ich schreiben?“, fragt Dani.

Den Tisch haben wir inzwischen abgeräumt. Nun steht dort nur noch unsere heiße Schokolade. Zwei an einem Tag mit ’nem Kilo Sahne. Meine Güte, ich geh auf wie ein Hefekloß, wenn ich so weitermache.

Ich diktiere: „Hey, Schatz, hier ist Claudi. Tut mir leid, dass ich einfach so abgehauen bin. Ich vermisse dich so sehr. Kuss.“ Diese Worte zu sagen, tut weh, weil ich versuche, mich in die Claudi reinzudenken, die ihn geliebt hat. Irgendwo in mir ist noch dieser Teil, weil Liebe nicht von heut auf morgen verschwindet. Es gibt die Claudi in mir, die gerade noch zu begreifen versucht, was passiert ist. Mein Gehirn und Herz kommen nur langsam hinterher. Es ist, als würde ich, wenn ich an Heiko denke, an zwei verschiedene Männer denken. Den Guten und den Arsch.

„Solltest du nicht noch was über Geld schreiben?“, fragt Papa. „So was wie, wir kriegen das hin. Papa hat alles bezahlt?“

Wir diskutieren die Idee, entscheiden uns dann, seinen Vorschlag anzunehmen. Und nun heißt es warten.

„Was mache ich, wenn er anruft?“ Ich weiß, dass ich nicht mit ihm telefonieren kann. Seine Stimme … Ich kann nicht.

„Du telefonierst nicht mit dem.“ Danis Beschützerinstinkt lässt ihn ruppig wirken.

Irgendwann ist die Schokolade leer, und wir sind alle müde. Dani fährt Antje nach Hause, und ich gehe ins Bett. Nun heißt es mal wieder ablenken, damit ich Schlaf finde. Zum Glück habe ich das Handy nicht. Ich merke jetzt schon, wie ich ständig darüber nachdenke, was ich Dani vorschlagen könnte, um das Handy die Nacht im Zimmer zu haben. Das ist nicht gesund. Keine Ahnung, warum das so ist, und ich schäme mich dafür, aber so ist es. Erinnerungen schießen ununterbrochen auf mich ein. Natürlich nur die der guten Momente. Ich habe eine Tür geöffnet, die hätte zubleiben sollen. Verdammt, was mach ich nur?

Tränen überrollen mich, und ich ziehe die Decke über meinen Kopf. Wann hört das endlich auf?

# Kapitel 17

## 12. Dezember 2022 – Dienstag

Nach einer furchtbaren Nacht lässt mich Dani zumindest ausschlafen. Ich werde erst gegen elf wach, bin trotzdem todmüde und finde mal wieder Frühstück und einen Zettel von Dani auf dem Nachttisch. Man liegt die ganze Nacht wach und bemerkt doch nicht, dass jemand im Zimmer war. Irgendwie gruselig.

Als Erstes greife ich nach dem Zettel.

Guten Morgen, Claudi-Raudi.
Er hat sich noch nicht gemeldet, und ich habe heute Vormittag spontan zu tun. Ich komme dich spätestens gegen halb drei abholen.
PS: Ziel des Lebens ist nicht, ein erfolgreicher Mensch zu sein, sondern ein wertvoller. Albert Einstein.

Meine Güte. Dani hat mal wieder in die Vollen gehauen. Darüber muss ich nachdenken. Aber bevor ich das tue, gieße ich mir Kaffee ein und frage mich, warum zur Hölle Heiko nicht geantwortet hat. Ist er sauer? Warum sollte er das sein? Jetzt mal im Ernst. Das macht mich richtig wütend, denn wenn einer Grund zum sauer sein hat, dann ja wohl ich.

Oder ist es wieder seine Masche, mich zappeln zu lassen? Das ist sicher eine seiner Methoden, mich zu manipulieren. Man wartet so lange, bis man einfach nur noch dankbar ist, dass der andere überhaupt schreibt. Machtspielchen und so. Wenn das so sein sollte, macht mich das nicht weniger sauer.

Oder er hat eine Neue und interessiert sich einen Scheiß für mich. Das würde tatsächlich wehtun. Und das ging dann richtig schnell, dafür, dass ich angeblich die tollste Frau auf der Welt war. Na gut, ich war ja auch die Schlimmste. Er konnte sich nie entscheiden. Wenn er seine Meinung darüber alle fünf Minuten wechseln kann, dann auch die Freundin. Das arme Ding, das er jetzt wohl hat. Wahrscheinlich hat er schon lange eine Zweitperle, die er reservierte, bis das Kartenhaus bei uns zusammenfiel. Der Typ ist klug, er wird sicher vorbereitet sein. Im Gegensatz zu mir wusste er ja, dass der Gerichtsvollzieher kommt. Die Wut in meinem Bauch knotet sich wie ein Tau in mir zusammen. Ich bin froh darüber, weil es besser ist als die Sehnsucht nach dem Heiko, der er sein konnte, den ich geliebt habe und wohl leider auch immer noch liebe. Mein Hirn lernt Tag für Tag, dass das Leben nicht mehr so ist, wie es jahrelang war.

Ich beiße in meine Streuselstulle und denke über Danis Spruch nach. Darüber, dass es wichtig ist, wertvoll zu sein. Doch was bedeutet das? Wie komm ich von dem Gefühl, eine Versagerin zu sein, dazu, mich wertvoll zu fühlen?

Dabei fällt mir auf, dass ich mich nicht mehr wie die schlimmste Versagerin auf der Welt fühle, wie es noch vor zwei Wochen der Fall gewesen ist. Ich bin unter Menschen, die mich schätzen, und habe gute Dinge vollbracht. Ich kann wieder Dinge vollbringen. Backen, Spenden, Engelskerzen herstellen, Weihnachtsbaum organisieren, Spaß haben. Ich habe Oma geholfen und Paula, Mama hat ihren Adventskranz und Dani und Antje finden vielleicht zusammen, weil ich hier bin. Und wenn alles richtig gut läuft, dann bekomm ich Heiko dazu, sich bei mir zu melden, damit wir sein Auto einkassieren. Gott, das wäre der Wahnsinn.

Die Trauer ist im Nu verschwunden, die Wut löst sich auf wie Brausepulver im Glas, und ich finde zu meiner Motivation zurück. Jetzt erst recht. Ich zünde die Kerze an und stelle mir vor, wie Heiko sich meldet, sich mit mir verabredet, und dann ruft mich Jorge an und sagt mir, dass es geklappt hat und er sogar noch einen Batzen Geld sicherstellen konnte. Genau das stelle ich mir vor, und mir geht es gut dabei. Das Grinsen auf meinen Lippen wird von Minute zu Minute breiter.

Den Nachmittag verbringen wir wichtelnd, Dani macht Fotos, immerhin mit seinem Wichtelkostüm. Antje verkauft so gut wie schon lange nicht mehr, und wir haben ohne Ende Spaß. Dani hat jedem, der keinen hören wollte, einen Witz erzählt.

Abends falle ich glücklich ins Bett, und auch wenn ich den ganzen Tag immer mal wieder an Heiko gedacht habe, schaffte ich es, Dani nicht zu nerven. Er wird mir schon sagen, wenn es etwas zu erzählen gibt. Erst abends im Bett wird es schlimm für mich, weil ich dann nicht mehr abgelenkt bin und ich mich wieder frage, warum er sich nicht meldet.

Es klopft an meine Tür, und Dani kommt herein.

„Na Schwesterherz?“ Oh, wenn er mich so begrüßt, muss es schlimm sein. Er setzt sich zu mir aufs Bett.

„Hat er sich gemeldet?“, frage ich.

Dani nickt.

„Schlimm?“

„Anders als erhofft“, antwortet er.

„Lies vor“, bitte ich ihn.

„Lass mich in Ruhe. Du hast mein Leben zerstört“, liest Dani, was ihm sichtbar schwerfällt. Seine Stimme klingt belegt. „Ich wusste nicht, ob ich dir das noch vorm Schlafen zeigen sollte, doch der Deal war, ich komm gleich", rechtfertigt er sich.

„Das war gut, Dani. Sonst hätte ich die ganze Nacht wieder wach gelegen und mich gefragt, ob schon was kam."

„Und nun?", fragt Dani.

„Schreib ihm, dass ich etwas für ihn aus der Wohnung retten konnte und ich ihm das gern geben möchte."

Dani schaut mich skeptisch an. „Was denn?"

„Keine Ahnung. Und das werde ich ihm auch nicht auf die Nase binden. Wenn er es sehen will, dann muss er sich mit mir treffen."

Er tippt eine Antwort in sein Handy. „Und du bist sicher? Vielleicht checkt er deinen Plan? Du sagst doch immer, dass er klug ist."

„Ja, er ist klug, aber er hält sich auch für unfehlbar. Dass ich zurück zu ihm will, wird er keine Sekunde anzweifeln, weil er sich für den King hält."

„Verstehe. Dann schick ich das jetzt so ab, ja?" Dani hält mir das Display hin und lässt mich noch mal nachlesen.

Ich nicke. „Weg damit."

Eine Minute später kommt seine Antwort. „Was hast du?", fragt Heiko.

„Finde es heraus. Ich bin Donnerstag, zweiundzwanzig Uhr an unserem Strand. Und ich trage das Rote", diktiere ich.

„Dein Ernst?", fragt Dani.

„Ja, der Typ ist schwanzgesteuert. Und er wird sich sicher sein, dass ich den Sex mit ihm vermisse. Also schick ab", fordere ich ihn auf.

„Zu Befehl."

Wir starren aufgeregt auf das Display. Die Antwort folgt prompt. *Du fehlst mir auch, Süße. Wir sind zu gut zusammen, um das einfach so zu beenden. Bis Donnerstag.*

„Jackpot", ruft Dani und jubelt.

„Freu dich nicht zu früh. Es kann noch viel passieren bis Donnerstag. Wer weiß, ob er nicht absagt."

„Warum hast du überhaupt Donnerstag gesagt?“

„Keine Ahnung.“

„Was ist denn hier los?“ Mama kommt ins Zimmer.

„Heiko hat angebissen.“

„Na das wird euren Vater aber freuen. Ich sage ihm gleich Bescheid, damit er Jorge morgen früh informieren kann. Wann geht's los?“

Ich schreibe den Treffpunkt auf und reiche Mama den Zettel. „Zweiundzwanzig Uhr. Na da wird er sicher sonst Feierabend haben. Hoffen wir mal, dass er wirklich kommt. Mach bloß fleißig deinen Kalender.“ Mama lacht.

Dani und ich starren uns an. „Der Kalender“, rufen wir gleichzeitig. Den hatten wir beide heute total vergessen.

Ich springe aus dem Bett und öffne das zwölfte Türchen. Das geht zumindest schon mal. Der Wichtelauftrag wurde wohl erfolgreich durchgeführt.

„Was steht für heute drin?“, drängelt Dani.

„Es ist ein Sack mit Geschenken. Aber warum schon wieder Geschenke?“, wundere ich mich.

„Na die letzten waren ja Spenden“, sagt Mama. „Jetzt geht es um die Geschenke für deine Liebsten.“ Mama gibt uns einen Kuss und verlässt grinsend mein Zimmer. „Gute Nacht.“

# Kapitel 18

## 13. Dezember 2022 – Mittwoch

Guten Morgen, Oma." Dani und ich begrüßen sie mit einer dicken Umarmung.

„Mensch Kinder, ich freu mich, dass ihr da seid. Das ist ganz ungewohnt. Ich hoffe, ich halte den Tag überhaupt durch." Sie schiebt uns durch den Flur ins Wohnzimmer.

„Ach, Oma, wir machen einfach so lange, wie wir lustig sind und du kannst. Und wir können auch jederzeit Pause machen. Wir sind ja nun schon Profis durch Antjes Keller." Ich lasse mich in den Sessel fallen und greife gähnend nach einer Schokokugel. So schön, dass auf manche Dinge Verlass ist.

Dani greift lieber zu den Brezeln und setzt sich aufs Sofa.

„Ich brauch noch einen Moment. Dann können wir loslegen. Wie fangen wir denn an, erst die Kerzen oder erst der Keller? Ach Mensch, ich glaub, beides ist viel zu viel. Ich kann nicht mehr so viel." Oma läuft wie Falschgeld in der Stube auf und ab.

„Oma, jetzt setz dich erst mal hin", fordert Dani sie sanft auf und klopft neben sich.

Oma tut ihm den Gefallen, sodass er seinen Arm über ihre Schulter legen kann. „Worauf hast du denn am meisten Lust?"

„Am meisten Lust habe ich auf die Kerzen, aber am liebsten erledigt hätte ich den Keller."

„Na dann schlage ich vor, wir gehen erst mal in den Keller und verschaffen uns einen Überblick. Dann können wir ja mit einer Kiste anfangen und danach entscheiden, ob das für heute reicht und wir die Kerzen machen wollen, oder?"

Sie nickt. „Das ist eine gute Idee, Claudia."

Wir verbringen bestimmt drei Stunden im Keller, und Oma schafft es, viel für *Muddis Stube* mitzugeben. Sie hat noch so viele Sachen von Opa. Wir merken, dass Oma sich immer schwerer tut, und erlösen sie vom Ausmisten. „Oma, ich geh mal Döner holen, ja?", schlägt Dani vor.

Ihre Augen leuchten. „Döner hatte ich ja schon ewig nicht mehr. Warte, ich gebe dir Geld."

„Ach, Oma, ich bin schon erwachsen. Ich kann den Döner selbst zahlen." Er grinst und gibt ihr einen Kuss auf die Stirn. Ich versuche, den Schmerz zu verdrängen, dass ich das gerade nicht kann, und gehe mit Oma nach oben. Es wird Zeit, sich auszuruhen.

„Oma, das hast du ganz toll gemacht. Die Menschen, die bei dem Wetter frieren, werden sehr dankbar sein." Ich hoffe, dass es ihr hilft, wenn sie den Fokus auf das Gute richtet. Nicht auf den Verlust. Mamas Worte kommen langsam bei mir an.

Ich schwinge mich wieder in den Sessel und greife nach den Schokokugeln, Oma platziert sich auf dem Sofa und legt die Beine hoch. Für einen Moment schweigen wir, jeder hängt seinen Gedanken nach, bis ich es leise schnarchen höre. Ach Gott, vielleicht haben wir Oma doch zu viel zugemutet?

Wenn ich hier wohnen würde, könnte ich sie öfter besuchen. Nur was soll ich hier anfangen? In dieser Stadt gibt es so gut wie keine Jobs, weshalb ja die meisten auswandern.

Aber wenn Dani, Antje, Mama, Papa und Oma hier sind, dann wäre ich auch gern hier. Hier fühle ich mich mehr zu Hause als jemals in meiner eigenen Wohnung. Hier kann ich etwas bewirken, ein wertvoller Mensch sein. Die Kinder in der Kita hatten Spaß mit uns, bei *Muddis Stube* könnte ich aushelfen. Nur wie könnte ich meine Döner verdienen?

Ich schreibe Dani, dass er nicht klingeln soll, damit er Oma nicht zu Tode erschreckt. Als er vor der Tür steht, schreibt er mir, sodass ich ihm leise aufmache. „Ob wir das mit den Kerzen lieber auf morgen verschieben?", frage ich ihn. „Vielleicht ist das wirklich zu viel für sie."

„Was macht ihr da?", ruft es aus der Stube. Wir waren anscheinend nicht leise genug.

„Essen ist da", rufe ich. „Wir decken den Tisch. Isst du deinen Döner immer noch mit Besteck?", frage ich kichernd.

„Ja, selbstverständlich."

Wir einigen uns darauf, dass wir Oma den Nachmittag zum Ausruhen lassen und morgen wiederkommen. Stattdessen holen wir Antje im Laden ab, um in ihrem Keller weiterzumachen. Unter dem Vorwand, etwas besorgen zu müssen, verabschiede ich mich kurz darauf von ihnen. Zwar gucken sie mich komisch an, aber sie lassen mich gehen. Vielleicht kommen sie sich ja in der Zeit bis zu meiner Rückkehr näher. Dann heißt es zwar bald wieder Kisten packen, aber wenn das bedeutet, dass Dani hierherzieht, dann wären wir wohl alle glücklich. Da ich eigentlich nichts vorhabe, schlendere ich durch die Stadt und lasse mich von den Läden inspirieren. Es tut weh, zu wissen, dass ich mir nichts kaufen könnte, aber es ist gut zu fühlen, dass ich im Zweifel wenigstens fünfzig Euro in der Tasche habe. Mehr als viele von *Muddis Stube* besitzen.

„Claudi."

Erschrocken drehe ich mich um. „Marvin", antworte ich perplex.

Betretenes Schweigen tritt ein. Wir stecken wohl beide im Schock. Es ist zu ungewohnt, plötzlich seinen Ex auf der Straße zu sehen, nachdem man das fünf Jahre lang nicht zu befürchten brauchte. Na wenigstens ist es der gute Ex. Bei Heiko würde ich es nicht mehr aus der Schockstarre rausschaffen. Nun ist es an mir, sich zu entschuldigen. Also ringe ich nach Worten. „Ich … ich wollte …“

„Wollen wir einen Kaffee trinken?“, fragt er stattdessen, und ich willige ein. Das kostet zwar Geld, aber das ist es mir wert.

Im Café bestellen wir Heißgetränke und setzen uns ans Fenster.

„Also, was machst du hier?“, beginnt er. „Nur Weihnachtsurlaub, oder warum bist du schon so lang hier?“

„Ich komme wohl wieder zurück“, sage ich, als läge mein Umzug noch vor mir. „Aber ich wollte mich erst mal bei dir entschuldigen. Ich weiß, für dich kam es sicher überraschend, dass ich dich einfach so für ihn verlassen habe. Und es tut mir wahnsinnig leid, nach all der Zeit. Ich war glücklich mit dir, und du warst ein toller Freund. Es lag wirklich nicht an dir. O Mann, ich weiß, wie blöd das klingt. Es tut mir leid, dass ich dir wehgetan habe. Das hast du nicht verdient.“

Er starrt auf seinen Kaffee. „Es hat mich schon ganz schön umgehauen. Besonders, was du gesagt hast wegen der Leidenschaft und so. Aber …“ Er atmet tief ein. „Am Ende war es das Beste, was mir passieren konnte. Klar, ich war ’ne Weile ganz schön down, aber dann habe ich Sophie kennengelernt. Und endlich begriffen, was du meinst. Mit ihr war es anders … also im Bett.“ Er nimmt die Hand vor den Mund, als hätte er etwas Falsches gesagt.

„Ist schon gut, ich weiß, wie du es meinst.“ Trotzdem tut es weh, aber das habe ich verdient.

Er atmet erleichtert auf. „Wir beide waren immer ein super Team, aber mit ihr war ich, war es … also es war erwachsener und …“

„Du brauchst es nicht zu beschreiben. Ich weiß, was du meinst.“ Mehr Details über das Sexleben meines Exfreundes brauche ich nun wirklich nicht.

„Wir haben letztes Jahr geheiratet und nun feiern wir das erste Jahr Weihnachten zu dritt.“ Seine Augen leuchten vor Stolz.

„Zeig sie mir“, fordere ich ihn auf.

„Bist du sicher?“

„Na klar. Hallo, du warst sehr viele Jahre Teil meines Lebens, und ich habe mir oft ausgemalt, wie ein Kind mit dir aussehen wird. Also lass mich nicht vor Neugierde sterben.“

Marvin holt sein Handy raus und zeigt mir die Bilder seiner Frau und seiner Tochter. Sie sehen wirklich goldig und vor allem so glücklich aus.

„Ich freue mich von ganzem Herzen für euch und bin froh, dass es dir so gut geht.“

„Dir nicht?“, fragt er skeptisch, wobei es mehr wie eine Feststellung klingt.

Am liebsten würde ich lügen, doch was hätte ich davon? Er kennt mich gut genug, um zu wissen, wann ich ihm die Wahrheit verschweige, und das hat er nun wirklich nicht verdient. Außerdem wird es Zeit, zu meinem Scheitern zu stehen. Also erzähle ich ihm die ganze Geschichte in Kurzfassung.

Es tut gut, sie mal jemandem komplett zu erzählen, und es ist schmerzhaft. Aber das ist nun ein Teil meines Lebens, den ich zu akzeptieren habe. Ich erkläre ihm, wie schwer es mir gerade am Anfang fiel, anzunehmen.

„Ja, das war noch nie deine Stärke. Wenn wir Essen waren, hast du immer darauf bestanden, dass es fair ist, und ich durfte dich nur einladen, wenn du beim nächsten Mal dran warst. Total nervig.“ Marvin lacht.

„Früher war ich auch schon so?“, wundere ich mich.

„Ich bitte dich. Eine Claudi braucht keine Hilfe.“ Marvins Lachen klingt liebevoll. „Und schon gar nicht von einem Mann.“

„Es ist, als hätte Heiko mich verzaubert und aus mir eine komplett andere gemacht. Wie konnte ich das nur zulassen?“ Als wäre es nicht schlimm genug, dass ich hier mit meinem

Ex sitze, der ein super Leben führt, weil ich ihn verlassen habe, während meine Situation eher der Tiefpunkt meines Lebens ist, da fange ich auch noch an zu heulen. „Ich fühle mich so schwach und bedürftig. Ich hasse das so."

Marvin kommt zu mir und legt mir seinen Arm um die Schultern. Er riecht wie früher, und es fühlt sich geborgen an. „Weißt du, Claudi. Im Leben wird es immer Aufs und Abs geben. Mal bist du oben, mal unten. Deine Aufgabe ist es, dafür zu sorgen, zu geben, wenn du oben bist, und anderen eine Hand zu reichen, damit sie dort auch ankommen. Aber deine Aufgabe ist es auch, diese Hand zu nehmen, wenn sie dir jemand reicht, weil du gerade unten bist."

Gänsehaut durchfährt meinen Körper. „Dafür habe ich dich immer geliebt. Weil du so weise warst. Auch wenn man dir das gar nicht ansieht", scherze ich, um mich wieder einzubekommen, weil ich hier wirklich nicht heulen und noch mehr Aufmerksamkeit auf mich ziehen will.

„Wenn du zu stolz bist, um Hilfe anzunehmen, wirst du immer das Opfer bleiben, also nimm die Hände, die dir gereicht werden, und werde wieder zu der Claudi, die du sein willst und immer sein wolltest."

Ich schaue ihn fragend an. „Welche ist das?"

Ich schreibe Dani, dass sie ohne mich weitermachen sollen, weil ich nach Hause laufen möchte, und bitte ihn, sich keine Sorgen zu machen, dass ich einfach nur allein sein möchte.

Marvin hat den Kaffee bezahlt, und mein erster Reflex war, mir zu schwören, reich zu werden, damit ich nie wieder darauf angewiesen bin, dass mir jemand den Kaffee bezahlt. Doch dann wurde mir während meines Spaziergangs klar, dass es genau darum geht. Das ist der falsche Ansatz. Ich war nicht darauf angewiesen, dass er ihn zahlt. Ich hatte fünfzig Euro in der Tasche. Aber er ist gerade oben im Leben und ich unten, und er reicht mir eine Hand. Kann man das so sagen? Ach, keine Ahnung. Seine Worte waren so wahr und dennoch schmerzhaft treffend. Eigentlich will ich die

Claudi sein, die darauf besteht, dass jeder sein Essen zahlt oder man sich damit abwechselt. Noch lieber wäre ich die Claudi, die immer zahlt, aber was bringt mir das und warum ist das so? Wieso lasse ich mich so ungern einladen? Als wäre ich nicht gut genug, wenn ich … ach ich weiß es doch auch nicht. Es ist alles so verwirrend. Zu Hause angekommen, setze ich mich auf mein Bett. Kurz danach kommt Mama nach Hause und zu mir.

„Hey, du bist ja schon hier. Ich dachte, ihr seid bei Oma."

Ich berichte ihr von der Planänderung.

„Ja, dass das zu viel ist, dachte ich mir schon. Ist doch toll, dass sie euch dann gleich morgen wieder da hat."

„Sie wird sich bald wünschen, dass sie wieder ihre Ruhe hat." Ich lache.

„Und wieso bist du dann nicht mehr bei Antje im Keller?" Sie schaut mich skeptisch an.

Müttern kann man eh nichts verheimlichen, also erzähle ich ihr von Marvin.

„Ja, mein Kind. Das war noch nie deine Stärke. Da hat Marvin recht." Sie lacht. „Ich glaube, du bist zu sehr auf Geld fokussiert."

„Bitte was?" Ich springe vom Bett auf, so hart trifft mich dieser Satz.

„Ich meine damit, dass du denkst, dass man nur helfen oder was zurückgeben kann, indem man Geld gibt. Wenn ich weiß, dass du nichts Vernünftiges zum Anziehen hast und es verdammt noch mal schweinekalt da draußen ist, dann will ich dir als deine Mutter was Warmes zum Anziehen kaufen. Wenn ich das nicht darf, dann tut das im Innersten meiner Seele weh. Es macht ganz tiefe Risse und gibt mir das Gefühl, versagt zu haben."

„Weil ich so eine Versagerin bin und keine Kohle mehr habe?", frage ich vorsichtig.

„Nein", ruft sie laut. „Da bist du wieder bei Geld. Ich fühle mich schlecht, weil es die Aufgabe einer Mutter ist, dafür zu sorgen, dass die Grundbedürfnisse ihres Kindes gestillt sind. Wir Mütter müssen uns darum kümmern, dass das Kind etwas zu essen bekommt, es warm hat und dass es ihm gut geht. Klar, ich kann dich nicht vor Liebeskummer beschützen, aber für warme Schuhe darf ich doch wohl sorgen. Ich bin deine Mutter!“ Mama hat sich richtig in Rage geredet und ganz rote Wangen.

Ich lege meine Hand auf ihren Arm. „Tut mir leid. Mir war nicht bewusst, dass ich dich damit verletze, wenn ich von dir keine Klamotten geschenkt bekommen will. Ich dachte nur, dass du jetzt endlich die Kinder aus dem Haus hattest und dein Geld für dich investieren kannst. Für deine Bücher und Urlaub mit Papa. Und dann bin ich zurück und du musst wieder alles in mich stecken. Ich wollte es deinetwegen nicht.“

„Mir tut das bisschen Geld für die Schuhe nicht weh. Wir sparen viel, du kennst doch deinen Vater. Und für uns ist es ein Geschenk, dass wir uns um dich kümmern dürfen. Das ist unsere Aufgabe. Nicht gebraucht zu werden, ist schrecklich. Klar, wir haben unsere Jobs, nicht so wie Oma, aber trotzdem ist es ein Geschenk für uns, wenn wir dafür sorgen können, dass es dir gut geht. Und da wir Liebeskummer nicht heilen können, können wir doch wenigstens Schuhe kaufen. Aber nein, du musst ja unbedingt die ollen Botten von Oma tragen.“

„Hey, Omas Schuhe sind toll.“

„Du weißt, wie ich das meine.“ Sie nimmt meine Hand.

„Ich verstehe es, denke ich.“ Ein paar Sekunden starre ich auf den Boden. „Und wie finde ich heraus, wer ich sein will? Du hast doch bestimmt auch dafür einen Ratgeber-Spruch auf Lager, oder?“

Mama lacht. Natürlich. „Indem du darüber schreibst. Das wäre in deiner Situation eh ganz gut, aber ich wollt noch nichts sagen.“

„Wie meinst du das?“

„Wenn du Tagebuch schreibst, dann wirst du all die Gedanken los, die sich immer und immer wiederholen. Du schreibst sie quasi einmal aus deinem System, dadurch können sie gehen, und du kannst schlafen."

„Das wäre fantastisch. Schlaaaaaf." Ich lasse mich nach hinten aufs Bett fallen.

„Du bist mir eine", sagt sie liebevoll und tut es mir nach. Nun starren wir gemeinsam an die Decke.

„Wenn du damit fertig bist, kannst du auch deine Wünsche aufschreiben. Es müssen gar nicht die großen Lebenswünsche sein. Es können auch kleine Dinge sein, wie dass du morgen die nächste Kalenderaufgabe schaffen und dabei Spaß haben willst."

„Wieso sollte ich das tun?"

„Es gibt Studien, die belegen, dass Menschen, die ihre Ziele und Wünsche notieren, sie viel eher erreichen und sogar übertreffen."

„Viel eher als Menschen, die das nicht tun?", frage ich.

„Ganz genau."

„Verstehe. Und auf wie viele Momente wartest du noch, um mir weitere Ratgeber-Tipps zu geben?" Ich rolle mich auf die Seite und grinse sie an.

„Ich hab noch ein paar." Sie grinst ebenfalls wie ein Honigkuchenpferd. „Apropos Kalender. Was ist denn die heutige Aufgabe?"

„Ich hänge noch bei gestern", gestehe ich ihr.

„Die Geschenke?"

„Jap."

„Dafür ist ein Tagebuch auch gut. Du kannst dir eine Geschenke-Liste schreiben."

„Aber die Aufgabe überfordert mich. Wie soll ich denn Geschenke machen, wenn ich kein Geld habe?"

Mama steht auf und schimpft. „Kind, wir drehen uns im Kreis. Jetzt sind wir wieder dabei, dass Geben nicht nur aus Geld geben besteht."

„Ahhhhh", rufe ich und vergrabe mein Gesicht in meinen Händen. „Du hast recht. War ich so schon immer?", frage ich kleinlaut.

„Nein, ich vermute, das ist der Mangel in dir. Dein Fokus steckt einfach noch sehr bei dem, was du nicht hast, sodass du die anderen Dinge gar nicht siehst."

„Kannst du mir helfen, mir Geschenke zu überlegen? Aber sag nicht, ich soll einfach nur Hilfe annehmen. Ich will echte Geschenke", fordere ich.

„Ich hol dir jetzt erst mal dein Tagebuch."

„Mein Tagebuch?"

„Eventuell habe ich schon eine Weile auf diesen Moment gewartet."

Ich lache herzhaft, und sie verlässt kurz den Raum.

„So", sagt sie, als sie wiederkommt. „Hier ist es."

„Woooooow", staune ich. „Das ist ja megahübsch." Ich streiche über das lederne Buch. „Aber das ist nicht …?", frage ich.

„Das ist vegan. Ich kenne doch meine Tochter."

Erleichtert atme ich auf. „Danke, Mama. Das ist wirklich toll."

„Und das hier kannst du dazu nutzen, wenn du willst. Es ist ein Tagebuchratgeber. Du kannst ja mal reinschauen."

Ich lese:

*Macht des geschriebenen Wortes*
*Persönlichkeitsentwicklung und Träume erfüllen durch Tagebuchschreiben*

Was für ein Titel.

„Das ist nur, falls du eine Anleitung brauchst und sehen willst, was man mit dem Tagebuch alles machen und erreichen kann. Du kannst es auch einfach ganz frei nutzen, so wie dir danach ist. Und nun suchst du dir eine Seite aus, auf die wir Geschenke schreiben." Mama setzt sich wieder zu mir. „Du überlegst dir erst mal, wem du was schenken willst, und dann schreibst du unsere Namen untereinander."

„Du brauchst mir jetzt nicht zu erklären, wie man eine Liste erstellt."

Mama kichert. „Ups."

Ich schreibe:

Mama, Papa, Dani, Oma, Antje.

„Für mich kannst du bitte eine Engelskerze erstellen. Ich sage dir morgen noch mit welchem Thema."

„Stimmt, Antje wollte ich auch eine schenken."

„Na prima. Dann hast du doch schon zwei Ideen."

„Und was soll ich Papa schenken?"

„Du könntest ihm einen Schal stricken."

Ich pruste los vor Lachen.

„Ich meine das ernst. Auch wenn er nicht so wirkt, wäre er sicher stolz darauf. Es ist selbstgemacht und nützlich und persönlich, weil es ja nur für ihn gefertigt wurde."

„Dann weiß ich etwas Besseres. Er liebt doch Holz so sehr. Kann ich ihm nicht was aus Holz basteln?"

„Na was denn?"

„Einen Bilderrahmen. Und dort packen wir das Bild vom Weihnachtsmarkt rein."

„Das ist perfekt."

„Und für Oma kann ich mit Dani ein Fotogeschenk machen. Am besten davon, wie sie mit uns Engelskerzen erstellt. Heutzutage muss sie das doch nicht mehr verstecken."

„Prima", ruft Mama und fordert mich dazu auf, das zu notieren.

„Na das war ja doch ganz leicht."

„Siehst du."

Der Kalender macht ein Geräusch, und das dreizehnte Kästchen springt auf. „Oma", flüstere ich und starre erschrocken zu Mama.

„Du hast deine Aufgabe von gestern wohl erfüllt. Na los, worauf wartest du?"

Ich renne zum Kalender und schaue mir das dreizehnte Zettelchen an. „Ein Buch", murmle ich und setze mich zu ihr. „Meinst du, damit ist das hier gemeint?", frage ich sie und schaue auf das Tagebuch und den Ratgeber.

Mama schaut mich liebevoll an. „Schließ mal die Augen. Woran denkst du als Erstes, wenn es um Weihnachten und Buch geht?"

Ich lege mich wieder auf den Rücken und befolge Mamas Anweisungen. „Ich denke an Märchen. Und an Omas tolles Weihnachtsbuch. So schade, dass wir es nicht auf dem Dachboden gefunden haben."

„Das habt ihr nicht gefunden, weil es in Omas Nachtschrank liegt."

Ich reiße die Augen auf. „Es ist noch da?"

Mama nickt liebevoll. Ich renne in Omas altes Zimmer und schnappe das Buch. „Dani wird ausrasten", sage ich ihr, als ich wieder zurück bin. „Danke, Mama. Das Buch habe ich wirklich vermisst."

„Na dann lass ich euch mal allein." Mama lächelt mir zu. „In einer halben Stunde gibt es Abendbrot."

# Kapitel 19

## 14. Dezember 2022 – Donnerstag

Boah, was hast du denn da?“

Mit diesen Worten werde ich unsanft aus dem Schlaf gerissen.

„Das Buch. Wo hast du das her?“ Dani ist völlig aus dem Häuschen.

„Es war in Omas Nachtschrank“, nuschle ich. „Hat Mama mir gesagt. War das dreizehnte Kästchen.“ Ich strecke mich und bin mit einem Schlag hellwach, als mir klar wird, dass Donnerstag ist. „Hat er sich gemeldet?“

Dani blättert in dem Buch. „Nein. Bisher nicht. Es sieht so aus, als bleibt es bei heute Abend.“

„O Gott, es ist noch so lang hin. Du kannst es heute Abend lesen. Ich habe gestern alle Geschichten gelesen. Es ist sooo schön“, schwärme ich. „Wenn du es liest, bist du sofort wieder Kind.“ Ich stehe auf und gehe zum vierzehnten Türchen. „Bereit?“, frage ich mehr mich selbst als Dani. Die Aufgabe sollte leicht werden, denn ich muss sie erfüllen. Schließlich brauche ich heute Abend das erste große Wunder.

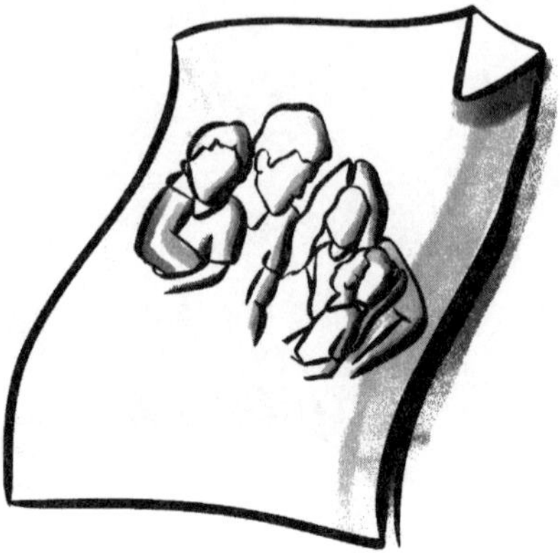

„Ich glaub, das soll eine Familie sein, oder?“ Ich reiche Dani den Zettel.

„Mutter und Vater halten sich und jeweils ein Kind an der Hand. Ganz klassische Familie.“

„Gib mal her“, fordere ich ihn auf und nehme einen Stift in die Hand.

„Was machst du?“, fragt Dani entsetzt.

„Ich male auf die Rückseite modernere Familien. Mutter, Vater, Kind ist ja wohl mal mega 90er.“

Dani lacht und pflichtet mir bei. „Meinst du, wir haben unsere Aufgabe erfüllt, wenn wir heute bei Oma waren?“

„Ich hab keine Ahnung.“

„Na los, dann lass uns schnell frühstücken, bevor der große Engelskerzen Tag kommt.“

„Ich komm ja schon.“ Wir laufen die Treppe runter, und Dani überrascht mich mal wieder mit einem komplett toll gedeckten Frühstückstisch. „Das ist echt deine Leidenschaft, oder?“

Er grinst. „Gleich nach heißer Schokolade mit Sahne.“

Lachend setzen wir uns an den Tisch. „Wie war es gestern mit Antje?“, necke ich ihn.

„Bist du deswegen gegangen?“, fragt er entsetzt.

„Ich habe zuerst gefragt.“

Er überlegt einen Augenblick und gießt uns Kaffee ein. Der Duft breitet sich herrlich im ganzen Raum aus. „Es war lustig.“

„Ich will nur, dass du weißt, meinen Segen hast du.“

„Brauche ich deinen Segen?“

„Hallo? Sie ist meine beste Freundin, und du bist mein Bruder. Es ist sicher besser mit meinem Segen, oder?“

„Ich hab sie wirklich sehr gern. Allerdings wird mir das gerade erst so richtig klar, seit du das gesagt hast, und ich weiß nicht, wie sie das sieht, also bitte spar dir deine Sprüche bei ihr, okay? Ich will nichts übereilen.“

„Klaro. Und wann machen wir deinen Umzug hierher?“ Ich grinse breit.

„Was hast du an ‚Ich will nichts übereilen‘ nicht verstanden?“

Ich lache. „War nur ein Scherz. Beruhig dich.“ Er ist so süß, wenn er verknallt ist. Sieht richtig verwirrt aus, der Junge. Doch ich beschließe, ihn nicht weiter aufzuziehen und ihm von Marvin und dem Gespräch mit Mama zu erzählen. Vielleicht kann er mir ja helfen, herauszufinden, wer ich bin.

Den Rest des Tages sind wir im Kerzenbusiness. Oma und ich kreieren, Dani fotografiert, und ich habe am Ende des Tages mein Weihnachtsgeschenk für Mama und Antje fertig. Es ist so schön, zu sehen, wie glücklich Oma ist. Ich weiß nicht, ob es daran liegt, dass sie Kerzen machen konnte, oder daran, dass wir da sind.

„Oma, es ist richtig schön, dich so glücklich zu sehen“, sage ich, während wir auf Dani warten, der Kuchen holt.

„Das kann man von dir allerdings auch sagen, Claudia.“

Ich zucke mit den Schultern und nasche ein paar Brezeln, betrachte unser Werk. „Für wen sind deine Kerzen eigentlich?“

„Ich werde sie zu Weihnachten ein paar alten Kunden schenken, die ab und an mal nachgefragt hatten. Meine

Kerzen wurden sehr lange vermisst. Jetzt kann ich endlich wieder helfen."

„Haben wir deswegen heute gleich acht Kerzen gemacht?"

„Und damit wir keine Zeit für den Keller haben und weil es so Spaß macht", sagt sie. „Ich habe es echt vermisst. Es fühlt sich an wie Kuchen backen. Verlernt man nie."

„Und wieso holt Dani dann welchen vom Bäcker?" Ich lache. „Ach, da fällt mir ein, ich wollte dir noch zeigen, wie doll meine Kerzen neulich gebrannt haben. Ich hab einen kleinen Schreck bekommen, weil die Flamme auf einmal richtig hochschoss."

Oma schaut sich die Bilder auf meinem Handy an. „Wer soll das denn erkennen können. Da brauch ich ja 'ne Lupe", meckert sie. „Also wenn die Flamme richtig groß ist, ist das gut. Dann wurde dein Wunsch erhört und übergeben. Wenn sie allerdings flackert und tanzt, dann wird es ein paar Komplikationen geben. Du darfst ganz ruhig bleiben und keine Angst bekommen, dann wird alles gut. Es kommt also darauf an, wie du mit der Sache umgehst."

„Na toll. Sie hat geflackert."

„Das ist nichts Schlimmes. Behalt einfach einen kühlen Kopf."

„Das sagst du so leicht … Heute Abend ist das angebliche Treffen mit Heiko, und ich habe echt superdoll Angst, dass er nicht erscheint und wir das Auto nicht bekommen. Ich will, dass er nicht damit durchkommt." Tränen stehen mir in den Augen und sind Ausdruck meiner Verzweiflung. Mit einem Schlag zeigt sich, wie angespannt ich bin. Es sind nur noch ein paar Stunden, und dann entscheidet sich ein großer Teil meiner Zukunft. Boah, ich bin so aufgeregt.

„Es wird alles so sein, wie es kommen soll. Zünde heute Abend um die Zeit noch mal deine Kerze an und hab Vertrauen. Das ist das Wichtigste. Du hast deinen Wunsch mit den Kerzen abgeschickt, und nun darfst du Vertrauen haben, dass alles gut wird. Ich weiß, das sind deine ersten

Engelskerzen, deshalb ist es noch schwierig, zu vertrauen. Aber es muss sich so anfühlen, als würdest du Mama deinen Wunsch zu Weihnachten sagen, als du Kind warst, und dann musstest du dir doch auch keine Gedanken mehr machen. Oder als würdest du Dani um ein Foto bitten. Du weißt, die Sache wird für dich erledigt, und alles ist gut." Oma deckt den Tisch und brüht Kaffee auf, während ich mir ihre Worte durch den Kopf gehen lasse.

„Das klingt alles so einfach, aber nur in der Theorie. In der Praxis ist es megaschwer."

Oma tätschelt meine Schultern. „Es wird leichter. Vertrauen entwickelt man erst mit der Zeit, und das ist gut, weil man sonst bei einem Heiko landet. Bei deinem Kalender hast du ja auch erst gezweifelt, und nun bist du dir sicher, dass er dir guttut. Mensch!" Sie kneift in meinen Bauch. „Du solltest aber nicht so viel Kuchen essen. Der Kummer bekommt dir nicht."

Schockiert starre ich sie an. Hat sie mich fett genannt, während sie mich tröstet?

Nach Kaffee und Kuchen fahren wir Antje abholen, leeren ihren Keller bis zum Abendbrot, und dann fahren wir zusammen zu Mama und Papa. Wir wollen den Abend gemeinsam rumkriegen, bis es endlich zehn ist und wir mehr erfahren. Alle sind etwas angespannt, und so spielen wir Rommé.

Zum hundertsten Mal blicke ich auf die Uhr. Noch eine halbe Stunde. Meine Anspannung wird immer größer, meine Handflächen sind nass, und ich kann mich gar nicht aufs Spiel konzentrieren. „Soll ich ihm noch mal schreiben, dass ich mich freue?", frage ich Dani, doch er verneint. „Und wenn er es vergessen hat und ich ihn so noch mal daran erinnere?"

„Dann ist er ein noch größerer Vollhonk, als ich dachte." Er legt seine Karten auf den Tisch. „Rommé Hand."

„Ist doch nicht wahr", rufen wir alle schockiert. Er hat schon wieder gewonnen.

Ich schrecke auf. „Oma hat gesagt, ich soll die Kerzen anmachen."

„Hol sie schnell", fordert Mama mich auf.

„Dürfen sie an einem anderen Ort stehen?"

„Ich weiß nicht mehr genau", sagt Mama. „Dann zünde sie oben an und wir kommen zu dir. Mit Dani spiele ich eh nicht mehr", sagt sie und zwinkert ihm zu.

Ich renne die Treppen hoch und mache beide Kerzen an, vor denen ich still stehe und warte.

„Jorge ist schon da", sagt Papa, als er in mein Zimmer kommt. „Hat er mir gerade geschrieben."

„Oh, ich hoffe so sehr, dass sie nicht umsonst da stehen. Ich hab so ein doofes Gefühl, dass wir alle unsere Zeit verschwenden."

„Bleib zuversichtlich, mein Schatz", ermahnt mich Mama, die in den Raum kommt.

„Wo sind Dani und Antje?"

Mama grinst. „In der Küche. Es musste noch eine heiße Schokolade her."

„Oh, hat er jetzt eine Assistentin? Das ist ja toll", scherze ich.

Papa guckt nur komisch.

„Kommt, wir stellen uns jetzt alle vor, wie das heute ein gutes Ende nimmt", schlägt Mama vor.

„Oma sagt, das brauchen wir nur beim ersten Mal zu machen, wenn wir die Kerze anbrennen."

„Schaden tut es nichts. Jedes Mal, wenn wir uns das tolle Ergebnis vorstellen, passiert was auf chemischer Ebene im Körper und auch, ach, das ist zu kompliziert zu erklären. Macht einfach."

„Ratgeber-Mama hat befohlen", sage ich lachend, und Papa stimmt mit ein.

Wir setzen uns nebeneinander aufs Bett wie die Hühner auf die Stange und schauen zu den beiden Kerzenflammen. In Gedanken gehe ich es noch mal durch. Jorge schreibt, dass sie ihn haben. Heiko wird sogar verhaftet, und sie finden einen großen Batzen Geld in seinem Auto. Von unten hören wir Gelächter und ständiges Kichern, sodass Papa doch irgendwann zu uns guckt und eine Augenbraue hochzieht. „Habe ich was verpasst?“

„Das hoffen wir. Dann haben wir vielleicht beide Kinder wieder im Haus.“ Mama grinst bis über beide Ohren.

„Du meinst alle drei.“ Er lacht.

„Pssst. Sie kommen“, ermahne ich sie, als ich höre, dass sich die Stimmen nähern.

Papa steht auf und läuft immer wieder auf und ab. „Das macht einen ja wahnsinnig.“

„Schlimmer als in meinen Thrillern“, bestätigt Mama.

Wir starren auf die Uhr und auf die Handys, aber nichts passiert. Heiko schreibt nicht, Jorge auch nicht, und die Zeit tickt langsam vor sich hin.

„Wie lang soll das denn noch dauern?“, frage ich. „Das machen meine Nerven nicht mit.“

Fünf Minuten später kommt eine Nachricht von Jorge. „Er ist nicht gekommen. Wir räumen jetzt den Strand“, liest Papa vor.

„Scheiße“, rufe ich und beginne zu heulen. „Dieser dämliche Arsch hat mich versetzt.“

„Vielleicht hat er was geahnt“, mutmaßt Papa.

„Wir dürfen trotzdem nicht die Hoffnung verlieren. Das hier war alles nicht umsonst. Vielleicht gibt es einen besseren Zeitraum als diesen. Vielleicht hatte er heut nicht genug Geld im Auto rumliegen, was Jorge beschlagnahmen kann. Tut mir einen Gefallen, vor allem du, Claudi.“ Mama nimmt meine Hände. „Verlier jetzt auf keinen Fall das Vertrauen. Es wird alles gut, egal wie.“

„Das sagst du so einfach.“ Ich blicke sie aus todtraurigen Augen an. Als warte man die ganze Zeit auf den Weihnachtsmann und dann kommt er nicht nur nicht vorbei, es gibt auch keine Geschenke. Was für eine Scheiße. „Sag Jorge, dass es mir leidtut, dass er seinen Abend verschwendet hat.“

Papa tippt in sein Handy.

„Und nun? Soll ich ihm schreiben?“

„Ich würde sagen, das überlegen wir uns morgen. Heute nicht mehr“, schlägt Dani vor. „Ich denke, wir sind alle müde und sollten erst mal eine Nacht drüber schlafen.“

Wir stimmen ihm zu.

„Ich fahr Antje nach Hause.“

„Und ich geh mich bettfertig machen“, sagt Mama.

Gemeinsam stehen Mama und ich mit traurigem Blick im Bad und putzen unsere Zähne. Und dann geht uns ein Schreck durch Mark und Bein, als wir Danis Handy hören.

„Das ist er“, flüstere ich. „Ich spüre es in jeder Faser meines Körpers.“

Ich spucke die Zahnpasta aus und renne zu Danis Handy, das noch in meinem Zimmer liegt.

„Er ist es“, rufe ich panisch. „Er ruft an. Was mache ich jetzt?“

Noch bevor jemand antworten kann, geh ich mit zittriger Stimme ran. Ruhig bleiben, nichts anmerken lassen. Fenster öffnen, damit es klingt, als wäre ich draußen. „Hallo, Schatz“, begrüße ich ihn und sterbe tausend Tode.

„Hey, tut mir leid, Babe, ich hatte noch zu tun. Bin gleich da.“

Ich suche nach Worten, doch mir fällt nichts ein.

„Alles gut?“, fragt er mit seiner Brummbär-Stimme. O Gott, wie ich die liebe, eh, geliebt habe.

„Es tut gut, deine Stimme zu hören“, sage ich.

„Dir wird gleich nicht nur meine Stimme guttun“, säuselt er. „Hast du das Rote an?“

„Selbstverständlich.“ Ich versuche verführerisch zu klingen, während ich Mamas und Papas Blicken ausweiche, die inzwischen neben mir stehen. Hitze steigt mir ins Gesicht.

„Lauf nicht davon, ich bin gleich da. Zehn Minuten noch.“

Ich drehe mich weg, bevor ich den letzten Satz sage: „Dann kann ich meine Unterwäsche ja schon mal ausziehen. Fahr schneller.“ Ich lege auf.

Der Rest geht relativ schnell, wenn man es mit dem langsam vor sich hin plätschernden Abend vergleicht. Papa informiert Jorge, und wir bekommen nach fünfzehn Minuten einen Anruf von ihm. „Wir haben ihn, das Auto und sein Handy, das bestimmt 2000 Euro wert ist. Außerdem hat er eine Jacke an, die schätzungsweise ebenfalls 2000 Euro wert ist. Meine liebe Claudia, das haben Sie sehr gut gemacht", lobt er mich, und man hört auch bei ihm die Erleichterung raus. Das war bestimmt sein spannendster Fall.

Das bedeutet, dass mein Schuldenberg geschrumpft ist und dass Heiko mich jetzt sehr hassen muss. Wobei Jorge ihm nicht verraten wird, dass das alles ein abgekartetes Spiel war. Heiko wird es sich bestimmt trotzdem denken. Das Gute ist, dass er sein Handy jetzt nicht mal mehr hat, um mir drohende Nachrichten zu schreiben. Puh. Von mir aus könnten sie jetzt echt noch Geld in seinem Wagen finden, aber wäre das der Fall, hätte ich bestimmt schon eine Nachricht bekommen.

Meine Zukunft hat nun ein paar weniger Steine. Der Berg ist nur noch halb so hoch. Und was fange ich jetzt damit an?

# Kapitel 20

## 15. Dezember 2022 – Freitag

Obwohl ich die Nacht nicht sonderlich gut schlafe, wache ich gegen sieben auf. Mama und Papa müssten gerade weg sein. Ich lausche, ob ich irgendwelche Geräusche höre, doch nichts. Dani schläft bestimmt. Vermutlich träumt er von seiner Antje. Oder von meiner Antje. Wie man es nimmt. Ich brauche einen Moment, um zu realisieren, dass ich immer noch erleichtert sein darf. Wir haben Heiko dranbekommen. Es fühlt sich alles so surreal an. Ob das jetzt echt an diesen Kerzen lag? Ich traue mich nicht, daran zu zweifeln, auch wenn ich skeptisch bin. Komisch ist es schon, dass eine unmögliche Situation sich so entwickelt. Warte … und wenn das möglich war, was ist dann noch alles möglich? Kann man sich dann wirklich alles wünschen?

Gänsehaut durchfährt meinen Körper, und ich rieche Oma Traudel. Wieso erscheint sie jetzt? Ich stehe doch gar nicht am Kalender? Und warte mal, wie normal ist es für mich schon geworden, dass sie da ist, wenn ich ihn benutze? Auch das ist doch ziemlich unnormal. Alles ist möglich. Und an alles kann man sich gewöhnen, ganz schnell sogar. Die Frage ist nur, an was ich mich gewöhnen will.

„Oma“, flüstere ich, nur für den Fall, dass Dani doch schon wach ist und vor meiner Tür lauscht. „Kannst du mir helfen, rauszufinden, wer ich sein will?“

Ich schreie vor Schreck auf, als der Kalender klickt, schleiche zum ihm und sehe, dass das fünfzehnte Kästchen aufgesprungen ist. Verrückt. Meine Familienaufgabe scheint erfüllt zu sein. Kein Wunder, ich war ja den ganzen Tag von ihr umgeben. Mit zittrigen Händen greife ich nach dem Zettel und entfalte ihn. Ich sehe, einen Wunschzettel. In sehr alter Schrift steht geschrieben:

*Lieber Weihnachtsmann …*

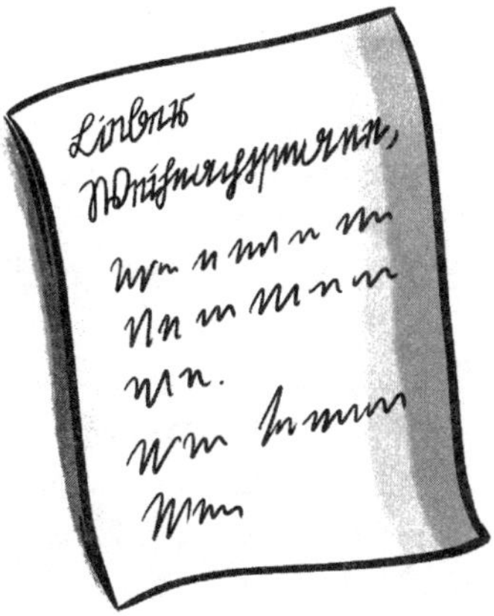

Soll ich dem Weihnachtsmann jetzt meine Wünsche aufschreiben? Ich fange an zu lachen. Jetzt wird‘s lustig. Ein Rumms reißt mich aus meinen Gedanken und ich sehe, dass Mamas Tagebuch vom Nachttisch gefallen ist. „Es wird immer gruseliger“, murmle ich. „Willst du“, frage ich Oma, die ich wieder riechen und noch mehr spüren kann, „dass ich meine Wünsche aufschreibe, so wie Mama es mir nahegelegt hat?“

Zugegeben, ich habe bisher nichts weiter als die Geschenkliste da drinnen. Irgendetwas hat mich immer abgehalten, das Ding zu benutzen. Meine Antwort ist ein Stift, der anfängt zu kullern und dann prompt ebenfalls vom Nachttisch fällt. „Is' klar. Geht das auch weniger gruselig?", beschwere ich mich.

„Na gut", maule ich, als die Antwort ausbleibt, und zünde die Kerzen an. Ich hab das Gefühl, das kann nicht schaden. Mit Tagebuch und Stift bewaffnet setze ich mich wieder ins Bett und schlage das Buch auf. „Dann hilf mir aber, die richtigen Fragen zu finden."

Mein Blick fällt auf den Tagebuch-Ratgeber, den Mama mir dagelassen hat, und ich blättere ihn durch, überfliege die Seiten und staune. Ich glaube, damit will ich starten, aber nicht heute. Oder doch?

Nein, ich werde versuchen, alles im Schnelldurchgang zu machen. Erst soll ich aufschreiben, was mich nervt, und genau das tue ich jetzt. Punkt.

Schreibt man da jetzt „Liebes Tagebuch"?

Im Buch steht, dass es egal ist, also schreibe ich nur:

Hallo. Ich finde es richtig zum Kotzen, dass ich mit meinen dreißig Jahren wieder bei meinen Eltern lebe, dass ich so dumm war, nicht zu begreifen, wie beknackt mein Ex ist, und dass ich fünf Jahre meines Lebens verschwendet habe. Mein Schuldenberg ist immer noch riesig und am meisten kotzt es mich an, dass ich keine Ahnung habe, was ich mit meinem Leben anfangen soll.

Ich will einen Schnelldurchgang, deshalb lasse ich das jetzt mal so stehen und befasse mich mit der nächsten Wochenaufgabe. Ich soll aufschreiben, wofür ich dankbar bin.

Ich bin dankbar dafür, dass ich ein Zuhause habe, von dem ich so liebevoll aufgefangen wurde, und dass ich die beste Familie der Welt habe. Auch wenn Oma sagt, dass ich fett bin. Ich habe eine tolle Freundin, die mir verziehen hat, dass ich ein Arschloch war, und ich hatte in den letzten drei Wochen so viel Spaß wie schon lange nicht mehr. Oma Traudel ist bei mir, ich habe Oma Gerda zurück zu ihrer Berufung geführt, Dani undAntje fast zusammengebracht und helfe bei Muddis Stube, dass ein paar Seelen ein bisschen weniger frieren. Und am meisten dankbar bin ich, dass Heikos Auto endlich beschlagnahmt wurde.

Mir tut jetzt schon die Hand weh, verdammt. Wenn ich den Ratgeber richtig befolgen würde, dann müsste ich jeden Tag fünfzehn Minuten schreiben. Das ist krass. Ich schüttle die Hand aus und lese im Ratgeber die nächste Aufgabe nach. Ich soll mein Wunschleben aufschreiben.

„Und da sind wir bei meiner Aufgabe angekommen“, vermute ich.

Jetzt bin ich warm geschrieben und zum Glück hatte ich schon so ein Gespräch mit Mama. Dennoch finde ich es schwer, weil ich einen großen Teil auslassen muss, denn ich weiß immer noch nicht, was ich jobtechnisch machen will. Ich notiere also:

Ich möchte mit Frühstück am Bett geweckt werden, einen Traummann haben und selbstständig sein. Die Nachmittage und Abende verbringe ich mit meinen Freunden und meiner Familie, Ende gut, alles gut.

Nun fühle ich mich bereit, eine Wunschliste anzunehmen, denn ein paar Dinge scheine ich ja bereits zu wissen.

Ich komme mir richtig beknackt vor, versuche es aber mit Humor zu nehmen.

Liebe Weihnachtsfrau, ich wünsche mir, dass ich in eine eigene tolle Wohnung in der Stadt ziehe, weil hier meine Heimat ist.

Gedanklich höre ich, wie Zauberstaub über mich versprüht und der Wunsch nun erfüllt wird. Ich lache, weil meine Fantasie langsam mit mir durchgeht. Als Nächstes notiere ich:

> Ich bin schuldenfrei!

Mama hat mir mal erklärt, dass man Wünsche so aufschreibt, als wären sie bereits erfüllt.

> Ich habe einen Traumjob, den ich liebe, der mich erfüllt und der andere ebenfalls glücklich macht.

Ich setze den Stift ab und trinke einen Schluck Wasser.

> Ich habe so viel Geld, dass ich jeden Monat spenden und Gutes tun kann.

Ich überlege, will ich einen Partner aufschreiben? Irgendwann will ich schon eine glückliche Familie gründen, aber jetzt will ich erst mal meine Ruhe und hab die Schnauze voll von Männern. Ich will allein alles aufbauen und wenn dann alles super ist, kümmere ich mich um den Rest. Hmm … Mein Ego sagt, hier haben Männer nichts zu suchen, mein Herz sagt, schreib alle deine Wünsche auf. Also gebe ich mich geschlagen und schreibe:

> Ich führe eine glückliche Beziehung. Mein Partner und ich lieben und wertschätzen uns, wir haben tollen Sex, und zwar nur miteinander, er bringt mich zum Lachen, und ich fühle mich bei ihm geborgen. Wir unterstützen uns und obwohl wir ein tolles Team sind, sind wir auch supereigenständige Wesen.

Ich lache über meine Formulierung.

> Und unsere Tochter macht uns jeden Tag glücklich.

Das darf echt keiner lesen. Ist mir superpeinlich. Warum, weiß ich nicht so genau. Vielleicht weil ich so was nach einer Trennung nicht schreiben sollte? Oder weil die einst so unabhängig sein wollende Claudi nun doch am Ende ein spießiges Leben will? Ist das das Alter, oder warum bin ich gerade so komisch? Oder ist es, weil ich genug Action für ein ganzes Leben hatte, dass ich nun geheilt bin?

Oder wird man so, wenn seine Träume ruiniert wurden? Und wieso bewerte ich das alles als so schlecht? Vielleicht liegt es in der Natur des Menschen, sich das zu wünschen. Oder bin ich nur von der Gesellschaft geprägt? Ahhhhhhh. Mein Hirn spielt Pingpong mit meinen Gedanken, was mich wahnsinnig macht. Ich lese noch mal meine Wünsche und notiere einen letzten:

> Ich verbringe viel Zeit mit meiner Familie und
> meinen Freunden.

Das reicht. Ich schließe das Tagebuch, schüttle meine Hand aus und schleiche in die Küche. Heute bringe ich Dani mal Frühstück ans Bett und schreibe ihm einen Zettel.

Gegen Mittag höre ich Geräusche aus Danis Zimmer und warte geduldig. Es dauert bestimmt noch ’ne halbe Stunde, bis er rauskommt und bei mir vorbeischaut. „Danke, Claudi-Raudi. Das war toll. Jetzt willst du mir doch noch Konkurrenz machen oder schleimst du dich wegen irgendetwas ein?“

Ich ignoriere seinen Spruch. „Seit wann schläfst du denn so lange? Wolltest wohl nicht aufhören, von Antje zu träumen, was?“ Ich grinse ihn fett an.

Er lässt sich auf mein Bett fallen. „Ich habe an etwas gearbeitet. Eine Überraschung für Oma. Und für dich. Also falls ihr das überhaupt wollt. Keine Ahnung.“

„Eine Überraschung?“

„Warte. Ich hole meinen Laptop.“ Kurz darauf kommt er mit seinem Laptop zurück. „Als ich Antje nach Hause gebracht habe, hatten wir eine Idee. Sie hat quasi eine Website erstellt. Sie kann so was, weil sie früher Informatik hatte und ihre eigene erstellt hat. Sieht total professionell aus, hast du dir die mal angeschaut? Von ihrem Laden?" Seine Augen leuchten.

„Ihr habt für mich und Oma eine Website erstellt? Ich komm nicht hinterher."

„Ja, also Antje. Ich habe in der Nacht die Fotos bearbeitet, die ich ihr geschickt habe. Es ist erst mal nur provisorisch, und gegen fünf haben wir aufgehört, damit sie wenigstens noch ein bisschen Schlaf bekommt, aber …"

„Nun zeig", fordere ich ihn ungeduldig auf und reiße den Laptop rum. Ich brauche einen Moment, um zu realisieren, was ich dort sehe. „Ein Engelskerzen-Shop."

„Ja, toll, oder? Dort kann man sich eine Anleitung kaufen, wie ihr die herstellt. Und natürlich auch die Kerzen bestellen, falls man eine will."

Ich bin sprachlos, weiß gar nicht, was ich denken soll. Es rast in meinem Gehirn wie vorhin als Pingpong gespielt wurde. Jetzt ist es eher wie Squash, weil der Ball viel schneller und härter gegen die Zellen ballert. „Das ist …"

„Ja, nun sag schon. Doof?"

„Ich weiß es gar nicht. Ich wäre nie auf die Idee gekommen, aber ich glaube, wenn Oma das gut findet, dann ist es toll. Aber müssen wir dafür nicht ein Gewerbe anmelden? Und wie geht das mit Omas Rente?"

„Darum kann Papa sich doch kümmern. Wozu haben wir denn so ein Genie in der Familie? Der hat Antje, mir und dir damals beim Gründen geholfen, da wird das ja wohl ein Klacks sein."

„Und du glaubst, jemand wird dort etwas kaufen?"

Dani zuckt mit den Schultern. „Keine Ahnung, aber wir können es ja wenigstens versuchen."

Ich scrolle durch die Website und bin so erstaunt. „Dani, die Fotos sind sooo gut geworden. Du hast wirklich was drauf."

„Du wirkst gar nicht so begeistert, wie ich gehofft hatte“, gibt er zu.

„Ich glaube, ich muss das erst mal sacken lassen. Pass auf, ich geh kurz duschen und dann starten wir noch mal neu, okay? Ich brauch einen Moment, um das alles zu verarbeiten.“

Er nickt und schließt die Augen. Es tut mir leid, dass ich nicht so euphorisch wirke wie er, und ich weiß selbst nicht, woran das liegt. Denn umso länger ich darüber nachdenke, desto toller finde ich das. Oma hat etwas zu tun, ich sehe sie regelmäßig, wenn ich ihr helfe, und wir könnten damit Geld verdienen. Das wäre schon toll.

Ich gehe ins Bad und stelle mich unter die Dusche. Dann erst wird mir klar, was Dani gesagt hat. Er und Antje haben die ganze Nacht daran gearbeitet, nur um Oma und mir eine Freude zu machen. Das ist echt unfassbar.

Frisch geduscht sieht die Welt schon anders aus. „Dani, wir könnten einen Blog starten und die ganzen Fragen beantworten, die man so hat. Zum Beispiel was die Flammen bedeuten, wenn sie hoch flackern, oder wir erzählen Geschichten, wie sie bei uns funktioniert haben. Das wäre doch mega.“

„Na der Wandel zu euphorisch ging schnell.“

„Ja, umso mehr ich darüber nachdenke, desto toller finde ich das. Es gibt Oma eine Aufgabe und bringt unsere Familie noch näher zusammen. Ich finde das wirklich super.“ Ich gebe ihm ein Küsschen auf die Wange und scheuche ihn dann aus meinem Zimmer, weil ich mich anziehen will.

Der Tag wird super, denn heute gehen wir in die Kita und basteln Bilderrahmen als Weihnachtsgeschenk. Zwei Fliegen und so.

# Kapitel 21

## 16. Dezember 2022 – Samstag

Dani und ich stehen in Antjes Zimmer. Sie gibt mir Anweisungen, wie ich die Zuckerstangen zu machen habe, während Dani mal wieder hunderte von Fotos schießt. Der Kalender verlangt es schließlich so.

„Sei vorsichtig, das ist megaheiß und klebrig", warnt sie mich.

„Ich seh schon. Zum Glück hast du das schon mal gemacht, sonst hätte ich echt vorgeschlagen, das mit den Kids zu machen", gestehe ich.

„Alles Erfahrungswerte. Schau mal hier, das ist die Narbe von meiner Verbrennung damals. Deshalb werde ich dieses Mal nur zugucken und nicht mitmachen."

„Na dann passt du ja zu Dani", rutscht es mir raus, und ich beiße vor Schreck auf meine Lippen. Nichts passiert, ganz normal tun, ermahne ich mich.

„Hey, jeder Job ist wichtig, und wenn ich am Ende Geld für die Fotos bekomme, teile ich das fair auf, das weißt du."

„Na das kann ich gut gebrauchen. Das kann ich dann nächste Woche zu dem Termin mit Herrn Schmidt mitnehmen." Bei dem Gedanken wird mir ganz anders. Auch wenn mein Schuldenberg schlagartig kleiner geworden ist, ist er immer noch wahnsinnig hoch, und ich werde eine sehr lange Zeit brauchen, um meine Vergangenheit abzuschließen. Das kotzt mich richtig an und seit heut Morgen versuche ich, dagegen anzukämpfen, mich davon nicht runterziehen zu lassen, aber der Druck wird immer stärker.

„Was ist?", fragt Dani.

„Nichts."

Ich rühre die Lebensmittelfarbe an.

„Und ob. Ich sehe es doch an deinem Gesicht. Mit solchen Fotos kann ich nicht arbeiten."

„Na gut", maule ich. „Ich weiß nicht, wie ich neu starten und mit meiner Vergangenheit abschließen soll, wenn ich diesen Haufen Schulden habe. So bekomm ich nie einen Gründerkredit, also wird mir nichts anderes übrig bleiben, als irgendwo als Angestellte anzufangen. Dann arbeite ich hunderte von Jahren meine Schulden ab, bin wieder todunglücklich und gefangen, und wenn ich eines Tages frei bin, habe ich nicht mehr die Kraft für mein Traumleben."

„Wo kommen denn solche düsteren Gedanken her?"

„Ich weiß nicht. Sie waren einfach da, und ich bekomme sie nicht mehr weggeschoben. Sie haben zugenommen, genau wie ich, laut Oma."

„Das hat sie gesagt?", platzt es aus Antje raus.

„Ja und dabei hat sie mir in eine Speckrolle gekniffen. Ist das zu fassen?"

„O Mann." Antje schüttelt den Kopf. „Also das geht echt zu weit. Dabei versteht ihr euch doch jetzt wieder so gut."

„Mensch, Mädels, sie hat halt ihre Aussetzer. Ich glaube nicht, dass die das böse meint."

„Kann ja sein, aber es trifft einen trotzdem, wenn sie immer wieder so fies ist", kommentiert Antje.

„Ja, dann solltest du ihr das vielleicht mal sagen." Mein Bruder schaut mich ernst an.

„Ich habe nicht das Gefühl, dass es etwas bringt."

„Manchmal geht es nicht darum, etwas zu sagen, damit es etwas bringt, sondern damit man für sich einsteht", sagt nun Antje.

„Und was ist mit dem anderen Zeug, das ich gesagt habe?"

„Ist das abgekühlt?", fragt Antje vorsichtig.

Ich mache einen kleinen Check und nicke.

Erst dann kommt sie zu mir und umarmt mich. „Das andere Problem bekommen wir schon noch gelöst. Eins nach dem anderen. Vielleicht werdet ihr reich und berühmt mit euren Engelskerzen."

Wir lachen.

„Man und dieser Kalender hat wirklich dafür gesorgt, dass wir jetzt wissen, wie man all den Weihnachtskram selbst macht", freut sich Dani. „Vielleicht sollten wir zu den Engelskerzen noch einen Weihnachtsblog eröffnen und dort Anleitungen verkaufen, wie wir das alles herstellen."

„Jetzt ist er im Fieber." Antje lacht.

In mir kribbelt es. „Die Idee ist gar nicht mal so schlecht. Und man braucht vorher gar nicht so viel zu investieren wie bei meinem Klamottenladen." Ich habe das Gefühl, diese Idee hat irgendetwas bewirkt. Irgendwas ist gerade passiert, ich weiß nur noch nicht, was. Vielleicht wird jetzt wirklich alles gut? Da ist dieses Gefühl in mir …

„Und unsere Kinder werden davon profitieren, weil sie ständig tolle Sachen geschenkt bekommen“, sagt Dani freudestrahlend.

Oh, ohhhhh. Ich sehe nur, wie Antje Tränen in die Augen schießen und sie ins Bad rennt.

„Hey, Maus.“ Ich klopfe an die Badezimmertür. „Lässt du mich rein?“

Die Tür geht auf, und Antje lässt mich wortlos eintreten. Ihr Gesicht ist versteckt hinter ihren Händen. „Das war so peinlich“, ist alles, was sie hervorbringt.

Ich gehe zu ihr und umarme sie. „Du musst es ihm einfach nur sagen, ich denke, ihr findet einen Weg.“

Sie windet sich aus meiner Umarmung und schaut mich durch ihre verheulten Augen prüfend an. „Aber, woher weißt du …?“

„Ich bin doch nicht blöd. Hat zwar ein bisschen gedauert, aber inzwischen ist es ja nun wirklich nicht mehr zu übersehen. Wie ihr euch anguckt, kichert, ständig beieinander hockt und gemeinsame Sache macht. Es ist mir viel zu lange nicht aufgefallen. Wie lange stehst du denn schon auf meinen Bruder?“

Verlegen schaut sie weg und schnaubt sich die Nase. „Toll fand ich ihn schon immer, aber verknallt habe ich mich, glaube ich, erst so richtig die letzten Tage. Als wir so viel Zeit miteinander verbracht haben. Da ist er irgendwie noch toller geworden, und wenn ich ihn sehe, dann macht das so komische Sachen in meinem Körper.“

Ich betrachte sie schmunzelnd. Das ist echt so süß. Wie Verliebte sofort wieder vierzehn werden, egal wie alt sie sind. Das will ich auch eines Tages wieder erleben, aber das wird noch eine sehr lange Zeit dauern. Mein Herz darf erst mal heilen.

„Er ist so kinderlieb und hat früher schon davon geredet, wie gerne er eine Familie hätte …“, beginnt sie.

„Das stimmt. Aber er hat auch immer davon geredet, wie gern er eine tolle Frau an seiner Seite hätte. Und Kinder willst du doch auch, also vielleicht findet ihr einen anderen Weg, wie Adoption. Es gibt so viele Seelen, die sich nach Liebe und Familie sehnen."

„Ja, aber die meisten Menschen wollen doch ihre eigenen Gene sehen. Ich will auch wissen, wie ein Kind aussieht, das von mir stammt."

„Am Ende willst du das Kind aber nicht, weil du wissen willst, wie es aussieht, sondern weil du dich um jemanden kümmern und ihm eine Zukunft schenken willst, oder?"

Sie nickt.

„Dann schlage ich vor, du redest mit ihm, und dann kann er sich überlegen, ob das für ihn infrage kommen würde, bevor ihr euch noch mehr verliebt."

„Wie könnte ich? Ich weiß überhaupt nicht, ob es ihm so geht wie mir, und falls es ihm so gehen sollte, sind wir noch in der Vor-vor-vor-Phase von allem. Da komme ich doch nicht gleich mit Kindern. Das ist, als würde man den Ehering auf ein Date mitbringen." Sie wird rot und fleckig im Gesicht.

„Erstens, es geht ihm so wie dir."

Antjes Gesicht fängt an zu strahlen.

„Und zweitens. Du brauchst ja auch nichts direkt zu ihm sagen. Du kommst jetzt raus, erklärst, wie sehr du dir eine Familie wünschst, aber dass du selbst keine Kinder bekommen kannst und dich das gerade getriggert hat. Dann kann er daraus machen, was er will, und du wirst sehen, wie es weitergeht."

„Und wenn er mich dann nicht mehr will? Dann endet etwas, das noch nicht mal angefangen hat." Sie guckt betrübt auf ihre Füße.

„Und wenn er doch will?"

Antje schafft es, sich zu beruhigen, und macht alles so, wie wir es besprochen haben. Ich beobachte Dani dabei ganz genau. Der Arme. Vielleicht wird für ihn auch gleich eine Welt zusammenbrechen, aber wenn das so ist, merkt man ihm das nicht an.

„Tut mir leid“, sagt er stattdessen und muntert sie auf. „Ich weiß, das ist vielleicht nicht ganz dasselbe, aber man kann doch ein Kind adoptieren“, schlägt er stattdessen vor, und sie unterhalten sich darüber.

Ich entschuldige mich und verschwinde nun ebenfalls im Bad, lasse ihnen einen Moment. Als ich wieder rauskomme, umarmt er sie, und ich schmunzle. Dani schaut mich an und grinst bis über beide Ohren. Sein Gesicht sieht aus, als fühle er sich so glücklich wie noch nie. Verliebte sind herrlich und eklig. Es tut ein bisschen weh in meinem Herzen, doch glücklicherweise überwiegt die Freude.

Sie lösen sich aus der Umarmung.

„Wollen wir jetzt endlich weitermachen?“, fragt Antje und tut genervt. „Dieses Rumgeheule bringt keine Zuckerstangen zu *Muddis Stube*.“

Wir lachen und spielen das Spiel mit, kümmern uns weiter um den Süßkram.

# Kapitel 22

## 4. Advent
## 17. Dezember 2022 – Sonntag

Heute ist der erste Advent, auf den ich mich freue, stelle ich erstaunt fest. Ich freue mich auf Oma, auch wenn ich hoffe, dass sie nicht wieder ihre Aussetzer bekommt, und noch mehr freue ich mich darauf, dass wir zu *Muddis Stube* gehen und die ausgemisteten Sachen von Oma und Antje vorbeibringen. Und da wir massenweise Zuckerstangen kreiert haben, kann Antje nächste Woche jedem Kunden eine mitgeben, und wir haben immer noch genug für Muddi.

Mama holt gerade Oma ab, Papa steht in der Küche, und Dani sitzt seit Stunden an den Fotos von gestern. Wer weiß, was er damit wieder vorhat. Antje müsste auch jeden Moment kommen, und ich beschließe, den Kalender ohne Dani zu öffnen, um ihn nicht zu stören. Ich kann jedenfalls nicht noch länger auf ihn warten, weil ich sonst verrückt werde. Ich will meine Aufgabe wissen, also suche ich das siebzehnte Türchen. Krass, dass ich das schon so lange mache. Und wie sehr ich mich am Anfang gewehrt habe.

Da konnte ich eigentlich nur schlafen. Jetzt spüre ich zwar deutlich, dass ich noch nicht die Alte bin und viel Zeit für mich und Schlaf brauche, doch gleichzeitig fühle ich, wie meine Kräfte, meine Motivation, mein Kampfgeist zurückkommen. Es ist, als hätte ich einen Teil von mir abgestreift und dadurch hätte ich wieder zu einem älteren Teil, der meinen Kern ausmacht, gefunden.

Wenn ich an den Schuldenberg denke, wird mir immer noch schlecht, aber ich habe gesehen, wenn ich an Wunder glaube, dann kann der schneller erledigt sein, als ich mit der Wimper zucken kann, also versuche ich, weiterhin im Vertrauen zu bleiben und mich um meine Kalenderaufgaben zu kümmern. Ich habe ein bisschen Angst vor der Zeit nach Weihnachten. Ich befürchte, dass der Zauber dann verschwindet. Wie sieht mein Leben ohne Lichterketten und Schnee aus? Und ohne Kalender?

Zumindest muss ich mich nicht mehr fragen, was ich ohne Dani machen soll, denn ich bin mir ziemlich sicher, dass ich ihn in nächster Zeit oft sehen werde. Wobei, wenn er und Antje erst mal ein Paar werden, dann sehe ich sie vielleicht viel seltener, weil sie nicht mehr aus ihren Zimmern kommen. Nein, allein durch unser Projekt wird das nicht passieren. Wir haben schließlich einen Plan. Nur Oma müssen wir noch überzeugt bekommen, dass wir einen Engelskerzen-Shop im Internet haben werden.

Ein Klick lässt mich zusammenfahren, sodass ich erst da realisiere, dass ich auf das Kästchen gedrückt habe. Die Zeichnung des Tages bringt mich zum Lachen. Na das wird ein Spaß.

Ich rufe Mama an und flüstere ihr ein paar Anweisungen zu, und auch sie lacht.

Und dann ist alles wieder beim Alten. Antje, Mama und Oma kommen, wir setzen uns an den Tisch und die Konsistenz des Bratens wird ausgiebig besprochen. Ich höre einfach nicht hin und versuche ab und zu ablenkende Gespräche einzuläuten. So langsam bekomme ich Übung in dieser Kriegsführung am Tisch. Oma beschwert sich, dass ihr Teller zu voll ist, nimmt dann Nachschlag und Nachtisch. Es ist wirklich alles wie immer. Ich bin inzwischen klug genug, so etwas Wichtiges wie den Shop nicht beim Essen anzusprechen. Als alle satt sind, steht Oma auf, weil sie Schmerzen hat und deshalb nicht mehr sitzen kann. Wir anderen bleiben sitzen und reden. Oma kommt zu mir, streicht über mein Haar und staunt, wie lang es geworden ist. Und dann stellt sie fest, dass es dünn geworden ist und man mir das Alter wohl langsam anmerkt. Na danke. Mich trifft es, auch wenn ich mir nichts anmerken lasse. Später stehe ich im Badezimmer und betrachte mein Gesicht.

Die letzten fünf Jahre sind nicht spurlos an mir vorbeigegangen. Das sehe auch ich. Und was ich am schlimmsten finde, ist, dass ich mein Strahlen verloren habe. Nicht nur den Glanz in den Haaren, sondern das Lächeln, das von meinem ganzen Gesicht ausging. Meine unerschöpfliche Energie. Ich dachte, sie wäre ein Teil von mir, doch vielleicht gehört sie nur den Menschen in den Zwanzigern.

Ich gehe zu meiner Liste und schnappe mein Notizbuch. Ich habe einen Wunsch, der viel mehr Wert ist als eine eigene Wohnung oder so.

Ich will mein Strahlen zurück.

Da Oma nicht so gut sitzen kann, schlägt Mama vor, dass wir alle gemeinsam spazieren gehen. Sie erinnert uns daran, dass wir, wenn wir andere Ergebnisse wollen, andere Taten vollführen dürfen. Unsere Ratgeber-Mama.

„Abmarsch“, scherzt Papa und wir wagen uns hinaus in den Schnee. Mit Oma müssen wir seeeehr langsam laufen, aber es ist schön, sie draußen zu sehen.

„Ich weiß aber nicht, wie weit ich kann“, sagt sie unentwegt, ist wieder ganz die alte Oma, die auf ihren Schmerz fokussiert ist. Wobei, die alte Oma wäre gar nicht erst mitgekommen.

„Wirkt denn deine Kerze nicht?“, frage ich sie.

„Manchmal gibt es so etwas wie eine Erstverschlimmerung.“

„Wie bei der Physio“, überlege ich.

„Wie bei allem.“

„Das zeigt noch mal alles auf, was wegdarf“, mischt sich Mama ein.

„Ich denke, Oma weiß auch so, was wegdarf, oder Oma?“, frage ich sie lächelnd.

„Es ist nicht so leicht, sich nicht auf den Schmerz zu fokussieren, wenn er da ist“, gesteht Oma. „Früher konnte ich das besser.“

„Du bist eben aus der Übung. Das wird schon wieder.“ Ich hoffe, diese Floskel muntert sie ein bisschen auf. Und wenn nicht, dann wird ihr der folgende Satz auf jeden Fall Ablenkung bringen. „Oma, wir haben uns etwas überlegt“, leite ich ein und schaue hilfesuchend zu den anderen. Auch Papa und Mama sind hellhörig geworden und starren mich an. „Dani und Antje haben in der Woche eine ganze Nacht lang durchgearbeitet, um uns eine Überraschung zu machen.“

„Uns?“, fragt sie erstaunt.

„Willst du raten, was es ist?“

„Kind, ich bin achtzig, mir rennt die Zeit davon, da beginne ich jetzt keine Ratespiele.“

„Oma!“ Ich schaue sie entsetzt an. „Du hast noch viel Zeit.“

„Na, wenn es mir so geht wie heute, klingt das eher wie eine Drohung.“

„Es geht dir aber nicht immer so wie heute, und deine Kerzen werden dir schon helfen. Außerdem bleibe ich in der Stadt und werde dich jetzt öfter besuchen. Und zwar nicht aus Mitleid“, sage ich, bevor sie protestieren kann, „sondern, weil wir eine Aufgabe haben.“

Skeptisch guckt sie mich an. „Hör auf, in Rätseln zu sprechen, Claudia.“

„Dani und Antje haben einen Onlineshop für deine Engelskerzen kreiert. Der sieht wunderschön aus, und da können wir Kerzen und Anleitungen verkaufen."

Dani hat die Seite am Handy geöffnet und zeigt sie Oma.

Oma Gerda fasst sich an die Brust. „Kinder, ihr könnt doch nicht mein Gesicht da rein stellen."

„Oma, heutzutage kommt man wegen so was nicht mehr auf den Scheiterhaufen", beruhigt sie Dani. „Diese spirituellen Sachen sind alle schwer im Kommen, und es gibt noch nicht viel Professionelles dazu im Internet. Wir könnten damit wirklich groß werden und Geld verdienen."

Oma lässt sich nicht überzeugen, ihr Gesicht muss raus und niemand interessiert sich heutzutage mehr für Engelskerzen, ist ihre Meinung.

„Also da muss ich jetzt reingrätschen", unterbricht uns Antje. „Ich habe mich gerade mal eingeloggt, und ihr habt schon eine Anfrage für drei Kerzen. Der Mann will gerne den Preis wissen und ist so glücklich, dass er diese Seite gefunden hat. Man sieht, wie viel Liebe ihr in die Kerzen steckt, und er sucht so was seit Jahren für seine Frau als Überraschung zu Weihnachten. Die hat nämlich große Schmerzen, weil eine alte Krankheit aufgetaucht ist, und damals hatten ihr nur Engelskerzen geholfen."

Oma bleibt stehen. „Was denn für ein Mann?"

„Er kommt aus München und heißt Robert Engelmann."

„Den kenne ich nicht."

„Na, Oma, darum geht es ja. Menschen können deine Kerzen von überall kaufen, und du musst sie nicht mehr über einen Mittelsmann heimlich verhökern. Das geht jetzt alles ganz offiziell. Es ist nicht verboten. Eher das heimliche Verkaufen wäre heutzutage problematisch."

„Jetzt lasst Oma mal ihre Zeit. Sie kann da ja in Ruhe drüber nachdenken, oder?" Papa klopft ihr auf die Schultern, und Oma hakt sich bei ihm ein.

„Und was machen wir mit der Anfrage?“, hakt Antje nach. „Soll ich den erst mal warten lassen?“

„Na, wenn die Bestellung schon mal da ist, dann können wir die auch machen“, sagt Oma. „Wir können die arme Frau ja nicht ihren Schmerzen überlassen.“

Ich freue mich wie ein kleines Kind – oder wie Oma Gerda auf den Nachtisch –, und beobachte, dass sie gleich schneller läuft als zuvor. Als hätte ihr diese Aufgabe einen Auftrieb verpasst. Ich bin sicher, dass uns beiden der Shop guttun wird. „Und Papa hilft uns bei dem ganzen Finanzkram, oder Papa?“

„Ich bring euch alles bei, was ihr wissen müsst. Aber die Finanzen machst du, Claudi.“ Er lächelt mich an und meint es sicher gut, doch in mir löst der Satz etwas aus. Panik, Scham, Schuld, Erinnerung an meine Schulden, Wut und wieder Scham.

Dani bemerkt meine Gesichtsentgleisung. „Papa ist der beste Lehrmeister. Er hat die Fähigkeit, dir alles zu erklären, sodass man es versteht. Du weißt, wenn ich das kann, dann schafft Claudi-Raudi das erst recht. Denn von uns beiden warst du immer das Genie.“

Die Betonung liegt auf dem Wort *war*, denke ich und versuche, das zu verdrängen. Er hat recht, Zweifel haben hier nichts zu suchen. Ich konzentriere mich auf die Möglichkeiten und die Hoffnungen, dir mir dieser Shop bringt, und lausche Dani, der nun von unserer zweiten Shop-Idee erzählt.

„Ich mach keine Zuckerstangen“, schimpft Oma.

„Nein, Oma, wir machen nur Kerzen. Die Zuckerstangen machen Dani, Antje und ich.“

„Und hast du auch welche zum Kosten dabei?“, fragt Oma, als hätte sie seit Jahren nichts mehr zu essen bekommen.

Wir lachen.

Nach Kaffee, Kuchen und diversen Zuckerstangen bringen wir die Sachen zu Muddi. Oma bleibt dabei, dass sie nicht mitkommen möchte, sie hält lieber ein kleines Schläfchen. Mama bleibt auch zu Hause und kümmert sich um meine Aufgabe. Das muss taktisch alles gut durchdacht werden. Papa wird bei Muddi gleich wegen einiger Dokumente gebraucht, sodass wir mit aushelfen. Wir bleiben, bis Mama schreibt, dass das Essen fertig ist, und fahren dann zurück nach Hause. Nach dem Essen gehen wir in Danis Zimmer und besprechen ein paar Shop-Angelegenheiten, die beiden turteln und schäkern, was das Zeug hält. Inzwischen wissen sie ja, dass sie sich mögen, es traut sich nur keiner, einen ersten Schritt zu machen. Wozu auch, diese Phase ist ja eine der Schönsten.

Ich schleiche mich aus dem Zimmer, was sie nicht mal bemerken. „Alles erledigt?", frage ich Mama, die an meinem Zimmer vorbeikommt.

Sie hält grinsend ihren Daumen hoch.

„Kommt jetzt Phase zwei?"

Sie nickt kichernd. „Dani, Antje, könnt ihr mir mal helfen? Ich brauch ein paar Kartons vom Dachboden ins Wohnzimmer."

Ich verstecke mich derweil in meinem Zimmer, damit sie gar nicht erst auf die Idee kommen, sich zu fragen, wo ich bin und warum ich nicht mithelfe.

Ich höre, wie sie kurze Zeit später mit Kisten an meinem Zimmer vorbeigehen, und als ich höre, dass sie im Wohnzimmer sind, schalte ich laut das Lied an, das ihnen ein Zeichen geben könnte, warum sie gerade im Wohnzimmer stehen. „Was ist das denn?", ruft Dani.

Ich bin sicher, Antje weiß genau, was das ist, sie verkauft die Dinger schließlich. Mama und ich schleichen uns auf die Treppe und hören Antje sagen, dass dies ein Mistelzweig ist.

„Boah, das ist ein abgekartetes Spiel."

Antje lacht verlegen.

„Und Mama macht da auch noch mit? Warte einen Moment, ja?", fragt er sanft und rennt so schnell in den Flur auf uns zu, dass wir keine Zeit mehr haben, uns zu verstecken. „Ich werde diese Frau küssen, aber nicht, weil jemand einen Mistelzweig aufgehängt hat, und schon gar nicht, wenn das meine Mutter und meine Schwester waren. Also jetzt geht nach oben."

„Der Kalender ist schuld."

„Na, wenn das der Kalender sagt", äfft Dani nach und klingt dabei nicht wirklich sauer. „Nun geht und belauscht wen anders."

Wir gehen die Treppen hoch und schleichen uns dann wieder runter, sogar weiter als vorher, damit wir heimlich um die Ecke gucken können.

Dann hören wir Dani. „Ich werde das jetzt nicht tun, weil da ein Mistelzweig hängt, sondern weil ich das schon den ganzen verdammten Tag lang tun wollte. Und den davor. Und den davor …"

Auf einmal wird es ganz still, und wir sehen, wie die beiden sich endlich küssen. Stumm jubeln wir und schleichen uns die Treppe wieder hoch, gehen in mein Zimmer und hüpfen wie kleine Mädchen auf und ab.

# Kapitel 23

## 18. Dezember 2022 – Montag

Am nächsten Morgen stehen Dani und ich vor dem Kalender und fischen das achtzehnte Bild heraus. Darauf befinden sich eine Keule, Klöße und vermutlich soll das andere Rotkohl darstellen. Weihnachtsmenü und so.

„Was soll das? Soll ich jetzt ernsthaft ’ne Ente kochen?“, frage ich aufgebracht. „Das tue ich nämlich ganz sicher nicht.“ Ich verschränke die Arme. „Die spinnen ja wohl.“

Dani schnappt sich den Zettel und grübelt. „Und wenn ich mich um die Keule kümmere und du dich um den Rest?“

„Dann will ich trotzdem nicht dafür verantwortlich sein, Tiermord zu unterstützen. Dieser Kalender ist so altbacken“, schimpfe ich.

„Bei den anderen Aufgaben hat dich das auch nicht gejuckt, und du hast eine für dich modernere Variante daraus gemacht“, erinnert mich Dani.

„Stimmt. Vielleicht suche ich nach veganen Rezepten. Gib mir mal dein Handy“, bitte ich ihn und setze mich aufs Bett.

Er zögert einen Moment und reicht es mir dann. „Du sagst, wenn ich eine Nachricht bekomme, ja? Und wehe, du liest sie!“, mahnt er mich.

„He?“, frage ich, und im selben Moment fällt mir ein, dass er wahrscheinlich auf eine Nachricht von Antje wartet. „Ich hoffe, du hast ihr geschrieben und wartest jetzt nicht tagelang, bis sie sich meldet.“ Ich grinse.

„Natürlich habe ich das.“

„Wie war euer Kuss?“

„Du meinst den, den ihr mir versaut habt?“ Er versucht anscheinend, ärgerlich zu klingen, doch kann sein Grinsen nicht verstecken.

„Ja, den.“

„Das war der schönste Kuss meines Lebens. Und mehr sage ich dazu jetzt nicht. Such du deine vegane Ente raus, meld dich, wenn wir losfahren sollen zum Einkaufen, und bis dahin arbeite ich noch ein bisschen.“

Ich suche ziemlich lange nach Rezepten und finde zumindest im Netz welche, die täuschend echt aussehen. Ob sie dann auch so schmecken, ist eine andere Frage, aber ich werde es versuchen und mein Bestes geben. Mehr kann ich nicht tun, habe ich gelernt.

Gegen Mittag gehen wir einkaufen, Dani bezahlt, was mich an meine finanzielle Situation erinnert. Dieses Gefühl, kein Geld zu haben, dieses Gefühl der Machtlosigkeit, die Angst vor dem Bezahlvorgang steckt so tief in meinen Knochen, dass sie mich jedes Mal einholt. Die Panik erobert sofort meine Arme, meine Atmung ist flach und meine Knie werden weich. Wird das jetzt immer so weiter gehen? Ich will auf jeden Fall so schnell wie möglich wieder arbeiten und Geld verdienen, damit ich mich nie mehr so abhängig fühlen muss. Ich will frei sein.

Und genau das merke ich mir für mein Tagebuch. Als wir zu Hause sind, gehe ich hoch und schreibe meinen nächsten Wunsch auf:

Ich will mich frei und unabhängig fühlen.

Mama sagt schließlich, ich soll mich mehr darauf konzentrieren, wie ich mich fühlen will. Ich schließe die Augen und schaue, ob ich dieses Gefühl finden kann, ob es vielleicht schon mal da war und irgendwo in meiner Erinnerung vergraben ist. Die letzten fünf Jahre hat es sich jedenfalls nicht blicken lassen. Irgendwann habe ich es in eine Schublade gepackt, weil es nicht mehr passte. Wie ein altes Shirt, aus dem man rauswächst und dann einfach nur die neuen Shirts darüber einsortiert, bis man das Alte gar nicht mehr sieht und vergisst, dass man es überhaupt hatte.

Ich will da wieder reinpassen. Ich will das wieder fühlen. Und dann fallen mir Momente ein, klitzekleine, bei denen ich das Gefühl hatte. Ich erinnere mich daran, dass ich nach einem Konzert, auf das ich allein gegangen war, zu meinen Freunden lief. Es war abends, und ich hatte eine halbe Stunde zu laufen. Auch wenn es spät war, war die Stadt hellbeleuchtet, weil Weihnachtszeit war, und die Straßen waren bedeckt mit Schnee. Auf dem Weg zu meinen Freunden fühlte ich mich so unfassbar glücklich und frei. Die Musik meiner Lieblingsband in den Ohren, Schnee, ich, allein laufend mit der Aussicht auf einen tollen Abend mit Freunden. In diesen Moment fühle ich mich rein und versinke.

„Was machst du denn so lange?", ruft Dani aus der Küche.

„Mist", fluche ich. „Geschwister können einem alles versauen." Ich eile zu ihm in die Küche, und wir beginnen, die Austernpilze für ihre Verkleidung als Entenkeule fertig zu machen. Na, was heißt wir? Ich mache alles allein und Dani fotografiert.

„Wollen wir das in unseren Shop stellen? Wir sind sicher nicht die Einzigen, die nach so einem Rezept suchen", schlägt Dani vor.

„Lass uns das erst mal testen. Außerdem können wir doch nicht einfach ein Rezept von jemand anderem verkaufen."

„Das nicht, aber wir können eine Kooperation mit dem Urheber eingehen."

„Gute Idee", befürworte ich. „Aber lass uns jetzt erst mal kochen und kosten. Ich hab Videos gesehen, wie andere vegane Enten-Fertigprodukte probieren, die überall empfohlen wurden und die dann nicht so lecker waren, also abwarten."

„Wenn das gut wird, ne?", beginnt er. „Dann könnten wir sagen, dass wir Weihnachten das Kochen übernehmen und alle verarschen." Seine Augen leuchten groß bei dem Vorschlag. „So als Rache für all die blöden Kommentare."

„Dann müsste ich dich auch verarschen. Du machst selbst ständig welche."

„Sorry." Er zeigt mir seine Zähne, was wohl ein verzweifeltes Grinsen darstellen soll. „Aber das wäre doch mega, oder?"

„Die Vorstellung, wie Oma einer abgeht, weil das Fleisch so lecker ist, wäre der Hammer." Ich fange an zu lachen und breite unseren Einkauf auf der Theke aus. „Aber was, wenn es auffällt und keinem schmeckt? Dann haben wir das Essen versaut."

„Wir könnten Mama einweihen. Wir machen einfach zwei Gerichte. Was meinst du?"

„Geile Idee. Die erste Portion ist die vegane Variante und die zweite die echte."

„Aber dann darfst du nicht mitessen. Das fällt sonst auf."

Ich ziehe eine Schnute. „Oder du tust so, als kannst du nicht mehr an dich halten und wirst schwach. Die glauben dir doch eh nicht, dass du das Fleisch wirklich eklig findest."

„Okay, das sehen wir dann. Jetzt fangen wir erst mal an."

Am Nachmittag räumen wir weiter Antjes Keller auf und erzählen von unserer gelungenen Ente. Dani hat ihr eine Portion mitgebracht, damit sie kosten kann. Süß. Die beiden verhalten sich noch recht unbeholfen, schleichen umeinander herum, trauen sich aber nicht, sich anzufassen. Zur Begrüßung gab es eine Umarmung. Vermutlich ist es komisch, weil ich dabei bin. Ich beschließe, mir eine Ausrede einfallen zu lassen, wegen der ich die beiden allein lassen muss, damit dieses peinliche Rumgetänzel bald ein Ende hat.

„Leute. Ich wollte noch ein bisschen nachdenken und spazieren. Seid mir nicht böse, aber ich hau jetzt ab. Die letzte Kiste schafft ihr sicher ohne mich. Bei Omas Keller morgen bin ich dann wieder am Start."

Sie beteuern, wie schade sie es finden, doch ich sehe, dass sie froh sind, gleich allein zu sein.

Draußen gehen mir tausend Dinge durch den Kopf. Ich erinnere mich an den Moment im Schnee damals nach dem Konzert, ich freue mich, dass Dani und Antje zusammenkommen, aber ich fühle auch immer noch einen tiefen Schmerz in mir. Wie kann ich jemanden vermissen, der so ein Arschloch war, der alles vorgetäuscht hat? Ich hasse mich dafür, aber meine Gefühle sind nicht einfach weg. Der Kuss der beiden gestern hat mich daran denken lassen, wie es anfangs bei Heiko und mir war. Einerseits ist es schlecht, weil es so wehtut, andererseits habe ich das Gefühl, liegt da Heilung drin. Zu sehen, dass er am Anfang wirklich ein toller Mann war, oder vorgegeben hat zu sein, hilft mir zu verstehen, wie es so weit kommen konnte. Während ich durch den Schnee laufe, können meine Gedanken sich ordnen. Wie Hausputz, nur im Hirn. Hirnputz.

Auf dem Weg nach Hause laufe ich im Park vorbei und hoffe, Paula zu sehen, doch ich kann sie nicht entdecken. Vielleicht ist sie schon auf dem Weg zu *Muddis Stube*?

Die Idee mit den Onlineshops ist wirklich toll, doch ich zweifle daran, wie das gehen soll, dass wir damit Geld verdienen. Am Ende wird es nur ein teures Hobby, und ich komme nie aus den Schulden heraus. Ich fühle, dass es Zeit wird, sich einen Kopf zu machen, wie es weitergehen soll, und gleichzeitig bekomme ich Panik, weil ich noch nicht so weit bin. Nur was brauche ich denn, um so weit zu sein? Ich habe die Zeit nicht.

Papa sagt, ich soll mir im Januar anfangen, einen Kopf zu machen, aber wie soll das gehen? Ich habe jetzt Schulden und lebe auf ihre Kosten. Das Gefühl, eine Versagerin zu sein, kommt zurück. „Mann, Claudi", schimpfe ich mit mir. „Das ist das komplette Gegenteil von dem, was ich machen soll. Ich soll in die Gefühlswelt von sich frei und reich fühlenden glücklichen Menschen schlüpfen und gehe stattdessen schon wieder Horrorszenarien durch." Ich schüttle den Kopf und sehe aus wie eine Irre. Zum Glück sieht mich keiner. Die Mütze ziehe ich noch etwas tiefer.

„Hey", höre ich es rufen und drehe mich um.

Verdammt. Hier ist wohl doch jemand. Ich suche, aber finde niemanden.

„Hier", höre ich und meine, Paulas Stimme zu erkennen. Wieder drehe ich mich in alle Richtungen und sehe sie aus einem Gebüsch hervorkommen.

„Ach da bist du. Ich dachte, du bist schon weg."

„Ick wollt gerad los, da hab ick dia entdeckt. Haste wieder Jewitterwolken im Kopp?", fragt sie mich, als sie mich erreicht.

„Ein paar. Schön, dich zu sehen. Wie geht's dir?"

„Na dufte. Gleich jibt et wat Leckeret zu essen. Darauf freue ick mia schon. Heute warn die Leute richtig spendabel."

„Das freut mich. Ich begleite dich ein Stück."

„Willst de nich' mit?"

„Nee. Heute nicht. Ich bin gerade keine so gute Gesellschaft." Mann, Claudi, reiß dich zusammen. Du wirst doch jetzt nicht vor einer Obdachlosen jammern. Du hast viel mehr als sie. Wieder bekomme ich Schuldgefühle. Dieses Mal jedoch nicht, weil ich nichts habe, sondern zu viel. Wie kann das möglich sein, dass ich mich immer schuldig fühle?

„Wat isn los?", fragt sie und sieht mich skeptisch an, trägt ihre Tüten.

„Soll ich dir einen Rucksack besorgen? Dann musst du nicht immer mit diesen Tüten rumlaufen", frage ich stattdessen. „Ich finde bestimmt einen für dich."

„Ein Rucksack is' natürlich dufte, aber da werden meene Sachen im Rejen nass. Dat passiert bei de Tüten nich'."

„Du kannst die Tüten ja in den Rucksack packen", überlege ich. „Aber vielleicht finde ich ja noch einen, der wasserdicht ist. Wir kommen Freitag vorbei. Mal sehen, was sich bis dahin machen lässt."

„Du bist wirklich 'n Schatz." Paula lächelt. „Menschen wie dich sollte et viel mehr jeben."

„Bloß nicht." Ich winke ab. Was für eine katastrophale Vorstellung. „Menschen wie meinen Bruder sollte es viel öfter geben. Vor allem Männer wie ihn sollte es mehr geben."

„Ach, Liebeskummer haste."

Ich zucke mit den Schultern, weil ich nicht weiß, ob ich das so unterschreiben kann. Einerseits habe ich den, andererseits ist es viel mehr als das. Nur wer soll verstehen können, was mit mir los ist? Wie ich mich fühle? Wo kommen diese Schuldgefühle nur her? Und noch viel wichtiger, wie werde ich sie endlich los? Ich will mich nicht mehr so fühlen.

Da fällt mir ein, ich soll doch aufschreiben, wie ich mich fühle und dann das Gegenteil notieren. „Was ist das Gegenteil von Schuld?“, frage ich Paula.

„Unschuld“, antwortet sie. Darauf hätte ich selbst kommen können. Nur Unschuld ist nicht das Wort, das ich suche. Ich will mich nicht unschuldig fühlen, weil dieses Wort vermittelt irgendwie Schuld oder Sex. Wie will ich mich dann fühlen? „Hast du ein anderes Wort?“

„Na ja, wenn de schuldig bist, kommste in Knast oder rennst mit ’nem schlechten Jewissen rum, wenn de unschuldig bist, dann bleibst de frei, auch im Kopp.“

„Da wären wir wieder bei Freiheit“, stelle ich fest.

„Du redest komischet Zeuch. Haste wat anjestellt?“, fragt sie skeptisch.

„Nein, ich … ach, es ist kompliziert“, wimmle ich sie ab.

„Und du redest nich’ mit mir drüber, weil ick nur ’ne Obdachlose bin“, sagt sie, und ich sehe die Enttäuschung in ihren Augen.

„Nein“, rufe ich lauter als geplant. „Weil ich mich schäme, wenn ich dir von meinen unwichtigen Problemen erzähle, obwohl es dir viel schlechter geht.“

„Wer sagt, dass et mia schlechter jeht? Ick hab jute Laune, und du bist völlig durch ’n Wind.“

Ich halte inne. So kann man das natürlich auch sehen. „Aber …“, beginne ich und traue mich nicht, weiterzureden.

„Aber ick bin obdachlos?“

Ich nicke verlegen.

„Und trotzdem is’ in meenem Leben nich’ allet schlecht. Und trotzdem kann ick mit ’nem Lächeln ufstehn und trotzdem fühle ick mia nich’ schuldig, sondern frei. Ick schäm mia, ja, aber nur, weil mia andere dat Jefühl jeben, dat ick dat muss. Meen Ex hat mia früher jeden Tach halb totjeprügelt. Da war ick schlechter dran als du. Hier bin ick frei. Ick kann machn, wat ick will. Klar, nich’ allet, du weeßt schon, aber die wesentlichen Dinge.“

Tränen schießen mir in die Augen.

„Ick wollt dia jetz nich' noch zum Heulen bringen, Mann. Sorry. Ick kenn deine Situation auch jar nich'. Jetz mach ick dat, wat alle machn und jehe automatisch davon aus, dat es mia schlechter jing als dia jetzt, obwohl ick nischt über dia weeß." Sie legt einen Arm auf meine Schulter. „Tut mia leid."

„Das ist es nicht. Es tut mir nur so leid, dass du so etwas durchmachen musstest und auf der Straße zu leben für dich Freiheit bedeutet. Ich hatte unter Freiheit etwas anderes verstanden."

„Wat denn?"

„So viel Geld zu haben, dass ich alles machen kann, was ich will. Damit ich zum Beispiel ein Haus für dich bauen kann und Muddi viel spenden kann, so was eben."

„Du weeßt doch jar nich', ob ick 'n Haus will. Dat is' wie die Menschen, die einem einen Döner in de Hand drücken und meenen man sollte dankbar und dürfe nich' Vegetarierin sein."

„Das ist dir passiert?" Entsetzt reiße ich die Augen auf.

„Mia nich', aber m Kollejen. Der bekommt ständig Bockwurst oder 'ne Dose Fisch oder sowat jeschenkt. Und die Menschen sind sauer auf ihn, weil er einen freien Willen hat, nämlich den, keene Tiere zu essen."

„Nicht zu fassen."

„Uf de Straße muss man sich eben an solche Sachen jewöhnen."

„Aber genau das ist doch der Punkt. Jetzt glaube ich noch viel mehr, dass jeder sich eine Wohnung wünscht."

„Wat ick mia wünsche, is', dat ick jefragt werde, wat ick mia wünsch." Paula blickt mich ernst an.

„Okay, dann sag mir, Paula. Was wünschst du dir?" Ich hab nämlich wirklich nicht die leiseste Ahnung.

„Woher soll ick dat wissen, dat hat mia so lange keener mehr jefragt, dat ick et selber nich' mehr weeß."

Wir fangen an zu lachen.

„Und du?", fragt sie leise.

„Ich hab keine Ahnung. Ich dachte, ich wollte mich frei fühlen, aber nun hast du mein gedankliches Konzept von Freiheit durcheinandergebracht, und noch mehr Chaos herrscht im Kopf."

Lachend beschließen wir, bis Freitag eine Antwort auf die Frage zu haben.

# Kapitel 24

## 19. Dezember 2022 – Dienstag

Es ist mitten in der Nacht, und ich kann nicht mehr schlafen. Ein Alptraum nach dem nächsten jagt durch meine Träume. Um halb vier beschließe ich, aufzugeben. Ich zünde die Engelskerzen an und schnappe mein Tagebuch, um zu definieren, was für mich Freiheit bedeutet, wenn ich denn schon schreibe, dass ich mir wünsche, mich frei zu fühlen. Das Gespräch mit Paula hat mich so durcheinandergebracht. Und es führt mich immer wieder zurück, dass ich mich schuldig fühle. Zu der normalen Schuld kommt jetzt noch das Schuldgefühl, weil ich einfach über sie geurteilt habe. Wobei sie das ja auch getan hat. Ob sie sich auch schuldig fühlt? Na ja, sie hat sich dafür entschuldigt. Auch in dem Wort steckt Schuld. Boah, ist das alles kompliziert.

Ich schrecke hoch, weil es leise an meine Tür klopft.

Mama kommt rein. „Hey, Große, was machst du denn hier?"

„Ich kann nicht schlafen. Und du?"

„Ich war pullern und hab mich gewundert, weil ich es flackern gesehen habe. Ich dachte, vielleicht bist du mit den Kerzen eingeschlafen."

„Nee, die habe ich gerade erst angemacht. Ich hab schlecht geträumt", untertreibe ich maßlos.

„Kann ich zu dir kommen?", fragt Mama vorsichtig.

„Willst du nicht lieber wieder schlafen?"

Das scheint sie als Bestätigung zu nehmen, um sich zu mir zu setzen. „Was quält dich?" Sie streicht mir übers Haar. Vielleicht ist es genau der richtige Moment, um Ratgeber-Mama bei mir zu haben.

„Egal was ich tue, ich fühle mich immer schuldig", antworte ich und führe ihr meine wirren Gedanken aus. „Ich weiß nicht, wieso das so ist, und ich weiß noch weniger, wie ich das wieder wegbekomme. Aber wenn ich mich so fühle, dann werde ich doch nie glücklich werden, weil ich Glück gar nicht genießen kann, oder?" Ich lege das Tagebuch beiseite, und wir kuscheln uns unter die Decke. Es ist komisch, in dem Alter in ihren Armen zu liegen, und dennoch toll. Sie ist meine Mutter, und ich bin so dankbar, dass ich sie habe und sie für mich da ist.

„Nun ja", beginnt sie. „Zum einen kann es sein, dass du dich schuldig fühlst, weil es dir jemand lange Zeit eingeredet hat."

„Heiko", flüstere ich. „Ich war immer an allem schuld. Er hat mich manchmal stundenlang angeschrien." Mein Herz zieht sich zusammen. „Und jetzt fühle ich mich wieder schlecht, weil ich das mitgemacht habe. Ich fühle mich schuldig mir selbst gegenüber. Wieso war ich nur so dumm?"

„Mein Schatz. Das ist nicht so leicht. Das, was er gemacht hat, ist pure Manipulation. Man hört immer davon, wie schlimm häusliche Gewalt ist, aber wie schlimm die psychische ist, wird gerade erst erforscht und findet langsam Einzug in die Gesetze, damit so etwas strafrechtlich belangt wird. Das ist ein sehr langer Weg. Aber Fakt ist, dass es etwas mit unserem System macht. Was meinst du, warum Menschen sich stundenlang positive Affirmationen über Reichtum und Gesundheit anhören? Weil das Unterbewusstsein es aufnimmt und darauf reagiert. Das gilt natürlich genauso umgekehrt. Wenn dir jemand, und dann auch noch jemand, dem du vertraust, den du liebst, weismacht, dass du dumm, schuldig, blöd, hässlich bist, dann wirst du es irgendwann glauben. Es ist in deinem System, in deinem Körper."

Ich lausche Mamas Stimme und schaffe es nicht, weitere Fragen zu stellen. Mein Gehirn braucht einen Moment, um das alles zu verarbeiten. „Das heißt, Heiko ist schuld." Boah, wieder dieses Wort.

„Die Erklärung ist ein wenig zu einfach. Es gibt noch eine weitaus größere Erklärung."

Nun bin ich gespannt.

„Wir reden uns den ganzen Tag lang ein, dass wir Schuld haben, weil wir uns dann nicht eingestehen müssen, dass wir machtlos waren. Und das ist das schlimmste Gefühl von allen."

„Wie meinst du das?"

„Du redest dir jetzt die ganze Zeit ein, dass du viel früher hättest gehen, die Bücher checken oder sonst etwas machen müssen, richtig?"

Ich nicke.

„Doch die Wahrheit ist, hättest du das gekonnt, hättest du es gemacht."

Ich gehe mit meinen Gedanken zurück in die Vergangenheit. In der Tat war da manchmal so ein Gefühl, das ich ergründen wollte, aber ich konnte nicht. Ich konnte meinem Alltag nicht entkommen.

„Und jetzt ist es viel leichter, sich im Nachhinein zu sagen, dass man Schuld hat, weil … Denn sich schuldig zu fühlen, ist weniger schlimm, als nichts tun zu können. Einzusehen, dass man machtlos war. Indem wir uns einreden, dass wir etwas hätten tun können, gestehen wir uns mehr Macht zu. Verstehst du das?"

Ich schweige.

„Niemand will ohne Macht sein. Zu wissen, dass du nichts tun konntest, ist vermutlich sehr schwer."

Und dann kann ich sie nicht mehr aufhalten. Tränen schießen mir über die Wangen, und ich beweine mich und meine Vergangenheit.

„Das ist gut, mein Schatz. Lass es raus. Das schafft Platz, nimmt den Druck, und du wirst dadurch das Alte los. Das ist gut", wiederholt sie und streichelt mir übers Haar, bis ich mich nach einer Weile beruhige.

„Wie schaffe ich es, dass es mir wieder besser geht?"

„Indem du dir eingestehst, dass es so ist. Akzeptiere es als Teil deiner Vergangenheit. Dann wirst du daraus lernen. Fehler sind nämlich einfach nur Wege, um kennenzulernen, wie man es nicht mehr will, also im Grunde etwas Gutes."

„Die letzten fünf Jahre sollen was Gutes haben?"

„Okee, okee. Das ist Persönlichkeitsentwicklung für Fortgeschrittene." Mama lacht. „Belassen wir es erst mal dabei. Ich will dir noch ein Beispiel geben. Paula lebt auf der Straße, und du fühlst dich schuldig, weil du es nicht tust. Warum tust du das?"

Ich weiß keine Antwort.

„Weil du dir dadurch einreden kannst, dass du verantwortlich bist, also Macht gehabt hättest, das zu ändern. Hast du aber nicht. Du kanntest Paula nicht mal. Jetzt kannst du etwas tun, nämlich bei *Muddis Stube* helfen. Du kannst trotzdem nicht dafür sorgen, dass sie sofort eine Wohnung bekommt und glücklich ist. Für Glück ist sowieso jeder selbst verantwortlich, doch du tust so, als hättest du die Macht, das zu ändern, und tust es bloß nicht."

„Okay, das ist verwirrend, aber ich glaube, ich versteh, was du meinst", denke ich laut. „Und wie komm ich da nun wieder raus?"

„Der Schlüssel ist immer Akzeptanz und Dankbarkeit. Akzeptieren, dass deine Situation nun mal so ist, wie sie ist.

Dafür kannst du Verantwortung übernehmen. Und dann überlege dir, wofür du alles dankbar sein kannst. Schreibe es dir auf einen Zettel oder in dein Tagebuch, sodass du an schlimmen Tagen sehen kannst, was da alles steht. Die ganzen erfolgreichen Menschen haben solche Erfolgsbücher und schreiben sich das jeden Tag auf."

„Jeden Tag?"

„Ja, wirklich. Du musst das nicht jeden Tag tun, aber immer, wenn es dir schlecht geht, kannst du damit dagegen ankämpfen."

„Aber ist es denn nicht ok, wenn es mir mal schlecht geht?"

„Ja, klar ist das ok. Aber trotzdem hilft es, zu sehen, was man alles hat. Denn die Antwort ist auch hier wieder der Fokus."

Ich schließe meine Augen, lasse mir ihre Antwort durch den Kopf gehen und schlafe ein.

„Ach, hier bist du!", stellt Papa fest und reißt uns aus dem Schlaf.

„Papa, ich hab fast einen Herzkasper bekommen", schimpfe ich.

„Wie spät ist es?", fragt Mama erschrocken.

„Du hast noch Zeit. Der Wecker hat gerade erst geklingelt. Ich bin bloß wach geworden und hab dich erst mal im ganzen Haus gesucht. Jage mir nicht noch mal so einen Schrecken ein", schimpft er und lässt uns wieder allein.

„Ups", sagt Mama und kichert.

„Süß, wie er sich sorgt."

„Geht's dir gut?", fragt sie.

„Ich glaube schon. Ich werde das nachher mal aufschreiben."

Mama steigt aus dem Bett. „Prima." Sie will gerade das Zimmer verlassen, als sie sich noch mal zum Kalender dreht. „Lass uns den heute zusammen aufmachen. Ich bin neugierig."

Ich hüpfe aus dem Bett und klicke das neunzehnte Türchen auf. Das werde ich echt vermissen. Das Gefühl, Oma bei mir zu haben, sie zu riechen und zu spüren, wenn ich nach den Zetteln greife. „Mach du auf", sage ich und drücke Mama den Zettel in die Hand.

Sie grinst, als sie auf das Papier starrt, und gibt es mir. „Viel Spaß", sagt sie und geht.

„Rentiere?", frage ich verwirrt.

Anstatt Dani zu wecken, gönne ich ihm seinen Schönheitsschlaf. Der kam nämlich laut Mama erst sehr spät nach Hause und da wir eh relativ früh zu Oma wollen, hat er nicht so viel Zeit zum Ausschlafen. Ich mache mir die Kerzen an, denn wenn man sich Dani so ansieht, funktioniert das ziemlich gut. Im Schneidersitz sitze ich auf meinem Bett und schreibe, was Mama mir in der Nacht alles erklärt hat, um meine verwirrten Gedanken zu ordnen. Es klappt richtig mega. Als ich fertig bin und Mama und Papa längst bei der Arbeit sind, zaubere ich ein tolles Frühstück und stelle es Dani ans Bett. Vielleicht wird er ja vom Kaffeeduft wach. Vorsichtig schleiche ich mich in sein Zimmer und sehe, dass er mit dem Laptop eingeschlafen ist. Wer weiß, an was er wieder gearbeitet hat?

Ich stelle das Tablett auf seinen Nachttisch, wedle den Kaffeedampf in seine Richtung und schleiche mich zurück zur Tür.

„Claudi-Raudi?“, fragt er verschlafen.

„Guten Morgen“, flüstere ich, warum auch immer.

„Wird das jetzt doch ein Wettkampf zwischen uns?“, fragt er und grinst, obwohl er kaum die Augen aufbekommt.

„Na das war ja wohl ’ne lange Nacht“, sage ich nun freudestrahlend.

„Ja, aber anders, als du denkst. Antje und ich haben an unserer Idee gearbeitet. Schau mal.“ Er setzt sich auf, und ich gehe zu ihm. „Sie ist einfach ein richtiger Websiteprofi. Total krass.“

Ich gucke auf den Bildschirm, den er startet, und staune. „Und du bist ein echt krasser Fotograf. Alter, die Bilder sind der Hammer.“

„Und du bist ein tolles Model und eine super Bastel-, Back- und Sonst-etwas-Frau.“

„Eine Bastel-, Back- und Sonst-etwas-Frau?“

„Du weißt schon. Eine Alleskönnerin. Und du machst dich sogar todtraurig noch toll als Model. Schau doch mal die Bilder von den Plätzchen. Da ging es dir noch richtig schlecht und trotzdem sind die Fotos mega. Als würdest du mehr ausstrahlen.“

Die sehen wirklich gut aus, wundere ich mich. Keine Ahnung, wieso, aber ich finde, auf Bildern sah ich schon immer besser aus als in echt. Besonders, wenn Dani sie gemacht hat.

„Wir dachten, da jetzt die Weihnachtszeit ist, wäre es doch clever, schon mal was auf die Website zu stellen, was die Leute kaufen können. Also haben wir einfach angefangen. Hier kann man die Plätzchen nachbacken.“

„Aber wir verkaufen keine Anleitung zum Plätzchenbacken?“, frage ich skeptisch.

„Nein, man muss schon viel gratis Content geben. Aber weißt du, was wir gemacht haben? Das nennt man Affiliate. Wir stellen unsere Utensilien zum Backen vor und verlinken die zu Shops, von denen wir so was wie eine Provision bekommen, wenn wir etwas verkaufen. Wenn das nur drei Leute machen, kommt da nicht wirklich was bei rum, aber wenn wir viele Tausende Leute auf die Website bekommen, dann kann man da ziemlich gut dran verdienen. Schau mal, und ich konnte meine Geschäftspartner gleich überzeugen, dass ich ihr Rezeptbuch, für das du gemodelt hast, bewerben kann. Hier bekommen wir fünf Euro pro verkauftem Buch." Dani kommt selbst aus dem Staunen nicht mehr raus. Als hätte man eine Seltersflasche geschüttelt und den Deckel abgedreht.

„Ich dachte, das wird nur so eine verrückte Idee, von der man träumt, aber die man nicht ernst meint." Ich starre immer noch auf die tolle Website.

„Wir sind Macher, das weißt du doch."

„Und genau deshalb machen wir uns jetzt mal langsam fertig, Oma wartet aufs Engelskerzenmachen." Ich brauche einen Moment, um das alles zu verdauen. Es geht so schnell, er ist so motiviert, und ich bekomme Angst, weiß nicht mal genau, wovor. Angst davor, zu scheitern, zu versagen, zu früh anzufangen, meine Zeit zu vergeuden, keine Ahnung, Angst, die anderen zu enttäuschen.

Abends liege ich im Bett und denke über den Tag nach. Wir waren viele Stunden bei Oma, stellten weitere Engelskerzen her und ließen uns dabei filmen und fotografieren. Wenn wir Omas Gesicht nicht zeigen, dann ist sie bei unserem Online-Shop dabei, denn sie wird gebraucht und kann ihre Expertise einbringen. Genau das, was sie braucht. Sie war auch schon wieder viel fitter als am Sonntag. Oma hat beschlossen, nach Weihnachten eine Weile auf Süßkram zu verzichten, weil sie glaubt, dass es ihrem Körper dann besser geht. Dafür hat sie sich heute sogar eine Kerze erstellt.

Wir konnten auch einen weiteren Karton ausmisten, mehr schaffte sie emotional nicht. Ich hatte Angst, sie zu überfordern, doch als sie sagte, dass sie mit jedem Karton, der weg sei, besser atmen könnte, wusste ich, dass wir das Richtige tun. Nur weil etwas emotional schwer ist, ist es eben nicht schlecht. Das hat mich zum Nachdenken gebracht. Wenn es eine Überschrift für diese Zeit geben würde, dann würde ich sie „emotional schwer“ nennen.

„Mist“, fällt mir ein, als ich zum Kalender starre. Den habe ich heute total vergessen. Ich sollte mich doch um Rentiere kümmern. Na ja, morgen ist ein neuer Tag. Heute schreibe ich nur noch ein paar Gedanken nieder und dann falle ich todmüde in tiefen Schlaf.

# Kapitel 25

## 20. Dezember 2022 – Mittwoch

Na hier schleicht sich was ein“, murmle ich, als ich merke, dass ich schon wieder vor Dani wach zu sein scheine. Wer weiß, vielleicht haben sie erneut die ganze Nacht gearbeitet. Dani ist nach unserem Spaß bei Oma zu Antje gefahren, angeblich, um die Website zu besprechen. Ich wollte das verliebte neue Glück lieber nicht stören.

Im Haus ist es still, und ich habe keine Ahnung, was ich mit dem Tag anfangen soll. Ich brauche eine Aufgabe, damit ich nicht im Gedankenchaos versinke.

Gott sei Dank, ich höre Danis Tür. Was würde ich bloß ohne ihn tun? Im Ernst, wäre ich irgendwo allein untergekommen, ohne meine Familie und Freunde, dann würde ich vermutlich immer noch den ganzen Tag schlafen und Trübsal blasen.

„Dani“, rufe ich. „Darf ich mir dein Handy ausleihen zum Googeln? Für die Kalenderaufgabe?“

Ich höre die Spülung, und dann kommt er in mein Zimmer. „Was ist die heutige Aufgabe?“

„Da du so beschäftigt mit Rumturteln bist, hast du nicht mal gemerkt, dass gestern die Aufgabe Rentiere lautete, die ich nicht erfüllt habe."

„Rentiere?" Dani beginnt laut zu lachen.

„Ja, und ich hab keine Ahnung, was ich jetzt machen soll."

„Na dein Lieblingsbruder dafür umso mehr. Lass mich mal kurz telefonieren und dann sag ich dir Bescheid."

Oh, ohhh. Das kann nichts Gutes verheißen. Ich verkleide mich auf jeden Fall nicht als Rentier. Ich springe auf und geh mich duschen, damit ich bereit für den Tag bin, falls Dani mich gleich mit Informationen überfällt, die mir vielleicht keinen Spaß machen. Hauptsache, er kommt hier nicht mit so Tierquälerei-Sachen. Rentier-Schlittenfahrt oder so.

Kurze Zeit später sitzen wir beim Frühstück. „Will ich es wissen?", frage ich ihn und verstecke mein Gesicht in meinen Händen.

„Ja!"

„Du bist dir sicher, dass es nichts mit Tiere quälen ist?"

„Ja!"

„Na dann los", fordere ich ihn auf.

„Wie, du glaubst, ich sage dir, was du heute vorhast?"

„Ja, na klar." Ich schaue ihn skeptisch an.

„Iss deinen Pfannkuchen. Dann geht's los."

Er grinst und lässt keine weitere Information durchsickern.

Na toll. „Dann musst du mir eben von dir und Antje erzählen. Küsst sie gut? Habt ihr schon … Du weißt schon?"

„Ehm … Du bist meine Schwester und sie ist deine beste Freundin. Von mir erfährst du gar nichts." Er schaut verträumt in seinen Kaffee.

„Dein Gesicht reicht mir schon. Seid ihr denn jetzt zusammen oder ist das so neumoderner Mal-gucken-Kram?"

„Wir sind zusammen."

„Juchuuu", juble ich. „Dann hab ich ja jetzt endlich eine Schwester."

Dani fährt nach dem Frühstück mit mir zu einer Kundin, und ich habe echt Angst, dass hier gleich Rentiere auftauchen, die schlecht gehalten werden, nur damit man zu Weihnachten Bilder von ihnen machen kann, aber Dani überrascht mich mal wieder.

„Mensch, Claudi, denk doch mal nach", sagt er als wir vor einem fremden Haus stehen. „Wir machen doch einen Kreativ-Shop. Das Kreative ist eigentlich deine Aufgabe, also denk nicht so engstirnig, sondern kreativ."

Häh?

Die Tür geht auf. „Hallo, ihr zwei, kommt doch rein." Die Frau winkt uns in den Flur. „Ich bin Marla", begrüßt sie mich. „Tolle Idee mit eurem Online-Bastelshop."

„Danke. Ich weiß nur leider noch nichts über dich."

Sie fordert uns auf, ihr zu folgen. „Das wirst du schon gleich verstehen", sagt sie verschwörerisch.

Die machen es aber auch wieder geheimnisvoll.

„Das hier ist mein Büro oder eher meine Werkstatt", stellt sie den Raum vor, in den wir gerade gehen. „Ich nenne es meine kleine Kreativ-Hütte."

Ich komm aus dem Staunen gar nicht mehr heraus. Überall liegen Perlen, Stoffe, Klebepistolen, Holz und so weiter.

„Woooooow."

„Und du bist heute deswegen hier", sagt sie und gibt mir ein süßes Rentier in die Hand. Es steht auf einer kleinen Holzplatte, besteht aus Filz und so was wie Teppich und sieht ultrasüß aus. „Das hast du selbst gemacht?"

„Ich habe einen Bastel-Shop. Allerdings nicht so wie ihr, online, sondern richtig oldschool mit Laden und so."

„Warte, dir gehört der Laden neben *Antjes Blumenladen*?"

„Korrekt", bestätigt sie und wirft mir eine Schürze zu. „Und wir basteln jetzt Rentiere. Du weißt schon, dass es neun gibt, oder?"

Ich ignoriere ihre Frage. „Aber dann sind wir doch Konkurrenten, wieso zeigst du mir, wie es geht?"

„Du verkaufst die Anleitung, an der ich mitverdiene, und wenn die Leute merken, dass es zu viel Aufwand ist, darfst du fertige aus meinem Laden verkaufen. Win-Win für uns beide. Und falls bei mir jemand im Shop fragt, wie man die herstellt, was öfter vorkommt, als du denkst, kann ich dann auf euch verweisen."

„Das ist ja mega."

„Zusammen erreichen wir viel mehr, als wenn wir dieses blöde Konkurrenzdenken haben. Wir könnten das nicht nur mit den Rentieren so machen. Ich finde Danis Idee wirklich mega." Sie strahlt. „So, und nun müssen wir loslegen. Ich hab nicht so viel Zeit. Darf ich vorstellen?" Sie zeigt auf die verschiedenen Rentiere, die sie anscheinend vorbereitet hat, um sie nachzumachen. „Das sind Dasher, Dancer, Prancer, Vixen, Comet, Cupid, Donner und Blitz und natürlich Rudolph."

Den Abend verbringe ich leider wieder ohne Dani, da er bei Antje ist. Zugegeben, ich habe mich freiwillig rausgezogen. Ich habe zwar mehr Energie als vor ein paar Wochen, aber will es auch nicht übertreiben. Die Abende zu Hause in meinem Zimmer mit dem Tagebuch sind irgendwie schön. Auch wenn ich immer Angst habe, in ein tiefes Loch zu fallen und nicht mehr rauszukommen, habe ich das Bedürfnis nach allein sein. Außerdem will ich keine frisch Verliebten sehen, weil ich selbst noch zu sehr im Liebeskummer stecke. Am Tag spüre ich es kaum, doch abends kommen die Erinnerungen. Ich habe das Gefühl, dass es wichtig ist, sie aufzuschreiben, weil es sich so anfühlt, als würden sie dann fortgehen können und mich nicht alle paar Stunden überfallen.

Der Tag hat mega Spaß gemacht und ich habe mal wieder alles um mich herum, vergessen. Aus dieser fixen Online-Shop-Idee ist binnen weniger Tage eine tolle Geschäftsidee geworden, und ich fühle kribbelnde Vorfreude, weil es so Spaß machen könnte, aber ich habe auch mega Angst, zu versagen. Das Gute ist, dass ich bisher nicht in Vorkasse gehen musste. Die Ausgaben, die wir hatten, haben Antje und Dani übernommen. Das ist beruhigend, auch wenn ich ein schlechtes Gewissen habe. Doch Mama hat ja gesagt, dass ich mich darauf gar nicht so sehr konzentrieren darf. Alle wissen, wie meine Lage derzeit ist, und sind froh, dass wir gemeinsam etwas schaffen können. Eine Vision haben. Ich denke einfach immer an meine Freundin mit dem Kaffee. Wie sehr wir uns gefreut haben, wenn wir für ihren Kaffee zusammenlegen durften. Das beruhigt mich. Nur wie soll das mit dem Shop gehen? Verdient man da wirklich Geld mit, oder ist das alles nur Hobby? So richtig kann ich es mir nicht vorstellen, denn so etwas aufzubauen dauert bestimmt superlang. Wobei Dani natürlich viele Kunden kennt, wodurch wir eine Abkürzung nehmen können. Ach, das überfordert mich alles. Und vor allem, ist es mein Traum oder der der anderen?

Ich schließe die Augen und gehe in mich. Wenn ich daran denke, dass mein Leben so aussehen könnte, dass ich mit Basteln Geld verdienen würde, dann wäre das toll. Automatisch beginne ich zu grinsen, während ich meine Vision träume.

Morgens das Frühstück am Bett von einem tollen Mann, der nicht mein Bruder ist, dann aufstehen und mit Lieblingsmusik in den Tag starten. Beim Kaffee überlege ich mir, was ich in den nächsten Tagen basteln will, und durchforste das Internet. Danach gehe ich in meine Kreativ-Hütte, wie Marla eine hat, und fange an zu werkeln. Ab und an macht Dani Bilder. Antje, Dani und ich sehen uns fast täglich, damit wir gemeinsam unsere Aufgaben besprechen, und irgendwie bekommen wir jeden Monat mehr Geld ausgezahlt. Das wäre mega.

Ich öffne die Augen, und es kribbelt ganz tief in meinem Bauch. Ich glaube, das ist das Richtige.

Ein Klick lässt mich zusammenzucken. Oma Traudel scheint wieder hier zu sein und zu fühlen, dass ich bereit für den nächsten besten Schritt bin. „Ach, Oma, ich hätte nie gedacht, dass ich mich so fühlen könnte, wenn ich an meine Zukunft denke“, flüstere ich. „Danke.“

Ich gehe zu dem zwanzigsten Kästchen, das aufgesprungen ist, und fische nach dem Zettel. Das werde ich echt vermissen. Was ich auf dem Zettel sehe, verstehe ich nicht. Ein Herz?

# Kapitel 26

## 21. Dezember 2022 – Donnerstag

Wieder bin ich diejenige, die Dani mit Frühstück weckt. So langsam hole ich auf, und ich fühle mich dabei fast ein bisschen besser. Ich kann etwas zurückgeben, und das ist ein gutes Gefühl. Wir sitzen in Danis Bett und essen gemeinsam Toast und Obstsalat, während Dani mir zeigt, was er und Antje gestern noch am Shop getan haben. Einfach Wahnsinn. Es sieht so professionell aus, dass es mir schwerfällt, das alles zu verstehen. „Meinst du, ich sollte Herrn Schmidt morgen davon erzählen?“

„Unbedingt. Ich glaube, wenn Kreditgeber sehen, dass man es ernst meint und professionell angeht und man nicht mal viele Kosten im Vorfeld hat, dann sind sie erfreut. Aber ob es dich vor einem vorübergehenden Angestelltenjob bewahrt, weiß ich nicht.“

„Du meinst, weil wir zu wenig verdienen werden am Anfang, oder?“

„Ja, ich mein, du sparst zwar dadurch, dass du hier wohnst, aber du hast ja trotzdem Kreditraten zu zahlen.

Und ich glaube zwar, dass es schnell mit unserem Shop gehen kann, aber ob es so schnell geht, weiß ich nicht."

„Aber wenn ich irgendwo arbeite, dann hab ich keine Zeit für den Bastelshop."

„Ich weiß. Papa hilft uns heute Abend, einen Businessplan aufzusetzen. Den könnt ihr dann morgen gleich vorstellen."

Ich schaue nachdenklich auf den Laptop. Mein Magen zieht sich schon wieder zusammen, wenn ich an morgen denke. Muss man denn so einen Termin auch zwei Tage vor Weihnachten machen? Ist ja schlimm.

„So oder so wird es gut sein, dass er sieht, dass du nicht untätig bist. Das wird schon." Er springt aus dem Bett und stellt seinen Teller auf den Nachttisch. „Hier, wir haben die Seite schon für Mobilgeräte gemacht. Teste mal, ob alles funktioniert." Er gibt mir sein Handy und verlässt sein Zimmer.

Ich kann es immer noch kaum fassen, wie geil diese Seite aussieht. Man erkennt gar nicht, dass wir Neulinge sind, und ich kann mir wirklich vorstellen, dass es klappen kann. Wieder kribbelt es aufgeregt in meinem Bauch. Das ist besser als Verliebtsein. Glaube ich zumindest.

Auf Danis Handy geht eine Nachricht ein. Ich lese den Absender, und mein Körper wird sofort von einer Welle von Gefühlen durchflutet. Heiko. Ich öffne sie ganz automatisch, schließlich ist sie ja für mich gedacht, und lese: *Du warst schon immer eine scheiß Freundin, deshalb habe ich die ganze Zeit mit anderen gefi***. War so klar, dass du es verkacken wirst. Du wirst nie etwas zustande bringen. NIE! Dass jemand dich ausgehalten hat, war die absolute Ausnahme. Ich war nur aus Mitleid mit dir zusammen. Endlich bin ich frei. Sieh zu, wie du ohne mich klarkommst. Bitch.*

Das war … Wie kann er … und wenn er … Meine Gedanken überschlagen sich. Panik breitet sich in meinen Gliedmaßen aus, Luft wird knapp, Tränen füllen meine Augen, und mein Herz wird zerschmettert von einem Schlaghammer. Ich … Aber …

Kein klarer Gedanke. Nichts. Trauer. Wut. Angst. Verzweiflung. Hilfe. Ohnmacht.

Dani betritt den Raum, sieht wahrscheinlich den Trümmerhaufen, den er seine Schwester nennt, und redet mit mir. Ich höre seine Worte nicht, nehme sie wahr, als wär zwischen uns eine Wolke. Ich höre nur immer wieder Heikos Worte, als hätte er sie mir direkt ins Ohr geschrien. Hat er leider oft genug. „Du wirst nie etwas zustande bringen. NIE!", höre ich ihn so wie früher, wenn er mir die neuen Zahlen vom Laden vorgestellt hat, die immer und immer schlechter geworden sind.

Dani reißt mir das Handy aus der Hand, liest, flucht und schüttelt mich. Es dauert, bis ich mich wieder fange. Ich war wie weggetreten, doch irgendwann dringen seine Worte zu mir. „Hat er so schon mal mit dir geredet?", fragt Dani mich entsetzt.

Ich nicke, unfähig, Worte dafür zu finden. Scham überflutet mein Gesicht mit Hitze. Ich war so dumm. Oder bin ich es noch? Hat er recht? Ich weiß es nicht, ich weiß gerade gar nichts.

„Hey, du glaubst doch nicht etwa, was da steht, oder?" Dani klingt beunruhigt.

„Manchmal", flüstere ich.

„Claudi, der Mensch ist gestört. So etwas darf man niemals zu irgendjemanden sagen. Du bist der liebenswürdigste Mensch, den ich kenne. Wärst du nicht meine Schwester … Okay, das ist eklig, seh ich ein", unterbricht er sich und lacht.

Mir entringt er damit ein Lächeln.

„Komm. Das muss aus deinem System. Ich hab dich noch nie so gesehen. Als hätte er 'ne Hypnose gesprochen oder so. Zieh dich an. Wir gehen raus."

„Ich will nicht raus." Ich will schlafen, das traue ich mich aber nicht zu sagen.

„Ist mir egal. Wir müssen aus diesem Haus und dir den Kopf zurechtrücken. Du willst doch, dass es dir besser geht, oder?"

„Wie?“, frage ich verzweifelt und beginne wieder bitterlich zu weinen.

„Ich lass mir was einfallen. Mach dich fertig.“ Er zieht mich aus dem Bett und umarmt mich so lange, bis ich mich wieder einkriege.

Ich dusche und wasche Heikos Worte von mir. Stelle mir vor, wie sie in den Abfluss fließen und von mir gehen. Danach fühle ich mich ein bisschen besser. Was war das für ein Anfall? Ich habe mich gefühlt wie damals, als ich noch auf Malle war. Wie oft saß ich so apathisch in meinem Zimmer und war nicht mehr ansprechbar? Es war wie eine schützende Barriere, damit ich seine Worte nicht weiter hören musste. Es war schlimm.

„Und was machen wir jetzt?“, frage ich, als ich im Auto sitze.

„Mama hat mir jemanden empfohlen, der ihr damals geholfen hat. Es ist eine Freundin von ihr. Sie ist Heilpraktikerin und kann eine Menge. Ihr Spezialgebiet ist, Traumata aus deinem Körper zu bekommen.“

„Trauma? Übertreibst du nicht gerade?“

„Ganz bestimmt nicht. Ich habe dich noch nie so gesehen, und ich wette, das war nicht das erste Mal, dass du das hattest. Das, was er dir angetan hat, war schlimm und sitzt tief. Das muss aus dir raus. Es ist wie Gift. Wenn es nicht aus deinem Körper ist, kannst du dir noch so oft sagen, dass du glücklich bist oder sein willst, es geht nicht. Es ist, als würdest du frische Farbe über schimmelige Wände streichen. Der Schimmel kommt immer wieder durch, weil er nicht weg ist.“ Dani hält an einer roten Ampel.

„Woher weißt du das alles?“

„Mama.“

Ich lache, immerhin geht das wieder. „Unsere Ratgeber-Mama weiß wirklich alles.“

„Wer weiß, warum? Vielleicht auch dank dieser Zeit. Hat sie dir schon davon erzählt, als sie den Kalender hatte?“

„Nein. Aber ich glaube, es wird Zeit."

Dani parkt und setzt mich ab. „Soll ich mit reinkommen?"

„Nein, geh du zu deinem Termin. Ich weiß doch, dass der wichtig ist. So schaffst du ihn noch."

„Den habe ich längst auf heute Nachmittag verschoben. Ich hab frei."

Kurz will ich protestieren. Ich will nicht, dass er meinetwegen etwas absagt, aber ich freue mich natürlich, dass er das für mich getan hat. Trotzdem möchte ich nicht, dass er bei dem Gespräch mit dabei ist. Oder doch? „Du kannst ja drinnen dann warten. Im Auto wird es zu kalt. Vielleicht geht es ja auch ganz schnell." Die Vorstellung, da allein reinzugehen, ist nämlich zum Kotzen. Ich brauche jetzt nicht stark zu sein, weil mein Bruder es für mich ist. Das ist schön.

„Okay." Er steigt aus, und als ich das ebenfalls tue, hakt er sich bei mir ein. „Wir kriegen den Bastard aus deinem Körper, wie auch immer sie das machen wird. Ich glaub, sogar ich brauch jetzt 'ne Methode, um den loszuwerden."

Ich lache.

„So gefällst du mir. Pass auf, bevor wir da reingehen, noch mal kurz meine Superwaffe: Ein Ehepaar sitzt in einem noblen Restaurant. Die Ehefrau blickt zu einem in der Nähe stehenden Tisch, an dem ein betrunkener Mann sitzt. Der Ehemann bemerkt das und sagt: ‚Ich stelle fest, dass du diesen Mann dort schon seit einer Weile beobachtest. Kennst du ihn?' ‚Ja', antwortet sie. ‚Er ist mein Ex-Mann. Er trinkt so viel, seit ich ihn vor acht Jahren verlassen habe.' ‚Das ist bemerkenswert', entgegnet der Ehemann. ‚Ich hätte nicht gedacht, dass jemand so lange feiern kann.'"

Er hat es geschafft, und ich fühle mich durch seinen Quatsch wirklich etwas besser. Ich bin bereit, Heiko loszuwerden.

Die Dame in der Praxis, Heidi, begrüßt uns freundlich. Dani wartet in einem Vorraum, während ich ihr alles erzähle, was sie wahrscheinlich schon von Mama weiß, die uns spontan den Termin besorgt hat.

„Deine Mutter hat gesagt, dass es ein Notfall ist. Ich habe eigentlich um die Zeit frei, aber genau für so etwas habe ich die Praxis", klärt sie mich auf. „Ich habe viele tolle Dinge gelernt, die mich wieder heil gemacht haben, und genau das möchte ich weitergeben." Sie wirkt so sympathisch und offen, und ich fühle mich gleich bei ihr wohl. So wohl, wie man sich fühlen kann, wenn man sein Herz vor einer Fremden auspackt und auf den Tisch legt.

„Also das Erste, das du tun solltest, ist, ihn zu blockieren. Bevor wir mit irgendetwas anfangen, ist es wichtig, dass du nie wieder von ihm hörst. Dass er auf Mallorca wohnt, ist perfekt."

„Dann müssen wir Danis Handy holen."

Sie fordert mich auf, das zu tun, und ich gehe zu Dani.

„Ich brauch dein Handy", sage ich.

„Das wird jetzt dein Lieblingssatz, oder?", fragt er.

„So lange, bis ich mir ein Internetfähiges leisten kann", entfährt es mir fieser als gewollt. Ich bin nur so aufgeregt wegen meiner Aufgabe. „Ich soll ihn blockieren."

Heidi steht auf einmal hinter mir. „Wie fühlst du dich?"

„Furchtbar."

„Du willst es nicht, richtig? Dir kommen sicher viele sinnvolle Gründe, warum du das nicht tun solltest, oder?"

Ich nicke, und erneut laufen mir Tränen übers Gesicht.

„Das ist völlig normal. Er hat dein Gehirn süchtig nach dem hier gemacht. Du bist konditioniert. Ich erkläre dir das alles in Ruhe bei unseren nächsten Sitzungen. Denk einmal an die Zeit, als Funkstille war. Wie hast du dich da gefühlt?"

Ich setze mich neben Dani, habe keine Kraft mehr zu stehen. „Gut. Ich habe mich zwar oft gefragt, ob er mir geschrieben hat oder schreiben wird, wie es ihm geht und der ganze Kram, aber an sich besser als jetzt. Jetzt fühle ich nur Panik."

„Und dieses Gefühl willst du loswerden, oder?"

Ich nicke.

„Dann blockierst du ihn jetzt, denn damit hast du einen der wichtigsten Schritte getan. Dann kann er dich nicht mehr in diesen Zustand bringen."

Ich blase angestrengt die Luft aus und nehme mir Danis Handy. „Okay." Tausend Ausreden fallen mir ein, es nicht zu tun. Was, wenn er wichtige Unterlagen von mir hat, braucht … bla.

„Jetzt denk noch einmal daran, wie du dich fühlen willst. Und wie du dich nie wieder fühlen willst."

„Wie macht man das mit dem Blockieren?", frage ich.

„Oh, das ist ganz leicht. Ich zeig's dir. Du öffnest die Nachricht."

Ich befolge ihre Anweisungen und versuche, nicht auf die Worte zu achten.

„Dann klickst du oben rechts auf die drei Punkte und dort auf Mehr. Dann siehst du Blockieren, drückst darauf und dann, meine Liebe, feierst du deinen ersten Sieg. Das gibt dir Macht zurück."

Ich atme ein letztes Mal tief ein.

„Brauchst du noch 'n Witz?", fragt Dani.

„Bitte", flehe ich.

„Die ganze Zeit diese Angst, dass man zufällig dem Ex wieder begegnen könnte … Ich hasse Garten umgraben."

Ich pruste los, denn seine Worte lösen ein bisschen die Spannung in mir. Ich nehme einen kräftigen Atemzug, bevor ich auf Blockieren drücke, und fühle mich erleichtert. Geschafft. Schon bescheuert, wie ich mich anstelle. Ich wundere mich selbst. Sofort fühle ich, dass ich besser atmen kann. Es ist merkwürdig. Ich fühle mich freier, obwohl sich eigentlich nichts geändert hat. Als hätte ich ein bisschen meiner Selbstbestimmung zurück. Ich kann mich ab jetzt nicht mehr fragen, ob oder befürchten, dass eine Nachricht kam, weil das schlichtweg nicht möglich sein kann. Gutes Gefühl.

„Und jetzt schlage ich vor, machen wir eine Runde Zitteryoga."

Dani und ich schauen uns verwirrt an.

„Du kannst gern mitmachen", schlägt sie Dani vor.

„Ey, das war so krass", schwärme ich Antje vor. „Ich habe mich danach total entspannt gefühlt. Das war echt mega."

„Ich hab das Wort noch nie gehört." Antje lacht. „Und du hast auch mitgemacht?", fragt sie Dani.

„Ja klar, voll der heiße Scheiß. Das wollen wir jetzt jede Woche machen. Sie gibt nämlich einen Kurs. Komm doch mit."

„Ich hab keine Traumata", sagt Antje.

„Ich wette, da sind einige Traumata, die SIE ausgelöst hat", gebe ich zu bedenken und erinnere mich dabei an ihre Schwester. „Außerdem geht es nicht nur darum, diese großen, schlimmen Sachen loszuwerden, sondern es ist ein toller Weg, zu entspannen. Es heißt neurogenes Zittern, und die Übungen sind total einfach. Ziel ist nicht, den besten Spagat zu können, sondern zu zittern, damit der Körper sich entlädt", erkläre ich.

Dani legt sich auf den Boden in Antjes Küche und macht eine der Übungen vor. „Das ist so entspannend. Komm, mach mit."

Antje legt sich skeptisch zu ihm.

„Der Körper hat ja einen natürlichen Reflex, zu zittern, wenn er Angst hat, und den unterdrücken wir total oft. Wir sind ständig angespannt, aber entspannen nicht mehr, und damit kann der Körper sich nicht entladen. Es geht auch um irgendeinen Muskel, der dafür zuständig ist und dadurch loslassen kann."

„Psoas-Muskel", presst Dani konzentriert hervor.

„Ja, irgendwie so." Ich lege mich dazu, und wir zittern zusammen.

Später laufe ich wieder allein nach Hause, weil ich das dringende Bedürfnis habe, nur für mich zu sein, um mich zu ordnen. Heute war ein wichtiger, großer Tag. Ich habe

Heiko auf eine bestimmte Art und Weise losgelassen. Und ich hoffe, meine Zellen durch das Zittern auch. Das werde ich jetzt jeden Tag machen, nur zur Sicherheit. Kann ja nicht schaden, kostet nichts, wenn ich es allein mache, und tut wirklich gut.

Dass ich mich an einem Tag wie heute halbwegs entspannt fühlen könnte, hätte ich nicht gedacht. Der Morgen, die Nachricht von ihm, hat mich an so viele Momente erinnert, die ich tief vergraben hatte. Dabei sind sie gar nicht so lange her. Das ist beängstigend. Noch immer erschüttert es mich, wie ich da reingerutscht bin. Ich atme erleichtert aus. „Ich bin frei", flüstere ich und spüre die kalte Luft im Gesicht. Es tut gut.

Zu Hause angekommen, esse ich Abendbrot mit Mama und Papa, gehe die letzten Einzelheiten für morgen durch. Es wird ein krasser Tag. Der wohl krasseste, bevor endlich Weihnachten ist. Wir haben den Termin mit Herrn Schmidt, und am Nachmittag gehen wir mit dem Hort zu *Muddis Stube*. Darauf freue ich mich. Aber der Gedanke an den Termin mit Herrn Schmidt macht mich relativ fertig. Wie hoch werden meine monatlichen Raten sein? Wie schlimm ist die Lage? Konnte er alles abwenden? Nicht darüber nachdenken und ein positives Ende ausmalen, ermahne ich mich gedanklich.

# Kapitel 27

## 22. Dezember 2022 – Freitag

„Guten Morgen, Herr Schmidt“, begrüße ich ihn in seinem Büro und versuche, meine Angst zu unterdrücken. Papa saß schon mit ihm allein ein paar Minuten zusammen, ich wartete draußen und beruhigte mich mit einem Schokoriegel. Heute wird ein super Tag, sage ich mir immer wieder, die Kerzen haben gestern Abend lange gebrannt, und ich habe mir immer wieder positive Ergebnisse ausgemalt.

Papa sitzt neben mir.

O Gott. Wenn er mir jetzt sagt, dass ich niemals mehr schuldenfrei sein werde? Mich nicht selbstständig machen darf? Morgen sofort mit der Jobsuche anfangen muss? Mann, Claudi, das mit dem cool bleiben hat nicht mal eine Minute gedauert. Mich überfällt die Panik, Übelkeit, und das Atmen fällt mir schwer. Dieser Termin entscheidet über meine Zukunft.

„Also, du hast mir ganz schön Kopfschmerzen bereitet, aber ich habe gute Neuigkeiten. Wir konnten die spanischen Banken überzeugen, aus den vier Krediten einen zu machen.

Allerdings gibt es dafür eine Strafgebühr bei einer Bank, die aber immer noch besser ausfällt, als würdest du weitere zehn Jahre dort zahlen. Wir können also alles auf einen Kredit umschulden, sodass du nicht weiterhin fünf Kreditraten hast. Da kommst du ja sonst im Leben nicht mehr runter von den Schulden und zahlst nur die Zinsen. Das ist leider ein Fehler, den die meisten machen. Sie denken sich, dass sie doch schon jahrelang jeden Monat hohe Raten abbezahlt haben und merken gar nicht, dass sich der Schuldenberg nicht verringert, sondern sie nur am Zinsratenabzahlen sind. Das heißt, das Schlimmste konnten wir abwenden, sodass es für dich möglich sein wird, von den Schulden eines Tages runterzukommen."

Ich atme erleichtert auf.

„Aber das ging nur, weil deine Eltern für dich gebürgt haben. Das heißt, wenn irgendetwas sein sollte, dann haften sie."

Dieser Satz geht durch Mark und Bein und plumpst wie ein schwerer Bleikloß in meinem Magen, erinnert mich an all meine Alpträume.

„Tut mir leid", flüstere ich zu Papa.

„Dir muss nichts leidtun. Wir sind froh, dass wir die Möglichkeit dazu haben."

„Es gibt eine weitere gute Nachricht. Heiko hat nicht nur mit seinem Auto gezahlt, sondern trug auch sehr teure Designer-Klamotten und eine sehr teure Uhr. Allerdings hat er noch viel mehr Schulden, sodass wir leider nicht das ganze Geld nehmen konnten, um eure Schulden zu tilgen. Es wird gerecht verteilt. Trotzdem hast du vielen Menschen mit deiner Aktion geholfen, ihr Geld wiederzubekommen, wenigstens teilweise."

Enttäuschung breitet sich aus. Ich hätte es wissen müssen. Na klar hat der nicht nur Schulden auf meinen Namen gemacht. Eigentlich logisch.

„Du wirst also leider doch mehr zahlen, als erhofft. Wie deine Kreditrate aussehen wird, kannst du selbst festlegen.

Umso weniger es ist, desto länger zahlst du ab. Es ist wichtig, dass du ab Januar damit anfängst."

Papa ergänzt: „Wenn du jemals nicht zahlen solltest, verschließe niemals die Augen davor, sondern rede mit uns. Wir springen ein, und keine Sorge, ich schreibe natürlich alles auf, damit du es mir zurückzahlen kannst. Ich weiß, dass dir das wichtig ist."

Ich fühle mich, als wäre ich im falschen Film. Dankbar für Papa, wütend wegen Heiko, schuldig wegen der Schulden.

„Am besten, du schläfst eine Nacht drüber und gibst uns nach Weihnachten Bescheid, für welche Rate du dich entscheidest. Besprich das in Ruhe mit deinem Vater. Und deinen Businessplan haben wir uns auch angesehen. Normalerweise würde uns das als Sicherheit nicht reichen, obwohl dein Businessplan gut ist. Aber da deine Eltern bürgen und wir uns so gut kennen, geht das durch. Wir nehmen das Risiko in Kauf, und die Seite sieht toll aus. Mach so viel Werbung, wie du nur kannst, damit alle davon erfahren. Ich werde die Seite auch bei meinen Kunden bewerben und dich unterstützen, wo ich nur kann."

Ich wette, Banktermine laufen normalerweise nicht so wohlwollend ab. Man bin ich froh, dass Papa und Herr Schmidt sich so gut kennen. Er ist einfach ein Engel.

Herr Schmidt erhebt sich. „Ich muss jetzt leider schon zu meinem nächsten Termin, aber ich wünsche dir von Herzen alles Gute. Das Schlimmste liegt hinter dir, du hast aufgeräumt und gibst nicht auf. Behalte dir das bei, und ich bin sicher, du wirst es schaffen."

Herr Schmidt gibt mir die Hand, und ich gehe einem Reflex nach und umarme ihn. „Danke", flüstere ich.

„Hoppala", entfährt es ihm.

Auch wenn mir das peinlich ist, weil man seine Bankberater sicher nicht umarmt, fühlt es sich in diesem Moment einfach richtig an.

Am Nachmittag lösen sich die Angstgefühle endlich auf, als wir den Hort betreten.

„Na, ihr Süßen, was wollt ihr alle verschenken?“, fragt Antje, und wir schauen die Spielzeuge an, die die Kinder uns stolz präsentieren.

Gemeinsam verpacken wir die Sachen als Geschenk und fahren zu *Muddis Stube.* Die hat heute extra für uns früher geöffnet, damit die Kinder sich anschauen können, wie es dort aussieht und hergeht. Die Familien mit Kindern wurden informiert und dürfen heute zum Kaffee und Kuchen ins Café kommen, und sie sind zahlreich erschienen.

Es ist putzig mit anzusehen, wie die Kinder keinerlei Berührungsängste haben, im Gegensatz zu den Erwachsenen, und wie sie ihre Geschenke verteilen und erklären. Es macht Spaß und ist ein gelungener Nachmittag.

Den Abend lassen wir gemeinsam bei Mama und Papa ausklingen und erzählen uns aufgeregt die Neuigkeiten des Tages. Mama hat den Kamin angemacht, strickt und hört zu, was wir so zu erzählen haben. Antje und Dani kleben förmlich aneinander, und ich sitze auf dem Teppich und genieße unser Familienleben. Als würde mein Herz mit heißer Schokolade und Schokostreuseln versorgt werden. Mein Magen wurde es auf jeden Fall, dank Dani.

„Also sollten wir unsere Seite jetzt offiziell auf *Facebook* vorstellen. Klar, wir haben noch nicht so viel da drauf, aber es geht ja nur erst mal darum, bekannt zu werden und dass sich das nach und nach rumspricht. Ich finde, das ist ein wichtiger Akt“, sprudelt es aufgeregt aus Dani raus. Er ist schon wieder drauf wie ’ne geschüttelte Seltersflasche.

„Na dann hol deinen Laptop. Dann machen wir das jetzt“, fordert ihn Antje auf.

Dani eilt in sein Zimmer und wieder zurück. Er öffnet den Laptop. „So, ich als Erstes.“ Er tippt wie wild auf seine Tastatur und zeigt uns dann seinen Eröffnungspost. Er macht gleich Werbung für die Rentieranleitung, falls jemand noch ein Last-Minute-Geschenk braucht.

„Verkündet“, sagt er und strahlt. „Jetzt du.“ Er reicht Antje den Laptop, die sich ebenfalls bei *Facebook* einloggt und den vorbereiteten Post veröffentlicht.

„Erledigt.“ Auch sie sieht stolz aus.

Als Nächstes bin ich an der Reihe. Es wird aufregend sein, und ich habe etwas Angst vor den Reaktionen, wobei bei *Facebook* in der Regel ja jeder nur guckt und nie was sagt, also was soll schon passieren? Dann sollen die Leute reden. Wir finden gut, was wir machen, und darum geht's, oder? Ein bisschen nervös bin ich trotzdem, auch wenn ich nicht so recht erklären kann, warum. Es fühlt sich komisch an. Gerade noch bin ich eine gescheiterte Existenz, und nun gründe ich schon neu. Ob das gut geht?

# Kapitel 28

## 23. Dezember 2022 – Samstag

Es ist Samstag. Ein Tag vor Weihnachten. Heute gehe ich noch zu Paula, weil ich ihr den Rucksack bringen will. Draußen ist es noch dunkel, doch ich bin so neugierig, dass ich unbedingt wissen will, ob jemand bei *Facebook* reagiert hat. Leise schleiche ich mich ins Wohnzimmer. Dani hat den Laptop gestern dort gelassen, als er mit Antje zu ihr gefahren ist. Hier ist es ihnen wahrscheinlich zu hellhörig gewesen. Ich muss grinsen bei dem Gedanken an die zwei.

Mit dem Laptop schleiche ich mich hoch und rieche auf einmal Oma Traudel. Nanu? Ich gucke zu dem Kalender und sehe, dass ein Kästchen aufgesprungen ist. Ach jaaa, ich habe die Türchen völlig vergessen. Dann habe ich die Herzaufgabe erledigt, auch wenn ich nicht wusste, was genau meine Aufgabe war. Vielleicht das Reparieren durchs Zittern oder das Blockieren? Herz heilen? Ich weiß es nicht.

Als ich das Kästchen von vorgestern öffnen will, entdecke ich, dass bereits ein weiteres geöffnet ist, nämlich das von gestern. Also habe ich die Aufgabe von vorgestern erledigt, ohne dass ich wusste, was es war. Das Bild von vorgestern war Kaminfeuer.

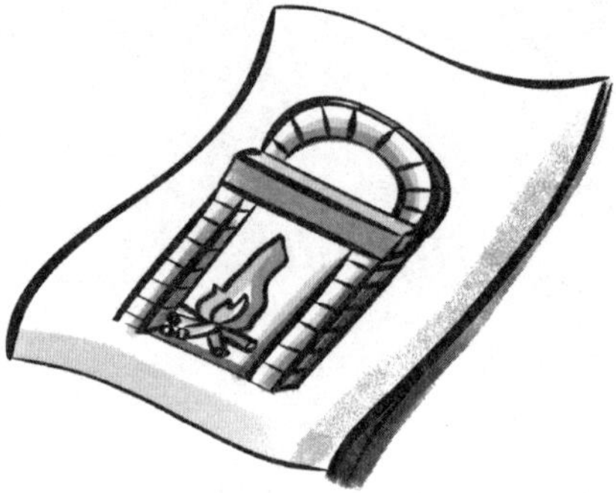

Ist ja cool. Ich mag es, wenn ich nicht hinterherhinke. Wäre jetzt auch ganz schön knapp, bis morgen aufwendige Aufgaben zu erledigen.

Nun sehe ich, dass auch das Türchen von gestern aufgesprungen war. Das Zettelchen des gestrigen Tages ist ein Räuchermännchen.

Aha. Wie soll ich denn jetzt noch Räuchermännchen basteln? Oder reicht es, wenn ich welche benutze? Vielleicht ist es doch gut, wenn der Kalender nicht mehr jeden Tag irgendetwas von mir will. Könnte mein Leben vereinfachen. Jetzt muss ich mir nämlich einen Kopf machen bis morgen, damit ich mein Weihnachtswunder bekomme. Mist.

Also dann, erst mal zurück zur Mission *Facebook*. Ich logge mich voller Hoffnung ein und halte die Luft an. Wahrscheinlich hat kein Schwein reagiert, aber toll wäre es trotzdem. Die Hoffnung stirbt zuletzt, was in Bezug auf Heiko nicht sehr hilfreich war. Und dann lese ich es. Heiko hat einen horror-schlimmen Kommentar geschrieben und unseren Shop zunichtegemacht. Ich habe nicht daran gedacht, dass wir bei *Facebook* befreundet sind. Der Schock sitzt tief. Ich sehe, dass ich eine Nachricht bekommen habe, und öffne sie. Sie ist von ihm. Er verspricht mir, dass er mich zerstören wird, so wie ich ihn zerstört habe. Ich brauch es gar nicht erst zu versuchen, ohne ihn klarzukommen, denn ich bin und bleibe eine Versagerin.

Die Worte sitzen tief. Ich schließe den Laptop und starre darauf. Er holt mich ein, immer wieder. Egal, was ich tun werde. Er ist da. Überall. Er ist wie ein Parasit, frisst sich in meine Zellen, frisst mich auf, bis von Claudi-Raudi nichts mehr da ist. Es war dumm, zu denken, dass ich ihn bei *WhatsApp* blockiere und dann frei bin. Die kleinen fiesen Ameisen krabbeln wieder durch meinen Körper.

Ich weiß nicht, wie lang ich so dasitze, aber irgendwann höre ich Geräusche aus der Küche, und das rüttelt mich wach. Ich zieh den Kerl aus meinem Körper, und zwar mit diesem scheiß Zitteryoga. Ich mache die Übungen, die mir Heidi beigebracht hat, so lange, bis Mama an mein Zimmer klopft und fragt, ob ich frühstücken will.

„Du bist ja schon auf", stellt sie verwundert fest.

Ich erzähle ihr von Heiko. Früher hätte ich es geheim gehalten, doch jetzt sage ich einfach, was los ist, sie erfährt es ja eh.

„Dann wird es Zeit, ihn auch da zu blockieren. Und wir machen sofort einen Screenshot von dem Post. Das ist Rufmord, und damit kannst du ihn anzeigen. Das machen wir gleich nach dem Frühstück."

Ich nicke. Meine Gefühle haben sich etwas beruhigt, und ich kann nun klarer sehen. „Kann ich ihn einfach so anzeigen, nachdem ich ihn schon den Gerichtsvollziehern ausgeliefert habe?" Ich muss es fragen, weil ich nicht sicher bin, ob es richtig ist.

„Konnte er dir so ein vernichtendes Feedback schreiben, einfach nur, weil er dich ruinieren will?", entgegnet Mama und ich sehe, Wut in ihren Augen.

Ich nicke. „Ich mache es gleich, dann komm ich."

„Soll ich dabei bleiben?", fragt sie sanft.

„Nein. Ich schaff das allein."

„Musst du aber nicht."

„Na dann komm und guck zu, wie ich mein Leben zurückerobere." Als ich den Laptop nehme, wird mir doch wieder mulmig. Diese Worte haben so viel Macht, das ist beängstigend.

Mama setzt sich zu mir und legt ihren Arm um meine Schultern. „Tschüss, Arschloch", sagt sie und bringt mich damit zum Lachen. Dani hätte jetzt sicher wieder einen Witz auf Lager.

Ich denke an gestern, und dann mache ich Screenshots von seiner Nachricht und seinen Kommentaren, speichere sie ab. Danach blockiere ich ihn und stelle ein, dass man seine Kommentare nicht mehr sehen kann.

„Bist du noch irgendwo mit ihm verbunden?"

„Ich glaube nicht."

„Na dann komm. Lassen wir deinen Vater nicht den ganzen Kaffee austrinken. Danach fahre ich mit dir zur Polizei, und wir zeigen ihn sofort an. Er muss lernen, dass sein Handeln Konsequenzen hat."

„Danke, Mama", sage ich, auch wenn sich der Gedanke an eine Anzeige komisch anfühlt.

„Du hast dich lange genug seinetwegen versteckt. Jetzt hält dich niemand mehr auf und du lebst dein Leben so, wie du es dir wünschst."

„Aber es nervt, dass ich mit ihm abschließen will und nun wieder den Tag mit ihm verbringen muss. Erst *Facebook* und dann die Polizei. Ich habe schließlich noch andere Dinge zu tun." Ich gehe die Treppe runter und laufe hinter Mama her.

„Das versteh ich, und das nervt. Aber es ist wichtig. Und es wird aufhören. Du darfst nur nie antworten, und irgendwann geht ihm die Energie aus. Glaub mir, diese Typen leben von deiner Reaktion. Wenn keine mehr kommt, suchen sie sich die nächsten Opfer."

„Woher weißt du das alles?"

„Rate!" Sie grinst mich an.

„Meine Ratgeber-Mama." Ich lache und setze mich an den Tisch. „Guten Morgen, Papa."

Die Anzeige bei der Polizei ging zum Glück schnell. Sie haben mich gut über das Verhalten von Stalkern aufgeklärt. Wenn er sich meldet, darf ich alles speichern und aufheben, aber ich soll niemals reagieren und lieber einmal mehr als weniger zur Polizei gehen. Zum Glück haben sie mich ernst genommen. Das hätte anders kommen können und ist nicht selbstverständlich.

„Wollen wir gleich für morgen einkaufen fahren?", fragt Mama.

„Ich würde eigentlich gern erst mal zu Paula. Ich will ihr den Rucksack schenken, den wir bei Oma gefunden haben. Sie braucht ihn. Und danach muss ich irgendwas mit einem Räuchermännchen machen, weil ich noch beim gestrigen Türchen bin."

„Ahhh. Räuchern. Das ist 'ne gute Idee. Ich besorg alles, und wir räuchern heute Abend alles durch, wenn wir beide wieder zu Hause sind. Aber Papa hasst das, den müssen wir dann aus dem Haus jagen." Mama lacht.

Zum Glück hab ich Mama.

„Paula“, rufe ich und suche in den Büschen nach einem Zelt. „Paaaulaaa.“

„Mensch, verrat doch nich’ gleich allen, wo ick wohn“, meckert sie. „Komm rin“, fordert sie mich auf, in ihr Zelt zu kommen.

Ich zögere einen Moment, weil ich Angst bekomme, keine Ahnung wovor.

„Ick beiß nich’, jetz komm.“

Ich krieche in das Zelt, aus dem sie lunscht, und setze mich, obwohl dafür kaum Platz ist.

„Herzlich willkommen in meenem Reich. Draußen is’ mia dit heut zu kalt.“

Es ist mir immer noch unbegreiflich, wie sie den ganzen Tag hier aushält. „Hier, ich hab dir einen Rest vom Mittagessen von zu Hause mitgebracht. Es gab Eintopf von meinem Vater.“ Ich reiche ihr die Schüssel und freue mich über das Funkeln in ihren Augen.

„Boah dat is’ super. Der is’ ja sogar noch warm.“ Sie hält es an ihre roten Wangen. „Du bist die Beste.“

„Ich hab noch was“, gestehe ich. „Hier ist dein Rucksack. Von meinem Opa höchstpersönlich. Hat er bei der Armee getragen.“

„Wow. Is’ heut schon Weihnachten?“

„Nee, aber morgen sehen wir uns ja nicht. Deshalb komme ich jetzt schon.“

Sie nickt. „Na dann bin ick ma jespannt, ob de dia wat überlegt hast.“

„Kannst du anfangen?“, frage ich und hole eine Thermoskanne mit Tee raus, gieße uns ein und schaue sie an.

„Aber ick esse.“ Sie löffelt die Suppe genüsslich.

„Und ich bin noch nicht bereit“, gestehe ich und trinke meinen Tee.

Nach ein paar Minuten gibt sie mir die Tupperdose und den Löffel zurück und bedankt sich. „Dat hat richtig jut jetan. Wollen wa vielleicht ’n bisschen spazieren jehen? Ick bin jetz ufjewärmt und kann beim Loofen besser denken.“

Wir wagen uns raus in die Kälte, und ich fühle sofort, dass ich besser atmen kann. Gerade zu stehen und nicht zusammengekauert zu sitzen macht einen Unterschied, und ich fühle mich gleich besser im Kopf. Wir stampfen durch den Schnee und lauschen dem Knistern. Es ist ansonsten nicht viel los im Park, vermutlich sind alle die letzten Geschenke besorgen.

„Na dann fang ick ma an. Sonst wird dat hier 'n Schweigemarathon." Paula stößt mich leicht in die Seite und grinst. „Also ick hab nachjedacht und ick gloobe, et wird Zeit, mit meener Vergangenheit abzuschließen. Ick liebe meene Freiheit hier, aber wenn ick janz ehrlich bin, dann möcht ick einet Tages ma wieda meene Tage bekommen, ohne mich zu fragen, ob ick mia Tampons oder wat zu futtern koof. Ick möcht also eine Toilette. Dazu jehört dann natürlich 'ne eigene Bude. Es warm haben und keene Angst zu haben, dat ick nachts überfallen oder erwischt werd. Ick hab irgendwie Angst davor, einjesperrt zu sein, mit Wänden zu leben, aber ick will auch wirklich jern wieder Wärme, Sicherheit und Toilette haben. Et soll Normalität sein und keen Luxus, weeßt? Und dann natürlich imma 'n jefüllten Kühlschrank. Aber ick weeß nich', ob ick dat kann."

„Wieso nicht?"

„Die Vorstellung an Wände macht mia Angst."

„Wie meinst du das?"

„Bei meenem Ex war ick lange Zeit einjesperrt. Ick hab nischt anderet als diese Wände jesehen und kam nich' davon. Ick durfte nich' ma ufs Klo ..." Ihre Stimme bricht.

Ich hake mich bei ihr ein, um ihr Trost zu spenden. Sie ist in meinem Alter und hat schon so viel Scheiße durchgestanden. „Was ist mit deinem Zelt? Es ist doch viel beengender, oder?", frage ich vorsichtig. Ich kann mir nicht vorstellen, dass das besser sein soll.

„Dat sind keene Wände. Ick kann se mit meenem Taschenmesser jederzeit durchtrennen."

Ich verstehe.

„Aber et hat trotzdem jedauert, mich daran zu jewöhnen. Anfangs hab ick oft neben dem Zelt jeschlafen. Aber irgendwann wurde et einfach zu kalt, gerade wenn et regnet oder der Tau kommt, dann is'n Zelt wirklich besser."

„Und meinst du, du kannst dich an Wände gewöhnen, so wie an das Zelt?"

Sie zuckt mit den Schultern. „Ick denk, ick wär so weit, et zu versuchen. Ick weeß nur nich' wie."

„Na in *Muddis Stube* kannst du dir doch bei den ganzen Anträgen und allem helfen lassen. Es gibt sicher etwas, wo du unterkommen kannst."

„Ja, aber dann muss ick mia wieda an tausende von Rejeln haltn."

Ich spüre, wie sie panisch wird, und lege meine Hand auf ihren Arm, um sie zu beruhigen.

„Es ist ein Versuch."

„Ja, aber ick hatte bei ihm so viele Rejeln zu befolgn, wenn ick eene missachtet hab, jab et Schläje. Und seine Rejeln haben sich alle paar Minuten jeändert. Man konnte se nicht befolgen." Sie beginnt zu zittern.

„Ich glaube, es wird Zeit, dass du das hinter dir lässt und wieder lernst, dass das nicht Normalität ist. Bestrafung, wenn du eine Regel missachtest."

„Aber bei den Ämtern wird dia sofort wat jesperrt oder wegjenommen, wenn de nich' richtig handelst."

„Das stimmt wahrscheinlich. Aber auch dafür hast du Muddi. Sie erklärt dir, was zu tun ist, und hilft dir, es umzusetzen. Und wenn du es nicht kannst, redest du mit uns und wir finden einen Weg. Du bist nicht allein."

Mit Tränen in den Augen schaut sie mich an.

„Und wenn ick et nich' schaff?"

„Dann versuchen wir es ein andermal erneut." Ich umarme sie fest und lasse sie weinen. Es fühlt sich so gut an, für jemanden da sein zu können und etwas zu bewirken.

„So, nun jenuch jeflennt. Wozu du mich bringst, ist unfassbar. Du kannst doch hexn, ey."

Ich muss schmunzeln, weil ich mich durch die Kerzen tatsächlich wie eine Hexe fühle. Bisher konnte ich Paula keine schenken, weil sie ja in einem Zelt lebt, aber ich wüsste schon das perfekte Einweihungsgeschenk für sie. „Also du gehst gleich heute zu Muddi und sagst, dass du bereit bist, ja?"

„In den nächsten Tagen. Ob ick et heute mache, weeß ick nich', weil et noch 'n paar Kämpfe jibt, die ick mit mia ausfechten muss. Aber ick versprech dia, dat ick noch dieset Jahr mit Muddi reden werd. Und jetz haste mich jenug bearbeitet. Du bist dran. Wat willst du?"

Als ich es ihr erzähle, beglückwünscht sie mich und wünscht mir viel Erfolg beim Verkünden. Ich laufe freudestrahlend nach Hause und genieße den letzten Tag vor Weihnachten. Ab nachher ist sicher viel Trubel, deshalb bin ich froh, auf dem Nachhauseweg ein bisschen Zeit für mich zu haben.

Fünf Jahre lang war mein Leben, war ich, wie eingefroren. Wie sehr, das wird mir erst jetzt bewusst. Das Weihnachtswunder ist längst geschehen. Ich habe eine tolle Familie, Freunde wie Antje, und ich denke, auch Paula und ich sind auf einem guten Weg, Freundinnen zu werden. Mein Schuldenberg ist zwar immer noch riesig, aber es fühlt sich so viel besser an, wenn man weiß, womit man es zu tun hat. Es ist alles geregelt, und das ist mehr, als ich von den letzten Jahren behaupten kann. Ich habe Fehler gemacht, ich habe dazugelernt, und ich weiß endlich, was ich will. Ich bin sogar motiviert, mich um meine Zukunft zu kümmern, auch wenn ich wahrscheinlich noch einige Panikattacken erleben werde. Sie gehören nun mal dazu, und ich werde es schaffen, sie zu überwinden.

Zu Hause räuchert Mama mit mir das ganze Haus, während Papa zu Antje und Dani fährt, um alles mit dem Shop zu besprechen, was wichtig ist. Ich werde später upgedatet, versprachen sie, damit ich immer vollsten Einblick habe. Lust habe ich nicht, aber besser ist es, und ich werde

Schritt für Schritt alles lernen, was ich schon vor fünf Jahren hätte tun sollen.

Mama und ich bereiten ein paar Sachen für morgen vor, und abends stehe ich in meinem Zimmer. Ich fühle die Weihnachtsmagie heute mehr als an jedem anderen Tag. Könnte auch an der Musik liegen, die den ganzen Tag aus dem Küchenradio dudelte.

Ich stehe vor dem Kalender und fische den Zettel aus dem geöffneten Kästchen von gestern. Ich schmunzle, weil ich gleich mal wieder den Zettel auf das neueste Jahrhundert umwandeln darf. Denn das Bild zeigt einen Weihnachtsmann. Wie altmodisch.

Ob ich die Weihnachtsfrau-Aufgabe erfüllt habe, frage ich mich. Ich habe auf jeden Fall ein Geschenk verteilt. Wobei Paula meinte, dass ich da war und sie dazu gebracht habe, so langsam etwas an ihrer Situation zu verändern, ist das viel größere Geschenk. Ich freu mich mega, dass sie so weit ist, und dadurch fühle ich mich vielleicht viel beschenkter als sie. Oder zumindest fühle ich eine Riesenfreude. So wie es wohl meinen Eltern mit mir geht. Geben, was ich kann, nehmen, wenn es sein muss. Ich verstehe es immer mehr.

# Kapitel 29

## 24. Dezember 2022 – Sonntag

Es ist Weihnachten. Endlich ist es so weit. Das Kalendertürchen springt leider nicht auf, sodass ich wohl heute Weihnachtsfrau spielen werde.

Ich schlüpfe in Papas altes Kostüm und öffne Oma die Tür. Ich sehe förmlich, wie ihr der Sabber im Mund zusammenläuft, als sie Rotkohl, Soße, Klöße und Ente riecht. Ach, Oma. Manche Dinge ändern sich nie. Ich umarme sie, und kurz darauf sitzen wir alle am Tisch.

Oma beschwert sich über den vollen Teller, haut dann aber rein, bevor der Erste „Guten Appetit" wünschen kann, und Mama, Dani, Antje und ich beobachten heimlich Oma und Papa und werfen uns Blicke zu. Keiner merkt etwas.

„O Mann, das sieht so lecker aus, ich kann nicht mehr. Ich werde heute auch eine Keule essen", gestehe ich und hoffe, dass es nicht auffliegt. Aber ich habe endlich mal 'ne vegetarische Keule, da kann ich nicht erst essen, wenn es kalt ist. Das hier ist eigentlich für mich. Mein perfektes Weihnachtsessen.

„Claudia, endlich kommst du zur Vernunft." Oma freut sich und grinst, Bratensoße klebt ihr an den Lippen. „Das ist köstlich. Noch besser als letztes Mal", schwärmt sie. „Und nicht so trocken."

„Na zum Glück haben wir dieses Mal zwei Enten. Ich habe mich schon gewundert, warum Mama so viel gekauft hat. Das war wohl wieder Mutterinstinkt."

Ich verkneife mir das Lachen und beiße in die Keule.

„Stell dir einfach vor, das wäre kein echtes Bein", sagt Oma, und mir wird kurz übel bei dem Gedanken daran. Das hier sieht so täuschend echt aus, dass ich mich selbst immer wieder erinnern darf, dass ich es heute essen kann.

„Gott, ist das lecker."

„Siehst du, Claudia, endlich mal wieder was Ordentliches zum Mittag. So kommst du viel besser zu Kräften. Mit deinem ekligen vegetarischen Kram, diesem Erbsenfutter, kommste da nicht weit. Wie soll man da einen klaren Kopf bekommen?"

Ich kann nicht mehr an mich halten und nicke den anderen wissend zu. Ich lasse jetzt die Bombe platzen. „Oma, ich glaube, wir haben heute das Essen verwechselt."

Mama steht auf. „Oh, Claudi. Tatsächlich", sagt sie übertrieben gespielt und hält sich die Hand vor den Mund. „Das tut mir jetzt aber leid."

Oma ist ganz verwirrt und weiß nicht, was wir von ihr wollen.

Mama öffnet den Ofen. „Hier ist die richtige Ente. Ihr habt wohl versehentlich Claudis vegane Ente gegessen."

Papa prustet das Wasser aus, das er gerade trinkt, und Oma fällt fast das Gebiss raus. Dani und Antje kringeln sich vor Lachen.

Am Nachmittag verteile ich die Geschenke, die unter dem Weihnachtsbaum liegen. Es braucht keiner ein Gedicht aufzusagen. Stattdessen gibt Dani jedes Mal, wenn er ein Geschenk bekommt, einen zum Besten: „Meine Frau wünscht sich zu Weihnachten etwas, das ihr gut zu Gesicht steht. Dann kauf ihr einen Faltenrock."

O Mann. Er wird diesen Tick wohl nie los.

„Claudi, nun bist du dran." Dani steht auf und nimmt mir die Weihnachtsmütze ab. Natürlich hat er vorher Unmengen an Fotos von mir gemacht.

„Ich? Ich hatte ja wohl genug von euch."

„Nee, nee. Ich habe hier noch ein paar Geschenke. Das hier sind Klamotten von Mama. Darfst dich bei ihr beschweren. Aber später."

Ich will was sagen, doch er würgt mich sofort ab.

„Dann hast du für mich viel gemodelt, und wir haben tolle Kooperationen an Land gezogen. Hier ist also ein Scheck, kein echter, wir leben ja nicht mehr in der Vergangenheit, aber er ist symbolischer Natur. Ich brauche eine Kontonummer von dir für eine offizielle Überweisung. Meine Models bezahle ich natürlich, und hier kannst du sehen, wie viel du für mich in diesem Monat verdient hast. Ich danke dir sehr, ohne dich wären so einige Aufträge nicht zustande gekommen." Er überreicht mir den Scheck.

Als ich die vierstellige Zahl sehe, lasse ich ihn fallen vor Schreck. „Dani."

„Keine Sorge. Das sind keine Almosen. Mein Scheck ist wahrlich größer ausgefallen als deiner, auch wenn es komisch ist, dass dich das trösten wird."

„Und das hier", unterbricht Antje Dani, „ist von uns beiden. Wir haben eine Collage gebastelt über die letzten Wochen. Die soll dich daran erinnern, dass wir alle füreinander da sind und wie froh wir sind, dass du wieder in unserem Leben bist." Antje überreicht mir einen Bilderrahmen aus Holz, so wie wir ihn gebastelt haben, nur viel größer. Die Bilder sind so schön und bewegend, mir kommen die Tränen.

Nach einigen Umarmungen schnappe ich mir meine Mütze. „Ich möchte auch noch etwas sagen. Ich habe eine Entscheidung getroffen. Ich werde bei Papa als Aushilfe anfangen. Aber nur in Teilzeit. Ich lerne von ihm viel, was mir für die Selbstständigkeit helfen kann, und habe dann auch noch Zeit für unseren Shop und auch für unseren, Oma", sage ich. „Aber so weiß ich, dass ich meine Raten zahlen kann, und so kann ich sie höher ausfallen lassen, damit ich sie schneller abgezahlt habe. Ich werde euch also noch eine Weile auf den Sack gehen. Aber ich glaube fest daran, mit euch werde ich schon sehr bald alles überwunden haben. Paula und ich haben uns übrigens versprochen, dass wir beide eine Therapie anfangen werden, um unsere Vergangenheit zu überwinden."

Erneutes Knuddeln, Freuen, Küssen und Umarmen.

„Und nun habe ich hoffentlich die gestrige Aufgabe erfüllt. Bereit, das letzte Türchen gemeinsam zu öffnen?"

Wir gehen alle zusammen zu Oma Traudels Kalender in meinem Zimmer. So voll war es noch nie. Es ist, als wäre die ganze Familie wieder vereint, und wir alle können sie spüren. Das Türchen ist aufgesprungen, und ich fische den Zettel heraus. „Eine Sprechblase", stelle ich fragend fest.

„Das ist dann jetzt wohl mein Part", sagt Mama grinsend. „Am letzten Tag erzählen wir nämlich immer die Geschichten der vergangenen Hagedorns. Ich schulde dir ja noch meine Krise."

„Ist schon gut, ich mach heiße Schokolade", sagt Dani augenrollend und tut genervt, gefolgt von einem Grinsen.

Wenig später sitzen wir bei heißer Schokolade mit Sahne um den Kamin. Es riecht so schön nach Tannennadeln, und wir alle warten darauf, dass Mama endlich ihre Geschichte erzählt. Sie hält ein Buch in der Hand und liest: „Es war einmal eine Hagedorn, die hatte einen Mann und zwei Kinder. Sie war dreißig Jahre alt, ihre Kinder fünf und sechs."

Ich reiße die Augen weit auf. „Ach du scheiße. Als du so alt warst wie ich, hattest du schon zwei Kinder. Das ist ja abgefahren."

„Früher war eben alles anders", sagt Oma wie aus der Pistole geschossen. „Da hat man aus Pilzen keine Ente gemacht." Sie schüttelt den Kopf, und wir lachen.

Mama fährt fort: „Sie zogen gerade in ihr Traumhaus, da verlor der Vater seinen Job, redete tagelang nicht mit seiner Frau, und die Krise nahm ihren Lauf. Sie hatte selbst Probleme bei der Arbeit, fühlte sich ständig überfordert und hatte eine Kollegin, die ihr das Leben schwer machte. Früher konnte sie darüber mit ihrem Mann reden, doch der war von heute auf morgen nicht mehr ansprechbar für sie. Nun hatte sie noch mehr Kummer und ihr bester Freund, Partner, Ehemann ließ sie im Stich."

Skeptisch schaue ich zu Papa, dem es schwerfällt, zuzuhören.

„Weihnachten war das Lieblingsfest der Familie, und es nahte, doch von guter Stimmung war keine Spur. Zu Hause herrschte kein Lachen mehr, denn der Vater war in eine schwere Depression gefallen. Nur dass damals keiner groß etwas darüber wusste. Egal, wie sie versuchte, ihn aufzumuntern, er blieb stumm und starrte die Decke an. Sie war nun noch überforderter und wusste nicht, was sie tun konnte, dachte sogar über Scheidung nach und schlief keine Nacht mehr durch, aus Angst, das Haus zu verlieren und mit ihren

Kindern auf der Straße zu landen. Sie hatte niemanden, mit dem sie darüber reden konnte, dachte sie zumindest, weil sie nun das Oberhaupt der Familie war, das stark sein musste. Dann bekam sie einen Kalender, der sie zwang, weihnachtliche Aufgaben zu erledigen, und dadurch kam endlich wieder ein bisschen Stimmung ins Haus. Als ihr Mann, ein typischer Skeptiker, wie er im Buche steht, die Magie spürte, war es, als würde sein Geist wieder lebendig werden. Er kam in die Klinik und ihm wurde geholfen. Die täglichen Besuche seiner Frau und das gemeinsame Rätseln über die Aufgaben gaben ihm einen Sinn und zeigten ihm, dass er gebraucht wurde. Er begann eine Therapie, als er aus dem Krankenhaus kam, und lernte, über seine Sorgen zu sprechen und nicht immer nur zuzuhören. Sie wurde ratgebersüchtig, denn sie fand Heilung dadurch, und so redeten sie stundenlang über alles, was er in der Therapie und sie in den Büchern gelernt hatten. An Weihnachten bekam er dann ein Jobangebot, das ihm ein gewisser Herr Schmidt vermittelt hat, den er in der Klinik kennengelernt hatte. Und dann lebten sie glücklich bis an ihr Lebensende."

Das erklärt einiges, denke ich. Deswegen will Papa immer, dass ich erst gesund werde, und deswegen versteht er sich so gut mit Herrn Schmidt. Und deswegen war Papa damals im Krankenhaus. Ich kann mich noch dunkel erinnern, auch dass wir an den ersten Tagen gar keine Weihnachtsdeko hatten, obwohl draußen an jedem Haus Beleuchtung zu sehen war.

Papa nimmt Mama ganz doll in den Arm und drückt ihr einen lauten Knutsch auf die Wange.

„Wow", sage ich und mir fehlen weitere Worte zu Mamas Geschichte. Ich bin nicht allein, und das ist ein schönes Gefühl. Dass sie wissen, wie es sich anfühlt, Angst zu haben, dass alles verloren ist.

Die ganze Zeit habe ich mich gefragt, welches Weihnachtswunder mich erwarten wird, und nun merke ich, dass es gar nicht um das große Wunder am 24. oder um die Geschenke geht. Es geht um die Menschen, die einen auf dem Weg dahin begleiten, und um all die kleinen Wunder, die wir täglich erleben. Es geht um Familie und Zusammenhalt.

„Alter, ich fass es nicht. Claudi-Raudi, Antje, es geht ab. Es hat gerade jemand fünfzig von den Rezeptbüchern bestellt. Das ist unsere erste Bestellung, und wir bekommen fünf Euro pro Buch. Juchuuu."

„Das feiern wir mit meinem Schokobrunnen." Mama strahlt.

„Gibt's jetzt endlich Kartoffelsalat?", fragt Oma, und wir lachen.

Alles ist wie immer, und auch wenn manche in unserer Familie eine echte Macke haben, bin ich froh, dass dies hier meine Familie ist.

# Nachwort

**Fröhliche Weihnachten** oder welches Fest auch immer du gerade feierst.
Kennst du das? Du sitzt mit deiner Familie zusammen und fragst dich, wieso zur Hölle du dir das schon wieder antust? Ich hatte so eine Situation am Essenstisch – ein Gespräch über Ente und deren Konsistenz, obwohl ich kein Fleisch esse und davon echt nichts hören will. Die Situation war wie im Buch. Als ich dann noch hörte, dass ich gesetzt aussehe, reichte es mir. Ich lief eine Runde um den See und kam zu Mama zurück mit den Worten: **Ich habe eine neue Buchidee.**
Dieses Buch liegt mir sehr am Herzen, denn auch in meinem Leben gab es eine Zeit, in der ich mich wie eine Versagerin fühlte. Nach einer gescheiterten Beziehung mit einem Narzissten landete ich wieder bei meiner Mama. Ich hatte keine Wohnung mehr, den Großteil meines Hab und Guts verloren und machte dadurch Schulden.
Es war ein langer Prozess, zu begreifen, dass ich keine Versagerin bin, sondern wertvoll, egal wie viel Geld ich auf dem Konto habe und wo ich wohne.
**Für mich war es ein sehr großes Thema, anzunehmen.** Ich durfte es in den letzten Jahren lernen und bin immer noch dabei, dies zu tun. Am Boden zu sein und keine Hilfe anzunehmen, ist keine Lösung. Dass ich andere wegstoße und verletze, wenn ich ihre Hilfe nicht annehme, dass sie gar nichts von mir zurückwollen, weil sie meine Freunde und Familie sind, war ein langer Lernprozess.
Vielleicht hast du keine Familie so wie die hier im Buch, doch ich bin sicher, auch du kannst Hilfe finden und auch wieder Freunde, wenn du es wirklich willst. Unsere Familien haben vermutlich alle viele Macken, die Sprüche von Oma Gerda waren übrigens keine ausgedachten, doch trotzdem

kann man sich lieben und akzeptieren, versuchen sie anzunehmen und verstehen, woher sie kommen. Sind manche Menschen vielleicht nur garstig, weil sie einsam sind und ihr Herz kaputt ist? Vielleicht ist das keine gute Ausrede, sich wie ein Arschloch zu benehmen, trotzdem können wir versuchen zu helfen, zu verstehen und den ersten liebevollen Schritt zu machen. Und damit meine ich einen ernst gemeinten Schritt. Echtes Zuhören, echtes Interesse. Denn das allein kann so viel bewirken.

**Übrigens, ist dir im Buch etwas aufgefallen?**
Ich habe den 31. November eingeführt. Vielleicht hast du es bemerkt und warst ganz wütend, weil so was geht gar nicht, und man darf doch nicht einfach ein Buch mit so einem riesigen Fehler veröffentlichen.
Oder du fandest es lustig. Oder du dachtest, es soll so sein. Vielleicht ist es dir auch gar nicht aufgefallen.
Ich finde es spannend, wie unterschiedlich die Reaktionen auf einen solchen Fehler sein können. Mir ist er nach dem Schreiben des ersten Entwurfes aufgefallen, und erst mal bekam ich einen großen Schreck. Ich besprach mich mit Kollegen, was ich nun tun könnte, denn das alles umzuschreiben, war schlichtweg unmöglich.
Also entschied ich, **es mir leicht zu machen** und ihn drin zu lassen, denn es sind meine Regeln, es ist mein Buch, und ich schade mit diesem Fehler niemandem. Es ist eher interessant, wie wir alle mit ein und derselben Sache umgehen.
Seit ein paar Jahren frage ich mich täglich: **Wie geht's leicht?** Und dass ich den 31. November im Buch gelassen habe, ist ein Resultat davon. Und ich schwöre dir, mein Leben ist dadurch viel leichter geworden. Ich habe deshalb die Zeit, ein Buch mehr rauszubringen. Ich mache, was ich will und mir guttut, natürlich nur, wenn andere darunter nicht leiden. Und ganz ehrlich, wem schade ich mit so einem Tag mehr im Buch?

Fehler werden in unserer Gesellschaft oft als schlimm angesehen, dabei sind es in Wirklichkeit tolle Möglichkeiten, unserem Ziel näher zu kommen, weil wir lernen, wie wir es nicht tun sollten. Feiere jeden Fehler, denn genau in diesen Momenten wachsen wir.

**Wie immer habe ich ein paar digitale Geschenke für dich.**

**https://sandymercier.de/landingpages/das-weihnachtswunder-deines-lebens**

Melde dich hier an und du bekommst:

1. Ein tolles **veganes Entenrezept,** das mir Sarah Lippasson, meine Videografin, empfohlen hat, was ich unbedingt dieses Jahr testen will.

2. Eine **Anleitung für Schokobälle**, die man einfach nur in der Milch erwärmt, um dann die **perfekte heiße Schokolade** zu haben – **mit Marshmallows.**

3. Ein paar **ehrliche Worte über toxische Beziehungen**, die einen in den Abgrund stürzen können. Ich war da. Ich fühl dich, wenn du da auch bist oder warst. Und es gibt einen Weg da raus.

Und wie immer freue ich mich, wenn **du** für dieses Buch eine **Rezension** schreibst. Denn das ist der **größte Dank an mich** und hilft mir reichlich bei meiner Arbeit als Schriftstellerin.

Vergiss nie, **du hast es verdient, glücklich zu sein**, und du schaffst **alles, was du willst.** Denn **ALLES** ist möglich.

Bis zum nächsten Buch
Deine Sandy

# Danke

# Hier findest du mich:

Website:
www.schreibenumzuleben.de
E-Mail:
Sandy.Mercier@schreibenumzuleben.de
Instagram:
https://www.instagram.com/sandy_mercier_autorin/
Facebook:
https://www.facebook.com/schreibenumzuleben.de/
Newsletter:
https://sandymercier.de/landingpages/motivation-im-postfach
YouTube:
https://www.youtube.com/channel/UCbZQtXXurd9iF6apc27NmwQ
Pinterest:
https://www.pinterest.de/merciersandy7/

# Jule Pieper

Sandy Mercier veröffentlichte im Sommer 2019 unter ihrem Pseudonym Jule Pieper „Das Buch deines Lebens". Damit eroberte sie monatelang die BILD-Bestseller Liste. Ihr Ratgeber in Romanform verpackt motivierte schon hunderte von Lesern, ihr Leben zu verschönern, weshalb sie die Amazon Kindle Charts stürmte und in mehreren Kategorien auf Platz 1 stand.

**Jule Pieper möchte alles sein – nur nicht sie selbst.**
Jeder Tag ist für sie eine Herausforderung. Langweiliger Job, ätzende Kollegen, nervtötende Mitbewohnerin und ein liebloser Freund mit dem sie nur Sex verbindet. Und der ist noch nichtmal gut.
Am Ende eines weiteren enttäuschenden Tages entdeckt sie

**„Das Buch deines Lebens – Umbruch"**

Jule beginnt darin zu lesen und das stellt ihr Leben total auf den Kopf. Sie spürt, dass sie etwas verändern kann, wenn sie nur will.
Doch ist sie überhaupt bereit für eine Veränderung?

*„Dieses Buch ist für jeden, der sich fragt, ob das Leben nicht mehr zu bieten hat. Die Autorin schafft es mit viel Humor und Tiefgang zu zeigen, wie einfach Selbstmitleid und wie schwer Veränderungen sind."* Anke Müller – Lektorin & Autorin

Hier findest du den direkten Link:

**https://amzn.to/2Rop71d**

## *… und so geht es weiter …*

**Dieses Buch ist für all jene, die glauben,
dass sie nicht gut genug sind.**

„Mir ist einfach alles zu viel. Ich wollte ein guter Mensch sein und versuche echt, an mir und meinem Leben zu arbeiten, doch ich bekomm es einfach nicht hin. Ich bin nicht gut genug für den ganzen Scheiß.“
Jule hat endlich ihr Leben in die Hand genommen. Durch „Das Buch deines Lebens“ haben sich schon einige Dinge verändert. Alles könnte super sein, wenn da nur nicht ihr viel zu hoher Anspruch an sich selbst wäre, alles sofort perfekt umzusetzen. Das Buch stellt sie vor jede Menge neue Herausforderungen.
Wieso sind Veränderungen nur so schwer?

Hier findest du den direkten Link:

**https://amzn.to/3UhFewh**

# Lektionstagebücher

Passend zu den Büchern kannst du in den Tagebüchern die Lektionen Schritt für Schritt durchgehen und damit dein eigenes Leben in die Hand nehmen.

**Denn du hast es verdient, glücklich zu sein!**

Lektions-Tagebuch-**Umbruch**
findest du unter folgendem Link:
**https://amzn.to/3yZxdB6**

Lektions-Tagebuch-**Aufbruch**
findest du unter folgendem Link:
**https://amzn.to/3qQoNtm**

# *Weiteres von Jule Pieper*

**Für alle, die endlich etwas verändern wollen.**

Betty Ulrich führt das langweiligste Leben aller Zeiten. Ihr Alltag besteht aus Arbeit, nervtötenden Telefonaten mit ihrer Mutter und dauerhafter Erschöpfung. Der krönende Abschluss jedes Tages ist das Einschlafen vor dem Fernseher, der ihr hilft, sich nicht so allein zu fühlen. Nie hat sie Zeit, darüber nachzudenken, was sie eigentlich will. Bis sie ohne ihr Handy in den Zug steigt und sich auf eine Reise nach Wien begibt, bei der sich ihr Leben komplett auf den Kopf stellt.
Ihre dortigen Abenteuer bringen sie dazu, sich den großen Fragen ihres Lebens zu stellen:

Woher weiß ich, was mich glücklich macht?
Wie kann ich ein aufregendes Leben führen, ohne alles verändern zu müssen?
Und wieso bin ich eigentlich auf der Welt?

Bettys Reise nach Wien wird zur Reise zu sich selbst. Jule Pieper hat wieder einen tiefsinnigen Ratgeber in eine humorvolle Geschichte gepackt, die ihre Leserschaft zum Nachdenken, Weinen, Lachen und letztendlich zum Wandel bringt.

Hier findest du den direkten Link:

# *Macht des geschriebenen Wortes*

**Für diejenigen, die es satthaben, dass die Wunder immer anderen passieren und die ihr Leben endlich in die Hand nehmen wollen.**

Persönlichkeitsentwicklung durch Tagebuchschreiben und nebenbei noch seine Wünsche erfüllen lernen? Das klingt viel zu schön, um wahr zu sein? Dann bist du hier genau richtig.

Dieser Ratgeber führt dich zwölf Wochen lang mit verschiedenen Tagebuch-Methoden Schritt für Schritt zu deinem Traumleben.

Hier findest du den direkten Link:

**https://bit.ly/3Y1rnfJ**

# *Der nächste beste Schritt*

**Kann man ein Leben noch einmal von vorne beginnen? Falsche Entscheidungen rückgängig machen und mutiger sein, als man es jemals für möglich gehalten hätte?**

Alex Schulze hat jahrelang eine Lüge gelebt. Die perfekte Beziehung entpuppt sich als unperfekte Freundschaft. Nachdem sie die Reißleine zieht, befindet sie sich nun im freien Fall.
Durch die Trennung verändert sich vieles in ihrem Leben, aber kaum etwas zum Positiven. Sie stürzt sich in ihre Arbeit und es dauert nicht lange, bis sich ihr Körper über dieses Pensum beschwert. Schließlich erkennt sie, dass sie raus muss, um sich selbst zu retten.
Sie begibt sich auf eine Wanderung, die sie bis ans Ende der Welt führt, und findet dabei Schritt für Schritt zu sich selbst.

Überall erhältlich, direkter Link:

**https://amzn.to/2VgRAYR**

# *Weiteres von Sandy Mercier*

Sandy Mercier veröffentlichte Ende November 2018 ihren ersten KrimiThriller **„Die Todesküsserin"**. Ihr Debüt landete in den Top 100 der Amazon Charts, sie erhielt den Titel „Krimi der Woche" und wurde für den „Skoutz Award" nominiert und schaffte es dank des Covers auf die Midlist.

*„Wie du mir, so ich dir …"*

Ein Mann wird tot aufgefunden. Er wurde brutal gefoltert, und auf seiner Stirn prangt der rote Lippenstiftabdruck eines Kusses. Kommissarin Tanja Müller soll sich dem Fall der „Todesküsserin" annehmen, der sie schnell an die Grenzen ihrer Belastbarkeit bringt. Denn ins Visier der Medien gerät ausgerechnet ihre beste Freundin, und weitere Morde folgen.
Hat die psychisch kranke Emma tatsächlich etwas mit den grausamen Taten zu tun? Plötzlich steht Tanja vor einer tödlichen Entscheidung.

<u>Leserstimme:</u>

*„Endlich geht es mal Männern an den Kragen."* Eine Leserin

Überall erhältlich, direkter Link:

**http://amzn.to/2zwvBlk**

## Unter meinem Bett

*„Ob sie fühlt, dass ich da bin? Ob sie darauf wartet, dass ich gleich unter ihrem Bett hervorkrieche?"*

Nach den schrecklichen Erlebnissen mit der „Todesküsserin" will Emma ein neues Leben beginnen. Doch so turbulent hat sie sich das nicht vorgestellt.

Gleich am ersten Arbeitstag erhält sie die Kündigung. Dann zieht auch noch die Kollegin bei ihr ein, die sie nicht ausstehen kann. Emmas Alltag gerät langsam außer Kontrolle und sie droht zurück in alte Muster zu fallen. Dabei wäre sie so gern die neue Emma. Die, die sich wehrt, das Leben genießt und sich mit Männern verabredet.
Bei all dem **weiß sie nichts von der lebensbedrohlichen Gefahr, die im Dunkeln unter ihrem Bett lauert** und zuschlagen wird, sobald sie endlich wieder allein ist.
Denn Emma hat inzwischen nicht nur einen Verehrer …

Diesen Thriller kann man unabhängig von dem KrimiThriller „Die Todesküsserin" lesen, aber es wird das Ende von „Die Todesküsserin" gespoilert.
Außerdem enthält dieses Buch eine Triggerwarnung, die man im Vorwort nachlesen kann.

Überall erhältlich, direkter Link:

**https://amzn.to/3CX29UR**

# Mach das Licht an

*Ich blinzle mehrmals, als könnte ich dadurch mehr sehen, doch es bleibt tiefschwarz. Meine vors Gesicht gehobene Hand ist nicht zu sehen, als hätte die Dunkelheit mich aufgefressen.*

Katharinas Leben besteht aus One-Night-Stands und durchfeierten Nächten. Zur Frankfurter Buchmesse erhält sie eine Einladung von ihrer Verlegerin und kommt dabei ihrer Vergangenheit, die sie so verzweifelt vergessen will, gefährlich nahe.
Ihre beste Freundin Eva hat in Berlin eigene Probleme. Hochschwanger und betrogen verlässt sie Hals über Kopf ihre Familie, um Katharina in Frankfurt zu überraschen.
Doch Katharina ist unauffindbar.
Jede Spur führt zu weiteren Geheimnissen. Jedes Geheimnis tiefer in Katharinas Abgründe.

Leserstimmen:
*„Nix für schwache Nerven"* – Vanbels Blog
*„Wieder mega gut und unglaublich spannend"* – Lektorin Anke Müller
*„Deine Art, wie du schreibst, fesselt mich. Das hatte ich noch nie bei einem Buch."* – Buchbloggerin Ela Matzke

Überall erhältlich, direkter Link:

**https://amzn.to/2X6bze5**

# Der Club des Bösen

*Du hast die Wahl in fünf ... vier ... drei ... zwei ... eins ...*

Die Influencerin Sabine fährt ihr Leben an die Wand und will den Tragödien, die ihre Freunde Emma, Tanja und John erleben, entkommen. Sie will atmen, ankommen, sich finden ...
Als sie zu einem spontanen Wandertrip aufbricht, wird sie entführt. Sabine findet sich in einem Lost Place wieder, wo sich Martha, eine alte Dame, um sie kümmert. Wieso trägt sie Dessous? Was wollen die Menschen von ihr? Kann sie fliehen, bevor sie es herausfindet?

Leserstimmen:

*„Ein Psychothriller, der dir den Atem raubt und dich von Seite zu Seite immer tiefer in seine Story einsaugt. Ein absolutes MUSS, wenn du Psychothriller gerne liest!“* – Buchbloggerin Lesend_durchs_Leben

*„Die Ereignisse im Lost Place sind einfach wahnsinnig brutal und sadistisch. Ich habe mitgezittert und mitgefiebert und konnte das Buch fast nicht mehr aus der Hand legen. Sandy Mercier hat mal wieder bewiesen, dass sie absolut vielseitig schreiben kann.“* – Rebecca

Überall erhältlich, direkter Link:

**https://amzn.to/3DIwmdj**

# Mein weihnachtlicher Lesetipp

**Du kannst im Leben gegen alles kämpfen außer gegen deine Gefühle.**

Die 29-jährige Mieke glaubt nicht an die wahre Liebe; zu oft wurde sie schon enttäuscht. So auch jetzt wieder, als ihr Freund sie für eine andere verlässt. War ja klar, dass der Typ Mieke ihre Lieblingsjahreszeit vermiesen muss!

Weil Alleinsein aber auch keine Option ist – nicht neben ihren hoffnungslos romantischen besten Freundinnen und schon gar nicht in der Weihnachtszeit – lässt sie sich halbherzig auf Nils ein. Als eine mysteriöse Unbekannte auf dem Weihnachtsmarkt ihr die Hälfte einer Herzlampe schenkt und behauptet, dass ihre große Liebe die andere Hälfte hat, zieht Mieke die Situation ins Lächerliche. Doch der Gedanke lässt sie nicht los. Gibt es die wahre Liebe doch? Ist Nils tatsächlich der Richtige? Oder vielleicht doch eher dieser andere Mann, der ihr Herz höherschlagen lässt, auch wenn sie es nicht zugeben will?

*Eine locker-leichte winterliche Liebesgeschichte mit Irrungen und Wirrungen, Glühwein und Weihnachtsplätzchen, Lichterketten und Hoffnung im Herzen.*

# Weitere Lesetipps

**Darf sich eine Mutter wünschen, ihr Kind nie bekommen zu haben?**

Der berufstätigen Mutter Isabella scheint ihr Leben zu entgleiten. Stets damit beschäftigt, allen gerecht zu werden, verliert sie sich selbst und ihre Bedürfnisse völlig aus den Augen. Für die vermeintlich wichtigen Dinge zu funktionieren, führt Isabella in einen Zustand völliger Erschöpfung. Den intensiven Warnungen ihres Körpers zum Trotz gerät sie in immer kürzeren Abständen in heftige Auseinandersetzungen mit ihrem jüngsten Sohn. Die Ablehnung des eigenen Kindes wächst mit jeder Situation, in der Oskar Isabella mit seiner ungehemmten Wut gnadenlos den Spiegel vorhält.
Wagt sie den Blick ins Innere vor der Eskalation und begibt sich auf die Reise zu sich selbst? Oder bricht die Familie unter der Last zusammen?

**Die junge Wölfin Liora versteht ihr Leben nicht mehr:** Wieso wollen eigentlich nicht alle die Welt zu einem schöneren Ort machen? Für ihre großen Träume belächelt, ist sie es leid, sich der Eintönigkeit des Alltags anzupassen. Durch Zufall begibt sie sich auf eine Reise nach dem Sinn ihres Lebens, die eine emotionale Achterbahn voller Höhen und Tiefen bereithält. An einem Ort, an dem Liora niemals damit gerechnet hätte, erkennt sie, dass weder ihr Leben als Außenseiterin noch ihre Reisebegleitung Zufälle sind. Doch wie ist es möglich, dem Unbekannten zu vertrauen, wenn es nicht mit dem Verstand greifbar ist?

*Julia Mai interpretiert in ihrem Kunstmärchen Klischees aus Fabeln auf eine inspirierende Art und Weise vollkommen neu. Sie verdeutlicht, welch wichtige Begleiter Alleinsein, Vertrauen sowie Geduld auf unserer persönlichen spirituellen Reise sind und wem wir öfters lauschen dürfen: unserer Intuition.*

**Bist du bereit, der Veränderung die Tür zu öffnen?**
Luisa Sommer ist am Tiefpunkt ihres Lebens angekommen. Pandemie. Fehlgeburt. Job als Stewardess weg. Auch ihr innerer Kritiker mäkelt an ihr herum, wo er nur kann. Dabei will sie einfach nur glücklich sein. Aber die Sache mit dem Glück gestaltet sich schwieriger als erwartet, bis sie in einer Silvestershow ein goldenes Notizbuch samt Workbook gewinnt.
Doch dann trennt sich ihr Freund an Neujahr von ihr und schmeißt sie aus seiner Wohnung. Der Wunsch nach einer eigenen Familie rückt in weite Ferne.
Wird sie es schaffen, Altes loszulassen? Ist sie bereit, negative Gedanken ins Positive zu verwandeln, um endlich wieder Freude und Leichtigkeit im Alltag zu spüren? Kann der innere Kritiker ihr dabei sogar eine Hilfe sein?
Ein Miniratgeber in eine Geschichte verpackt, die zeigt, dass das Leben, von dem wir alle träumen, gar nicht so weit entfernt ist. Wir müssen nur der Stimme des Herzens wieder mehr vertrauen und den ersten Dominostein anstoßen.

**Ängste loslassen, einfach mutig sein, Selbstvertrauen haben und unendliche Lebensfreude empfinden? All das müssen keine Träume bleiben, so darfst du leben!**

Du stehst an einem Wendepunkt oder fühlst eine innere Leere? Du hast alles, was dein Herz begehrt, und dennoch fühlt es sich an, als wäre das nicht genug? Deine Gedanken kreisen, und du kannst den Moment oft nicht genießen? Dann ist mein Reiseführer ins Glück genau das Richtige für dich. Lass dich inspirieren und lies dich glücklich! Ich bringe dich zurück zu dir – und wenn du es zulässt, noch viel weiter!

»Da bist du ja endlich!«, sagte das Mädchen, streckte die Hand nach mir aus und zog mich mit sich. Seine Hand war warm, sein Händedruck fest und bestimmend. Es schien gerade so, als hätte es nur auf diesen Moment gewartet. Das Mädchen zog mich fest hinter sich her, und ich folgte ihm.

**Mondjournal**

**Welche Botschaft überbringt uns der Mond und wie kann sie uns helfen, unser Leben zu verbessern?**

Über Jahrtausende hinweg hat der Mensch seinen Blick in den Himmel gerichtet und lebte mit den Rhythmen der Natur. Bis heute ist der Mond eine Quelle der Inspiration. Dieses wunderschön gestaltete Journal erzählt von der Poesie und den Wundern, die sich in unserem Kosmos verbergen. Es hilft uns dabei, die Symbolik des Mondes zu verstehen, sie zu verinnerlichen und auf unser Leben zu übertragen. Es zeigt, warum Schreiben heilsam ist und leitet zu einem einfachen Schreibritual an.

Auf diese Weise können wir unser persönliches Wachstum und unsere Kreativität fördern, zu mehr Gleichgewicht finden und Schritt für Schritt Erfüllung in all unsere Lebensbereiche bringen.